すべての「見える化」実現ワークブック

可視化経営システムづくりのノウハウ

Visibility Management System

本道純一
NIコンサルティング専務取締役
◉Hondo Junichi

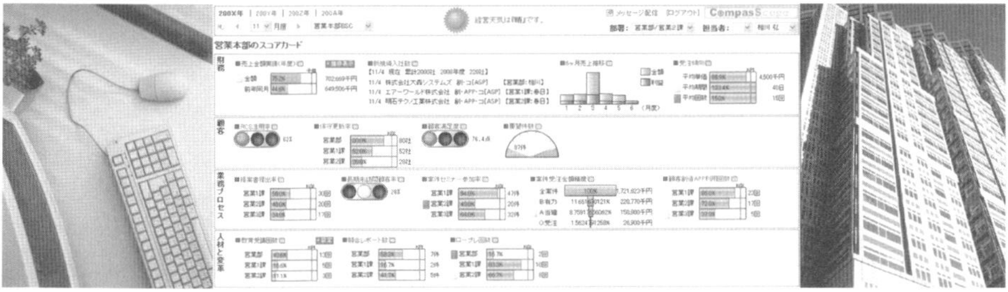

実務教育出版

はじめに

北京五輪の柔道100キロ超級で金メダルに輝き、優勝後のインタビューで「オリンピックのプレッシャーなんて、斎藤先生（監督）のプレッシャーに比べれば、屁のつっぱりでもない」という語録を残した石井慧選手。

これまでの日本の柔道は、常に一本勝ちを求め、「小が大に勝つ、柔よく剛を制す」というスタイルで、その象徴がシドニー五輪の金メダリストの井上康生選手でした。一方、石井選手は、いかなる体勢からも仕掛けてくるパワーに加え、戦術や駆け引きをも駆使するヨーロッパ勢の柔道を“JUDO”と呼び、それを学び吸収しました。そして、「一本勝ちにこだわらない、効果や指導でも勝ちにいく」という、まさしく“JUDO”を実践して、金メダルを手に入れました。

インタビューで石井選手は、世界に広がり多様な変化を遂げる柔道に対して、「力のある選手、技の豊富な選手が強いわけではない。もちろん、体格が大きい選手が強いわけでもない。変化に対応できる者こそが一番強いのである」と、答えています。

まさしく、市場環境の変化にどう適合するか。厳しいスポーツの世界で“適者生存”を目の当たりにした思いでした。

このような変化に対する動きは、スポーツ界だけではありません。アメリカ発の世界同時不況のなかで「We can change!」と変革を唱え大統領となったオバマ氏も、時代の閉塞感に自らが変革する覚悟と自らが新たな道を切り拓いていく必要性を訴えて、米国民の信任を得ました。

そう言えば、平成13年に当時の小泉首相が所信表明で、「変化を受け入れ、新しい時代に挑戦する勇気こそ、日本の発展の原動力である」、「この世に生き残る生き物は、最も力の強いものか。そうではない。最も頭のいいものか。そうでもない。それは、変化に対応できる生き物、最も変化に敏感なものが生き残る」と演説したことを思い出しました。

経営においても、これまでと同じことを同じように行っていて済むのであれば、わざわざ経営変革に取り組む必要もありませんし、ましてや新たな戦略を策定することすら無駄なことになります。
しかしながら、もはや市場環境の急激な変化に対応していくために、経営の取り組み方を変革することは不可避であり、経営の意思決定スピードをさらにアップさせていかなければ、時代の変化に即応できなくなってきていることは、抗うことのできない事実です。この経営変革を実践するためのフレームワークとして、「可視化経営」を試していただきたいのです。

「可視化経営」とは、企業行動の実体を可視化することで、経営者から現場の一社員までがセルフマネジメントできるようにする自律協調型の組織運営手法であり、仮説→検証スパイラルを高速回転させるスピード経営を実現するものです。
本書は、筆者がこれまでコンサルタントとして、従業員数名の零細企業から数百名の中堅・中小企業の経営革新を支援してきたなかで培ったノウハウのすべてを凝縮した、「可視化経営」の実践ガイド型ワークブックです。
「可視化経営」のコンセプトについては、弊社（NI コンサルティング）代表である長尾一洋が出版した『すべての「見える化」で会社は変わる』（実務教育出版刊）でその必要性、メリット、推進のための注意点などを詳しくまとめてあります。
先にこちらの本をご一読いただいたうえで本書を読み進め、別冊のワークシート集（NI コンサルティングのサイトからダウンロード可）のシートを作成しながら、チームで「可視化経営」の実践に向けた議論を行ってください。そうすることで、経営戦略の立案から現場のアクションプラン策定、そして現場情報のモニタリング構築までを効率的に行うことができます。

茶道や華道を習得するうえでは、「守・破・離」（教えを守り、自分なりに殻を破って発展を試み、最後に型を離れて独自の世界を築く）が大切だと言われていますが、「可視化経営」の実現に向けても、この３つのステップを念頭において取り組んでください。

まず「守」で、可視化経営のフレームワークを徹底的に真似て（TTP：徹底［T］的［T］にパク［P］る）みてください。独自で新しい経営のフレームワークを検討するよりも、遥かに効率的です。フレームワーク検討に費やす時間があるならば、その貴重な時間や労力を討議自体に注いでほしいのです。

また「破」で、ダウンロードしたワークシートの使いづらい点を修正したり、不足のシートや手順を追加したりして自社流の使い勝手のよいフレームワークに仕立ててください。

そして「離」で、可視化経営のフレームワークを意識することなく、日々の仮説→検証の小さな積み重ねを繰り返すことによって経営の成果に大差をもたらす組織を完成させてください。

未曽有の不況のなか、本書が貴社の生き残りを賭けた経営に少しでもお役にたてれば望外の幸せです。

2009年3月　　　　　　　　　　　　　　　　本道　純一

すべての「見える化」実現ワークブック　目次

※巻末に入っている別冊の『ワークシート集』は取り外してご使用ください。

すべての「見える化」実現ワークブック

第1章 経営の「見える化」が、企業生き残りの必須条件に

◆これからずっと続く人口の減少

いま日本は、「少子高齢化による人口減少」という、これまでに経験したことのない状況にあります。総務省の人口推計によると、日本の人口は2006年の1億2,779万人をピークに、翌2007年に1万9,000人減少しました。減少傾向はその後も続き、2009年に1億2,751万人になりました。

日本の人口減少は、15歳～49歳の女性が一生に産む子供の平均数である合計特殊出生率が低迷していることが原因です（2006年1.32、2008年1.37、2010年1.39）。夫婦から2人以上の子供が生まれないと、人口の自然増は期待できないわけですから、かなり深刻な事態といえます。

また一方で、ご存じのように日本は世界有数の長寿国で、男性の平均寿命は79.6歳で世界第4位（1位：香港の80.0歳、2位：スイスの79.8歳、3位：イスラエルの79.7歳）、女性は86.4歳で世界第1位（2位：香港の85.9歳、3位：フランスの84.8歳）です。

65歳以上の人口構成比を見ると、2008年は22.1％ですが、今後ますます高齢化に拍車がかかっていき、2055年には40.5％になると推定されています。そして、2008年の死亡率（人口に対する死亡者数）は0.9％ですが、2020年1.2％、2055年1.7％へと人口の自然減少が加速することは間違いありません。

すでに国立社会保障・人口問題研究所が、2055年の国内人口の中位推計（一番実現性が高いと位置づける推計）で、現在人口の30％減の8,993万人と推

定していることからも、日本の人口減少が一過的なものではないことは明らかです（図 1-01 参照）。

◆手探り状態の経営を乗り切るには

これまでのようなマーケット拡大期では、パイの拡大に伴う売上を見込むこともできましたが、現在のようなマーケット縮小期においては、前年と同じシェアであることは売上減少を意味します。それは、トップ企業においても例外ではありません。

図 1-01　日本の総人口，年齢 3 区分別人口推移

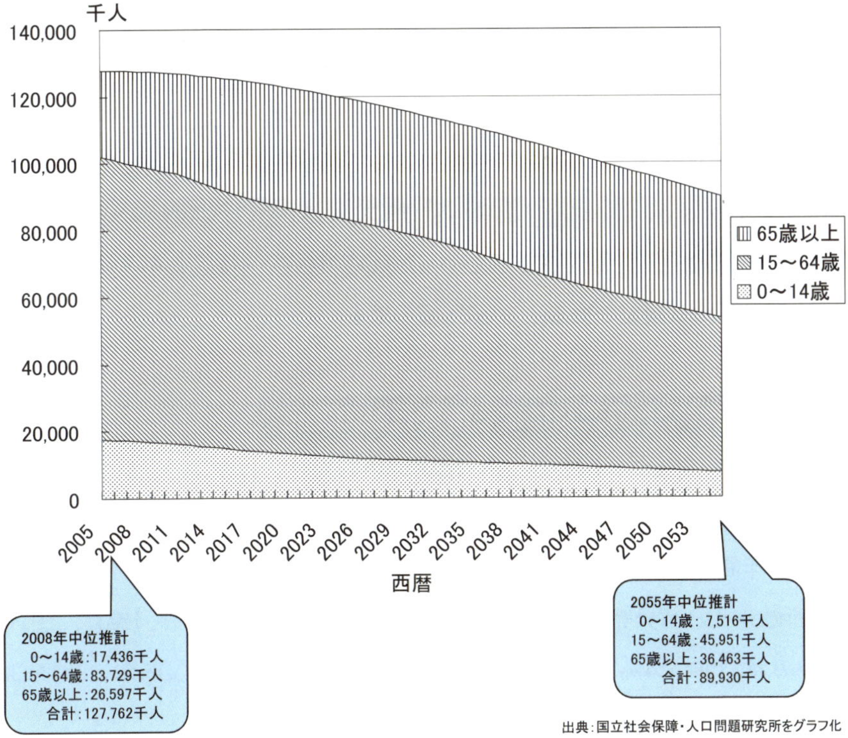

千人
140,000
120,000
100,000
80,000
60,000
40,000
20,000
0
2005
2008
2011
2014
2017
2020
2023
2026
2029
2032
2035
2038
2041
2044
2047
2050
2053
西暦
65歳以上
15～64歳
0～14歳
2008年中位推計
0～14歳：17,436千人
15～64歳：83,729千人
65歳以上：26,597千人
合計：127,762千人
2055年中位推計
0～14歳：7,516千人
15～64歳：45,951千人
65歳以上：36,463千人
合計：89,930千人

出典：国立社会保障・人口問題研究所をグラフ化

もちろん、こうした事態はどの企業も避けたいところですが、これまでのマーケット拡大期にうまくいった戦略や取り組みが、これからも通用するとはかぎりません。むしろ市場環境の変化に伴って、新しい戦い方は過去の成功体験の延長線上にはない、と考えるほうが自然だといえます。

先進国で人口減少によるマーケット縮小という事態に直面している国は、日本以外にそう多くはありません。たとえば、これまで何かにつけて参考にしてきたアメリカの人口は、2006年に3億人を超え、2050年に4億人を突破すると、国際連合・人口部が推定しています。残念ながら先進国においてわが日本が、マーケット縮小という市場環境を経験するトップバッターなのです。

他に真似する相手や見習う手本がないのであれば、自ら戦略を立て、手探りで行動してみるしかありません。そして、もしそれが間違っていたら、素早く軌道修正していくしか道はなさそうです。

このような前人未到の人口減少社会では、「自らが市場環境の変化にマッチした戦略を策定し、その戦略を現場へ徹底的に浸透させ、その戦略の成否をデータを基にして検証し、改善する」といった戦略の仮説→検証スパイラルを高速回転させるような経営が必要となってくるのです。

◆インターネットの普及による購買行動の変化

人口減少・マーケット縮小という市場環境の変化のほかに、インターネットの普及がトリガーとなり、マーケットの主役である買い手と売り手の関わり方が、ここ10年間で大きく変わってしまいました。

Windows98が発売された1998年、日本のインターネット普及率は、国内人口のわずか13.4%でした。それが、2000年に37.1%、2005年に70.8%、2010年末に9,462万人と人口の78.2%にまで増加しました。

インターネットの普及により買い手は、これまで営業マンや情報誌などから収集せざるを得なかった情報が、自ら簡単に手に入るようになりました。その結果、買い手は、「そのくらいの情報であれば、インターネットで収集できるから、わざわざ訪問しなくてもいい」とか、「足繁く通ってくれなくても、必要なときに声をかけるから」、「訪問のためのかかる費用を抑えて、代金を安くしてくれ」と、売り手が提供する情報に対してシビアになってきました。

確かに似たような機能や仕様の製品が、世界中に溢れています。個人レベルでWebサイトにアクセスして、世界中の商品を手に入れることができる時代です。単に身近にいてフットワークよく製品や情報を提供するだけでは、もはや価値を認めてもらえなくなってきているのです。

しかし、買い手である顧客もまた、同じように厳しい市場環境のなかで自社の顧客に対して同じ悩みを抱えています。いま顧客は、自ら抱えている問題や課題に対する解決策を一緒に考えてくれるパートナーを求めているのです。

売り手であるあなたの会社は、顧客の視点に立って問題に立ち向かう姿勢と課題を解決するための実行力を、顧客から求められているのです（次ページ・図1-02参照）。

◆個人戦から団体戦へ、不可欠な営業スタイルの変革

もちろん、過去に市場環境の変化がなかったわけではありません。1960年代に始まったマス・マーケティング、1980年代に全盛だったターゲット・マーケティング、2000年以降のワンツゥワン・マーケティングと、ここ半世紀で顧客の絞り込み方は、十把一絡げから十人十色、さらには一人十色といわれるまで細分化されました。

さらに前述のとおり、インターネットの普及で、ちょっとしたことは顧客自身が解決してしまうため、売り手に求められる難易度はますます高くなってきています。

筆者が社会人になった1980年代の営業は、まさしく頑張って売る時代で（実際、頑張れば売れた）、営業マンのスタイルは、“行動重視型”でした。訪問件数が売上に直結していたので、いかに効率よく営業活動をするかということが関心事でした。

それから、少しずつ顧客ニーズが多様化し、顧客が何を求めているのかわかりにくくなり、自社の製品カタログを広げながら、「何が必要ですか？」、「何かお困りごとはありませんか？」と聞いて回る“御用聞き型営業”が幅を利かせるようになりました。

図1-02　顧客ニーズがますます高度化する

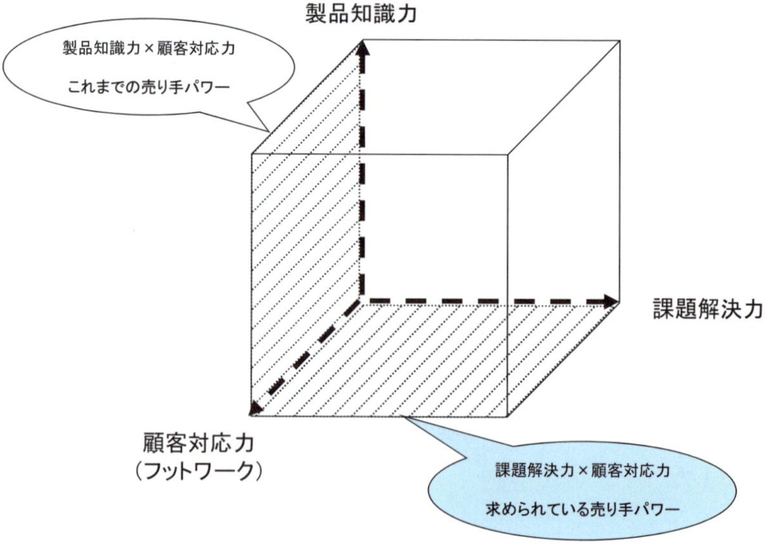
製品知識力
製品知識力×顧客対応力
これまでの売り手パワー
課題解決力
顧客対応力
（フットワーク）
課題解決力×顧客対応力
求められている売り手パワー

そして、よりいっそう顧客ニーズの把握がむずかしくなると、営業マンがヒアリングと称して問題や課題を顧客に聞き、その内容を提案書にまとめてプレゼンする“提案型営業”へと移っていきました。

さらに顧客が抱える問題や課題がむずかしくなり、とうとう顧客本人すら解決策を見い出せなくなってしまいました。顧客は、自身の課題発掘から課題解決策までを一緒に考えるくれる共同作業者、すなわち“コラボレーション型営業”を求めるようになりました。しかし、このコラボレーション型営業は、これまでの延長線上にない営業スタイルのため、抜本的な変革が必要になりました。

これまでの行動重視型、御用聞き型、提案型という従来型の営業スタイルは、製品知識の量やフットワークのよさといった、いわゆる営業マンの個人的なスキルが問われていました。

しかし、現在の市場環境で、難易度が高く、しかも多岐にわたる顧客のニーズに、営業マンが１人で対応することはとてもむずかしくなってきています。これからの営業マンの戦い方は、従来の「セールスマン」としての個人戦から、課題を組織的に解決するための「セールスコーディネーター」としての団体戦へと変革することが必要となります。

これからのコラボレーション型営業には、課題の探索から課題の解決までを組織的に行い、自社内で課題解決ができないときは、競合先を含む他社とコラボレーションするくらいのコーディネート力が求められているのです。

どこの売り手も、一度つかんだ顧客を囲い込み、末長く付き合いたいのです。顧客に課題解決のない製品を“ごり押し”することは、信頼を失い致命傷となります。信頼を得て顧客ロイヤリティを高めることは、古くから言われていることですが、その取り組み方が、これまでの営業マンの属人的な能力に依存する個人戦から顧客の視点で組織的に考える団体戦へと変化したという点も、これから経営に求められる背景として認識しておく必要があります（図1-03参照）。

◆仮説→検証のしくみが企業の命運を分ける

以上述べてきた、これから求められる経営の方向性をまとめると、以下のようになります。

①マーケット縮小時代の戦い方は、これまでの経験の延長線上にない。

②インターネットの普及が買い手と売り手の関係を変え、売り手は顧客の視点で課題解決策を提供する必要がある。

③顧客ニーズが複雑化するにつれ、課題解決策の提供は個人やチームレベルの属人的な対応では賄いきれず、より組織的に対応する必要が高まってきた。

図1-03　市場環境の変化に伴う営業スタイルの変遷

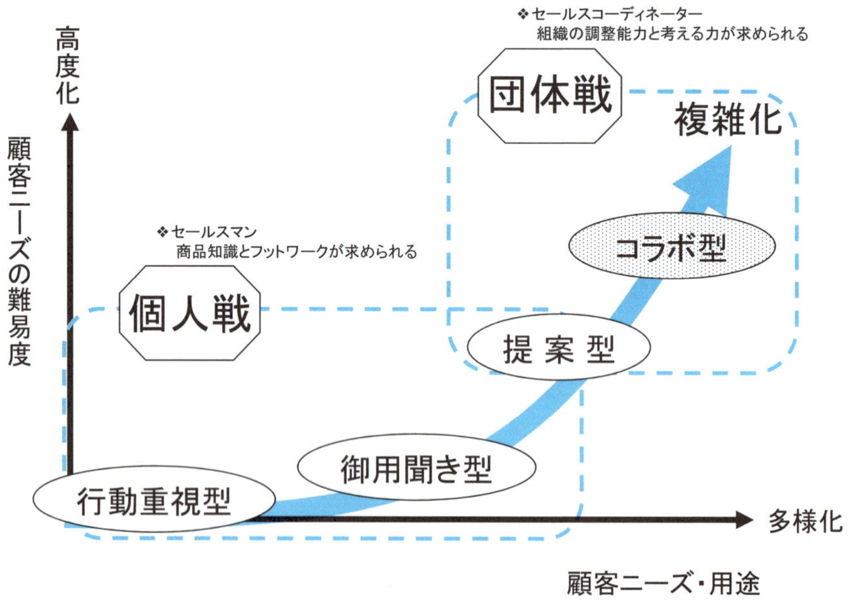

❖セールスコーディネーター
組織の調整能力と考える力が求められる
高度化
顧客ニーズの難易度
団体戦
複雑化
❖セールスマン
商品知識とフットワークが求められる
コラボ型
個人戦
提案型
御用聞き型
行動重視型
多様化
顧客ニーズ・用途

これらの経営環境の変化に伴う必要性に応えるためには、以下の３点を実行することが重要なポイントとなってきます。

❶ 顧客の視点で課題を仮説し、検証する

マーケット縮小、顧客ニーズの多様化、購買行動の変化など市場環境が激しく変化するなかで、前例なし、去年の正解が今年の不正解、まずやってみなければわからないという手探り状況を打ち破るための基本的な思考です。先が見えないなりにも、「こうではないか……」、「仮にこうだとしたら……」といった具合に、課題に対して仮でもよいから戦略や方針を作成し、その仮説を実施してみて、その実施データを検証するしくみを、経営活動の基盤に据えることです。

❷ 仮説→検証スピードを高速化する

戦略が間違っていた場合は、速やかに修正することです。そうしないと、投下した経営資源（ヒト、モノ、カネ、時間、情報）にロスが生まれます。そのため、戦略が正しかったかどうかの仮説→検証のスピードが命運を分けることになってきます。ここでのスピードとは、仮説のスピード、検証のスピード、検証結果を基に新たな仮説を行うための意思決定のスピードなど、すべてのスピードを意味します（次ページ・図 1-04 参照）。

❸ 仮説→検証プロセスを「見える化」する

これまでに経験したことのない戦略に取り組むにあたり、全社員が戦略である仮説を素早く理解する必要があります。そのために全社員が目指すゴール、ゴールまでの道筋、そして現在地をパッと見てわかるようにする必要があります。戦略レベルから現場活動レベルまで、さまざまな情報のビジュアル化、オープン化、共有化を進めることで、社員の意識や経営体質が大きく変化します。そのための切り口を意味します。

◆「見える化」と「可視化」

以上述べた3つの要素を兼ね備えた経営のフレームワークを、「可視化経営」と定義します。ここで、「見える化」と「可視化」という言葉の使い分けについて説明しておきましょう。

情報収集のおよそ8割が視覚からだと言われています。「見える化」も「可視化」も、視覚を利用したマネジメントである点で共通しています。

一般的に「見える化」とは、業績や財務状況などをパッと一目でわかるようにグラフィカルにすることやラインの不具合を知らせる「アンドン」や次工程の在庫不足を知らせる「カンバン」など、現場レベルのアラームをビジュアル化することです。「見える化」のアラームは、本人の見ようとする意志と無関係に、無理矢理にでも目につくようにする必要があります。

図1-04　経営の見える化に求められているスピードとは

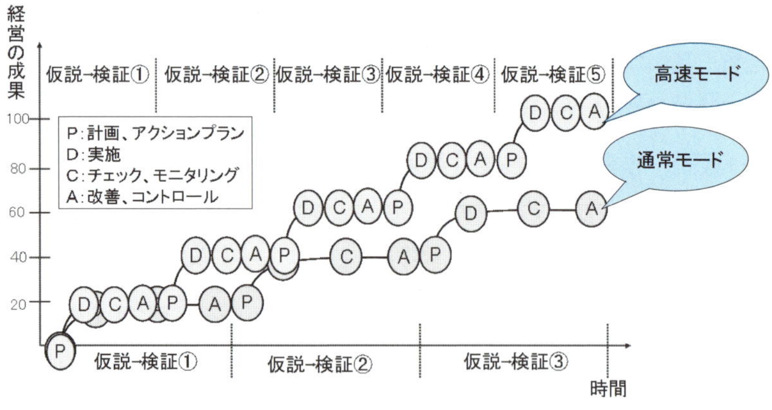

※戦略を策定（P:Plan）し、遂行（D:Do）して、うまくいったかどうかを、チェック（C:Check）し、その戦略を改善（A:Action）するためのPDCAサイクルを回す必要があります。
※その戦略が、不確実性の高い仮説であればあるほど、仮説→検証のPDCAサイクルを高速回転させていく必要があります。特に、戦略に正解がない、過去の延長線上にない場合は、戦略＝仮説に対する現場の実施状況の評価（D～Cの時間）とその状況把握からの次の一手（C～Aの時間）のスピードアップが、重要となります。

一方、「可視化」とは、見えれば気付く ⇒ 気付けば動く ⇒ 動けば変化する ⇒ 変化を可視化する ⇒ また気付く ⇒ また気付けば動く ⇒ 動けば変化が生じるという仮説→検証スパイラルのプロセスを常に見えるようにしておくことです（図1-05参照）。

強制的にビジュアル化して目に入るようにする「見える化」と違い、仮説→検証スパイラルのプロセスを見えるようにするためには、それを見ようとする意志が必要になります。見ようとする意志の背景には、前提として自社の経営理念やビジョンに共鳴し共感している必要があります。

さらに「可視化」では、目標値や基準値を設定し、現状値とのギャップを明確にして、そのギャップの意味を正しく理解することが求められます。「可視化」

図1-05　経営の見える化は、仮説→検証のスパイラルを高速回転させること

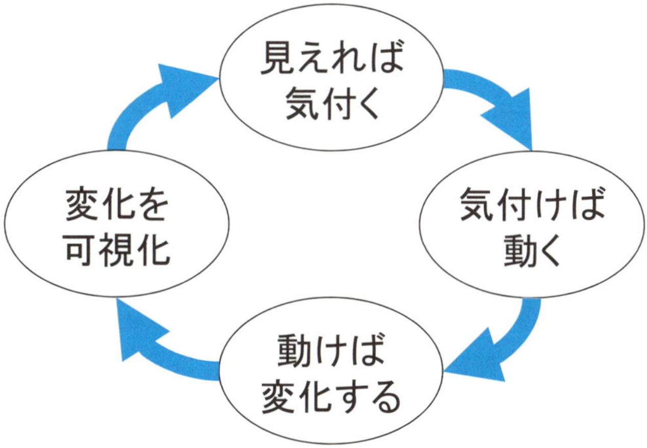

経営の見える化とは、企業行動の実体を見える化することで、経営者から現場の一社員までがセルフマネジメントできるようにする自律協調型の組織運営手法であり、仮説→検証スパイラルを高速回転させるスピード経営を実現するものです。

とは、単にデータをグラフで表すIT利用でもなければ、単に経営や現場の結果をビジュアル化することでもありません。

「可視化経営」とは、経営者が現場の状況、現場が経営の状況を相互に把握するために、仮説→検証スパイラルのプロセスを見えるようにすることで、組織的に問題意識を醸成し、企業体質の強化を推進するためのマネジメントスタイルなのです。

◆経営の成果を最大にするマニュアル

可視化経営を実践する目的は、経営の成果の最大化にあります。ここで、経営の成果を「戦略策定フェーズ」と「戦略遂行フェーズ」の2つの要素の掛け算として分解して考えてみましょう（次ページ・図1-06参照）。

戦略策定フェーズで顧客ニーズにマッチした戦略を作成する能力（戦略策定力）を発揮し、かつ、戦略遂行フェーズでしっかり戦略を実施（戦略遂行力）した時〔戦略策定力（○）×戦略遂行力（○）〕のみ、経営の成果が得られます。

いかに素晴らしい戦略をつくっても、現場が戦略を理解せず、戦略の実施が不十分〔戦略策定力（○）×戦略遂行力（×）〕であれば、当然のことながら経営の成果には結びつきません。反対に、朝から晩まで、現場が一生懸命働いても、明確な戦略や方針がない〔戦略策定力（×）×戦略遂行力（○）〕であれば、これもまた経営の成果を期待することはできません。もちろん、戦略も立てずに行動も起こさない〔戦略策定力（×）×戦略遂行力（×）〕のであれば、言うまでもありません。

この戦略策定力と戦略遂行力は、車の両輪にたとえるとわかりやすいかもしれません。経営の成果という目的地に向かって車を走らせるには、戦略策定力側のタイヤと戦略遂行力側のタイヤがバランスよく回転する必要があります。

戦略策定力側のタイヤだけ回転して、戦略遂行力側のタイヤが止まっていれば、その場で回転して一歩も前に進みませんし、またその逆も同じ結果を招くことは、容易に想像できます。もちろん両輪の回転スピードが速いに越したことはありませんが、まずはバランスよく回転させて、目的地に向かっていく必要があります。可視化経営とは、目的地までの道のりを効率よく着実に進むための運転マニュアルであり、このマニュアルをよく理解して運転することが経営の成果の近道となります。

図 1-06　経営の成果とは、戦略策定力と戦略遂行力のバランスが大切

経営の成果	=	戦略策定力	×	戦略遂行力
○	=	○	×	○
×	=	○	×	×
×	=	×	×	○
×	=	×	×	×

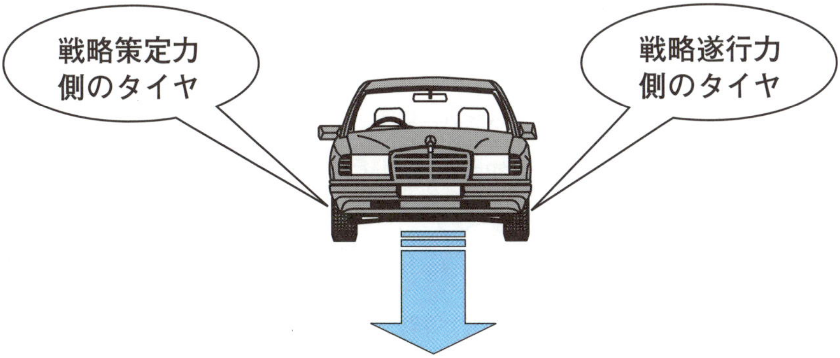

両輪がバランスよく回転しているから、真っ直ぐ前に進むことができる。
いずれのタイヤが回転しなくても、目的に向かって進むことができない。

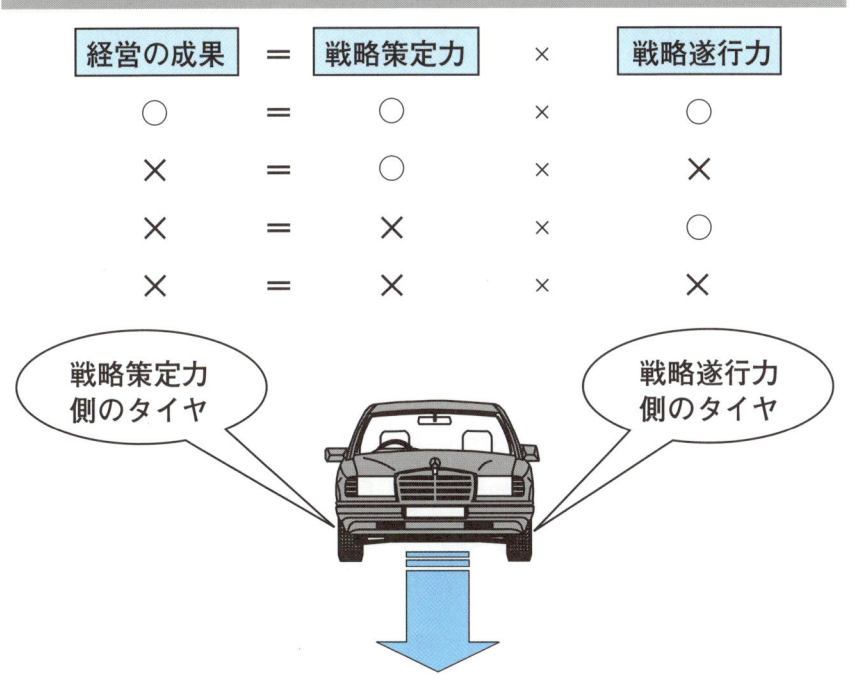

第２章　可視化経営がもたらす多くのメリット

可視化経営がもたらすメリットは、大きく次の３つに集約できます。

① ビジョンや戦略が理解しやすくなる

② 現場活動のプロセスをリアルタイムで把握できる

③ 目に見える情報が全社的に共有される

さらに、ここからさまざまなメリットが派生しています。その代表的なものを、以下に説明します。

◆ビジョンや戦略が理解しやすくなることのメリット

最初にトップマネジメント、ミドルマネジメント、ロアーマネジメント（20ページ参照）といったすべての組織階層が、自らの取り組む戦略を理解しておく必要があります。

可視化経営は、戦略策定から戦略実行までの各ステップを手順どおりに進めることで、次のようなメリットをもたらします。

メリット① 社員がビジョンや戦略を身近に感じるようになり、モチベーションがアップする

直感的で、わかりやすい「可視化マップ」という地図で、ビジョン、戦略、戦術などの経営方針を示すことにより、特に若い人たちの理解を進めます。単なる数字による目標設定ではなく、自分たちの仕事がマーケットからどのように評価されているかが明確になり、日々の仕事に意義と価値を感じるようになります。

メリット② 会社に共感する若い人が増え、採用活動にとってプラスになる

物あまりの日本で、単に金儲けだけで就職しようとする若者は、いまや少数派といえます。豊かな日本で社員のモチベーションを上げるには、仕事の意味と価値を理解し、仕事をするうえでの成長実感を得ることが重要となります。

自分たちが、ビジョンや戦略を通して、世の中の誰に、何を、どのようして貢献する組織なのかを明らかにし、それに共感し共鳴する人たちが会社に入ることで、ロイヤリティの高い人材の確保が可能となります。

メリット③ 社内で統一した問題意識を醸成することができる

ビジョンや戦略を共有するだけでなく、そのビジョンや戦略を実現していくためのプロセスをも全社で共有することになります。このプロセスの要所要所に目標値や基準値を設け、それに対する現在値を測定します。目標値や基準値と現在値とのギャップが全社統一のしくみのなかで明確になり、そこに正しい問題意識が生まれます。

メリット④ 長期・中期・短期の取り組みに一貫性が生まれる

長期ビジョンを描くことにより、それを中期計画や目標、日々の業務、行動の一貫した流れに落とし込むことができます。また、詳しくは後述しますが、可視化経営ではIT化された日報（以下、「IT日報」という）で社員の行動を日々捕捉しますので、醸成された正しい問題意識が行動に結びついているかどうかを容易にチェックすることができます。

このように、日々の活動状況をモニタリングするしくみを持つことで、ビジョンや経営計画が単なるお題目となり、結果として達成したかどうかをチェックするだけの“結果論マネジメント”に陥ることや、現場社員の無視・無関心を防止することが可能となります。

◆現場活動のプロセスをリアルタイムで把握できることのメリット

現場に戦略を指示しておきながら、その戦略の状況を把握せずに放置しておくわけにはいきません。ビジョン実現のための現場の活動状況をタイムリーにモニタリングするために、可視化経営では「IT日報」を活用します。可視化経営は、現場活動のプロセスの進捗状況をモニタリングしながら、以下のメリットをもたらします。

メリット⑤ クレームやトラブルなど、想定外の情報を即座につかむことができる

可視化経営では、現場の仕事の進め方や現場での日々の出来事までもが見える化しますので、想定外のクレーム、トラブルや“ヒヤリ・ハット”などの現場で発生する情報を素早くキャッチすることができます。

通常、多くの企業は、想定内のクレームやトラブルに対処するしくみを持っています。しかし、社員自身がクレームやトラブルと認識してなくても、IT日報に報告さえすれば、見る立場の違う人が、「新しいクレームではないか?」、「トラブルのもとではないか?」と問題視することができるので、企業として想定外の情報を素早く把握することができます。IT日報は、クレームやトラブルの潜在的な芽を発見するためのしくみとしても有効に活用できます。

メリット⑥ 内部統制、コンプライアンスが徹底できる

可視化経営を進めていくと、社内の情報はガラス張りになってオープン化され、社内の不正業務、ミスやヌケ、モレなどが見えるようになります。社員が何をしているのかが日々明らかになれば、お互いチェックすることも容易になります。

業務の標準化、マニュアル化を行い、決められた手順で業務を行うというマネジメントスタイルでは、社員の創意工夫の余地を狭めます。やるべきことを規定するのではなく、日々の業務をオープンにすることを前提に、やってはならな

いことだけを規定して、後は各人の創意工夫に委ねるのです。そうすることで、内部統制、コンプライアンスを徹底しながら社員個々の創造性や工夫を阻害しないバランスの取れたマネジメントが可能となります。

メリット⑦ 事前に必要な手を打てる先行管理にシフトできる

経営の成果を出すためのプロセス、すなわち先行指標（営業部門であれば、有効面談数や提案書提出数など）と、その結果指標（営業部門であれば、受注件数や売上金額など）の因果関係が見えるようになります。

日々刻々と変化する市場環境のなかで、前年、前月、前週といった過去の結果データにもとづく予測は、ますます意味を持たなくなっています。ましてや、市場環境が変化することにより、昨日までの先行指標と結果指標の因果関係が通用しなくなるかもしれません。可視化経営を実践することで、これまでの結果管理主義から、絶えず先行指標と結果指標の因果関係に目を配りながらマネジメントを行う先行管理主義にシフトすることができます。

メリット⑧ 社員に対する公平公正な評価が可能になる

仕事はたまたまうまくいくこともあれば、どんなに頑張っても結果が出ないこともありますから、社員の評価は結果だけでなく結果に至るプロセスを見ていく必要があります。マネジメントスタイルを先行管理主義にシフトしても、上司の公正さを欠く裁量や結果指標だけで社員を評価したのでは、経営の成果に結びつかないばかりでなく、不平不満を生み、これまでの結果管理主義へ逆戻りしてしまいます。

可視化経営は、日々の社員の活動をIT日報でモニタリングし、誰がどう頑張って、どう工夫して、どう苦労したのかを、すべて明らかにします。そして、結果オーライの評価になりがちな人事評価制度を廃し、最終結果と結果に至るまでのプロセスの両方をバランスよく見て、評価を下すことが可能となります。

◆目に見える情報が全社的に共有されるメリット

可視化経営は、戦略策定（Plan）⇒ 全社的な戦略の共有と戦略遂行（Do）⇒ 戦略の実施状況をチェック（Check）⇒ 戦略の改善活動（Action）という戦略のPDCAサイクルを繰り返すなかで、以下のメリットをもたらします。

メリット⑨ 社員が経営の目線、意識を持って仕事に取り組めるようになる

経営者として経験もない、経営者と同じ情報を持ち合わせていない、現場しか知らない社員に、いきなり「経営者の目線で物事を考えろ」と言うこと自体に無理があります。少なくとも経営者が、日ごろ見ている情報や景色を社員と共有する必要があります。そのためのフレームワークが可視化経営なのです。

可視化経営では、経営の進むべき方向は地図を描いて示します。また、目的地に到達するためにどの道を通るかも一緒に決めていきます。その決定のプロセスもオープンにしていきます。可視化経営のフレームワークと成果物を共有することで、社員が経営の共通語で会話できるようになります。

メリット⑩ 社員同士、部門間のコラボレーションが促進される

可視化経営を推進すれば、将来ビジョンや戦略、経営計画などが明確になり、全社的に共通の問題意識が醸成されます。すると社内には、戦略や目標を達成する“同志”としての社員間コミュニケーションが芽生えてきます。

日常的に、お互いのIT日報を読むためのインフラが整備されますので、部門が違ったり拠点が離れたりしていても、社員間コミュニケーションはおのずと活発になります。そして、各個人が持っている経験知や知恵やノウハウをIT日報に蓄積することで、これまでの部門の壁や物理的な距離感を越え、よりいっそうの組織間コラボレーションが促進されます。

メリット⑪ 業務の進め方や仕事のノウハウなどのナレッジが蓄積される

社員はIT日報を入力します。それによって業務が“見える化”し、目標の遂行度や達成状況がリアルに把握できます。その際に発生した新たな事象、クレームやトラブル、そしてそれらの一連の対応状況や業務の改善策などのデータは、そのまま生きた業務マニュアルになります。

一般的には、標準的な業務、よく発生するクレームやトラブルなどをピックアップして業務マニュアルを作成します。しかし、一度作成した業務マニュアルは、ほとんどメンテナンスされず陳腐化していく場合が少なくありません。多様化する顧客ニーズに対応するための質の高い顧客対応力が問われています。

IT日報の蓄積データは、業務マニュアルの内容を超えた部分の対応策に悩む社員に、より実践的な対応を促すものとなります。

メリット⑫ 社員の思考力を日々訓練していくことができる

顧客に付加価値を提供するホワイトカラーやナレッジワーカーに求められる思考力を身につけるためには、日々の思考訓練が欠かせません。可視化経営のIT日報では、常に「次は、どうするのか?」、「そこでどういう手を打つのか?」などと考えて書くような形式になっています。単に今日発生したことだけを記述する日報であれば、覚えておけば書けますが、「次は、どうするのか?」という内容を書くのには、頭を使わなければなりません。IT日報を書くことで思考訓練を習慣化し、考える力のある人材育成を行います。このIT日報での思考訓練を日々積み重ねることで、他社が簡単に追いつけないほどの差を生み出すことができます。

第３章　あなたの会社の「可視化経営度」をチェックしてみよう

◆３つの組織階層の役割

あなたの会社の可視化経営度をチェックする前に、組織におけるマネジメントの定義と役割を確認しておきます。一般的に企業は、トップマネジメント、ミドルマネジメント、ロアーマネジメントの３つの組織階層に分けられます。

❶ トップマネジメント

社長をはじめとする取締役以上の経営者層が、企業経営全般を指揮・監督するための戦略的決定を行います。企業合併や買収、新事業分野への進出や拠点展開など、企業全体に関わる重要な方針や問題事項の決定、中長期的な戦略立案や重大な投資などの決定を行います。定常的に繰り返されるような意思決定は少なく、参考にするべきマニュアルもなく、決定の正否による成果の得失が大きいというハイリスク型の意思決定となります。

❷ ミドルマネジメント

部長、次長、課長を中心とした管理職で、一般的に「中間管理職」と呼ばれています。主な役割は、トップマネジメントで決定した全社方針を部下に伝達することや自部門の人材育成と業績向上のための戦術的決定を行います。さらに、トップと部下だけでなく、同僚や関連部門との情報共有という連結ピンの役割も担っています。

❸ ロアーマネジメント

係長、職長、グループリーダーを含む一般社員のことで、現場での業務的意思決定を行います。与えられた目標や業務の仕方を前提として、スケジュールの決定や実際の業務を遂行する際の問題を対象に、アクションプランレベルの意思決定を行います。日常的に繰り返されることが多く、対処する方法も定型的であることが特徴で、ITに代替されることも少なくありません。

◆可視化経営度診断の狙い

ここで定義したマネジメントスタイルは、これまでの組織で求められている基本的なものです。可視化経営では、前述の各々の組織階層における基本的なマネジメントスタイルのほかに、市場環境の変化に柔軟に対応するための能力が求められます。

ここで紹介する可視化経営度診断は、あなたの会社の現状を可視化経営の視点から簡易的にチェックし、特にこれから強化すべき点を確認しようとするものです。自社のマネジメントが機能しているのか、そしてこれからの市場環境の変化に対応していけるのかをチェックすることができます。

◇可視化経営度診断の手順

❶22ページの「可視化経営度チェックシート」をワークシートダウンロードサイト（詳しくは、別冊『ワークシート集』の表紙に記載）より入手し、診断チェック対象者分を印刷します。

⇩

❷30問の設問ごとに、「はい」、「どちらとも言えない」、「いいえ」のいずれかを選択します（23ページ・図3-02参照）。

⇩

❸対象者の「可視化経営度チェックシート」を回収し、そのチェック内容

図3-01　可視化経営度チェックシート

可視化経営度チェックシート

診断日：
部　署：
記入者：

No.	設　問	いいえ	どちらとも言えない	はい
1	自社のビジョンや将来の方向性、目標がはっきりと示されている			
2	方針、計画、会社としての重要な決定事項がきちんと伝えられている			
3	会社は品質を重視しながら、顧客に信頼される仕事をすることを奨励している			
4	少なくとも10年以上先の自社のビジョンや目指すところを話し合ったことがある			
5	戦略の立案のために、全社共通の経営のフレームワークや作成のための統一手順がある			
6	上司は、部下の能力開発、人材育成や仕事のプロセス改善に対して積極的に取り組んでいる			
7	直属の上司は、部下の仕事の状況を常に把握し効果的に支援している			
8	直属の上司が、組織内で取り決めた施策に対して、その目標値と実績値を日々の単位で把握している			
9	部門内の報・連・相は、ルール化されており、最適な形で機能している			
10	部署間の仕事の分担は適切に行われており、他部署との協力関係は上手く行っている			
11	顧客の中期的な目標や先々どうしたいと考えているのか、意識して聞いている			
12	顧客の商談履歴、クレーム対応履歴など活動結果が、一定のルールで蓄積・共有・活用できている			
13	仕事の成果がどのような方法で評価されているか、ほとんどの社員が理解している			
14	目標達成に対する評価方法は、オープンであり、評価は公正に行われている			
15	会社は、社員の能力、技術、創造性を尊重し活かしている。また、社員は、自己の成長を実感している			
	小計（A）			
	得点（A）			

No.	設　問	はい	どちらとも言えない	いいえ
16	期首に作成する目標は、大半が数字で、具体的な活動内容について、決まらないまま活動している場合が多い			
17	定期的に、経営トップから会社の戦略や施策を打ち出されるものの、なかなか現場に定着しない			
18	営業部門は、結果よければすべて良しの企業風土であり、営業活動のプロセス改善に対して未着手である			
19	会議やミーティングは、結果重視型であり、先々の計画や施策について話し合うことは、ほとんどない			
20	担当者は、日報を作成しているが、上司からのコメントやアドバイスなどのフィードバックが滞りがちである			
21	1つの商談を受注するために、たくさんの人が何度も同じ活動を行い、非効率を起こしている			
22	顧客ニーズが多様化、高度化し、営業マンの個人的な努力だけで解決できないことが増え、手間取っている			
23	営業マンの悩みや顧客の問題点の解決を、他部署やスタッフが協力してくれない。体制もない			
24	顧客の問題や課題を聞くことよりも、こちらから先に話して伝えることの方が多い			
25	顧客が、こちらからの情報提供を期待していなかったり、満足していないと感じたりするときがある			
26	顧客ニーズや競合情報、市場変化を収集する仕組みがなく、営業マンから個別にヒアリングして集めている			
27	企画書や提案書、営業ツールなどの多くは、営業マンがそれぞれ独自に作成している			
28	顧客情報が、担当者だけのものとなり、担当替えを行うと、ほとんど後任に引き継がれずゼロからのスタートとなっている			
29	報告（日報、週報など）は、報告者本人の行動が中心になっている			
30	客観的に日常の活動を評価する仕組みがなく評価する人材もいない			
	小計（B）			
	得点（B）			

合計（A＋B）	

図 3-02　可視化経営度チェックシート記入例

可視化経営度チェックシート

診断日:
部　署:
記入者:

No.	設　問	いいえ	どちらとも言えない	はい
1	自社のビジョンや将来の方向性、目標がはっきりと示されている			1
2	方針、計画、会社としての重要な決定事項がきちんと伝えられている			1
3	会社は品質を重視しながら、顧客に信頼される仕事をすることを奨励している	1		
4	少なくとも10年以上先の自社のビジョンや目指すところを話し合ったことがある			1
5	戦略の立案のために、全社共通の経営のフレームワークや作成のための統一手順がある			1
6	上司は、部下の能力開発、人材育成や仕事のプロセス改善に対して積極的に取り組んでいる		1	
7	直属の上司は、部下の仕事の状況を常に把握し効果的に支援している			1
8	直属の上司が、組織内で取り決めた施策に対して、その目標値と実績値を日々の単位で把握している			1
9	部門内の報・連・相は、ルール化されており、最適な形で機能している			1
10	部署間の仕事の分担は適切に行われており、他部署との協力関係は上手く行っている		1	
11	顧客の中期的な目標や先々どうしたいと考えているのか、意識して聞いている		1	
12	顧客の商談履歴、クレーム対応履歴など活動結果が、一定のルールで蓄積・共有・活用できている			1
13	仕事の成果がどのような方法で評価されているか、ほとんどの社員が理解している	1		
14	目標達成に対する評価方法は、オープンであり、評価は公正に行われている		1	
15	会社は、社員の能力、技術、創造性を尊重し活かしている。また、社員は、自己の成長を実感している		1	
	小計(A)	2	5	8
	得点(A)	0	5	24

No.	設　問	はい	どちらとも言えない	いいえ
16	期首に作成する目標は、大半が数字で、具体的な活動内容について、決まらないまま活動している場合が多い			1
17	定期的に、経営トップから会社の戦略や施策を打ち出されるものの、なかなか現場に定着しない	1		
18	営業部門は、結果よければすべて良しの企業風土であり、営業活動のプロセス改善に対して未着手である		1	
19	会議やミーティングは、結果重視型であり、先々の計画や施策について話し合うことは、ほとんどない			1
20	担当者は、日報を作成しているが、上司からのコメントやアドバイスなどのフイードバックが滞りがちである			1
21	1つの商談を受注するために、たくさんの人が何度も同じ活動を行い、非効率を起こしている	1		
22	顧客ニーズが多様化、高度化し、営業マンの個人的な努力だけで解決できないことが増え、手間取っている	1		
23	営業マンの悩みや顧客の問題点の解決を、他部署やスタッフが協力してくれない。体制もない	1		
24	顧客の問題や課題を聞くことよりも、こちらから先に話して伝えることの方が多い		1	
25	顧客が、こちらからの情報提供を期待していなかったり、満足していないと感じたりするときがある	1		
26	顧客ニーズや競合情報、市場変化を収集する仕組みがなく、営業マンから個別にヒアリングして集めている		1	
27	企画書や提案書、営業ツールなどの多くは、営業マンがそれぞれ独自に作成している	1		
28	顧客情報が、担当者だけのものとなり、担当替えを行うと、ほとんど後任に引き継がれずゼロからのスタートとなっている		1	
29	報告(日報、週報など)は、報告者本人の行動が中心になっている			1
30	客観的に日常の活動を評価する仕組みがなく評価する人材もいない	1		
	小計(B)	7	4	4
	得点(B)	0	4	12

合計(A+B)	45

を入力すると、可視化経営度の診断結果が表示されます。

これで、あなたの会社の現在の可視化経営度が判定されます。その判定結果を確認したうえで、可視化経営プロジェクトをスタートさせましょう。

◆可視化経営度診断の解説

前半の15問は、「はい」が3ポイント、「どちらとも言えない」が1ポイント、「いいえ」が0ポイントです。また後半の15問は、「いいえ」が3ポイント、「どちらとも言えない」が1ポイント、「はい」が0ポイントという配点です。

この合計ポイントが、あなたの会社の経営の成熟度を表しています。たかだか30の設問で企業の経営の成熟度を断定することはむずかしいことですが、これらの設問は、われわれが日ごろクライアント企業の現状把握のために使用しているものです。客観的に自社の現状を把握するためのチェックポイントとして確認してみましょう。

❶ 合計得点が20ポイント未満の場合

経営改革策定プロジェクトをスタートする前に、取り組みが不十分だった設問とその原因の洗い出しを行ってみてください。お気付きだと思いますが、ここにあげた30の設問は、マネジメントを行ううえでかなり基本的なことでもあります。

この基本的な取り組みを行わずして、あるいは、改善を講じないで新たな取り組みを行っても、よけいに混乱を招きます。まず、この設問が取り組めない根本原因を特定し、対策を講じるところから着手してください。そのうえで、新たな取り組みへとチャレンジすることをおすすめします。

❷ 合計得点が51ポイント以上の場合

可視化経営に対する基本がすでに備わっています。より経営の成熟度の向上

（たとえば、経営の質やスピードアップなど）に取り組んでください。あなたの会社で、すでに取り組んでいる経営のフレームワーク、ルール、しくみと、これから進める可視化経営のフレームワークは、違う点があると思います。すでに社内にしくみやルールが定着していると思いますので、あなたが課題だと感じている部分を中心に、本書を読み進めてみましょう。きっと、ヒントになる点があるはずです。

❸ 合計得点が20～50ポイントの場合

迷うことはありません。本書を片手に可視化経営を進めてみましょう。この30の設問を可視化経営の切り口として7つのカテゴリに分類しました。カテゴリの基準値に満たない部分を中心にして、可視化経営に取り組んでみましょう（26ページ・図3-03参照）。

◆7つの「見える化」

30の設問は、以下のような7つのカテゴリに分けることができます。これらカテゴリ別の得点によってそれぞれの取り組み度合いを推定しようとするものです。

①戦略の見える化：先の見えない時代、前例主義が通用しない今こそ、自ら戦略を策定し、共有する必要があります。→設問1～5

②マネジメントの見える化：不確実な戦略を遂行するために、現場への具体的な指示や日々のマネジメントの“見える化”が必要になります。→設問6、16～19

③現場情報の見える化：現場からの検証データと権限委譲が求められます。→設問7～9、20

④部門間の見える化：営業部門だけが顧客接点ではありません。顧客ニーズ

図 3-03　可視化経営度診断例

可視化経営度の診断結果

可視化経営の切り口	該当する設問№	設問数	満点	基準値	サンプルのポイント
①戦略の見える化	1～5	5	15	8	12
②マネジメントの見える化	6、16～19	5	15	8	8
③現場情報の見える化	7～9、20	4	12	7	12
④部門間の見える化	10、21～23	4	12	7	1
⑤顧客の見える化	11、24～26	4	12	7	3
⑥ナレッジの見える化	12、27～29	4	12	7	7
⑦評価の見える化	13～15、30	4	12	7	2
	合計	30	90	51	45

❖チェックシートコメント

◎部門間の協力体制や評価に対する取り組みを顧客の視点 で検討する必要があります。

◎顧客不在にならぬように可視化経営のフレームワークの理解を進めてください。

◎一方で、戦略の現場への浸透と現場情報のフィードバック のしくみができていますので、比較的早く会社の見える化を図ることができると考えられます。

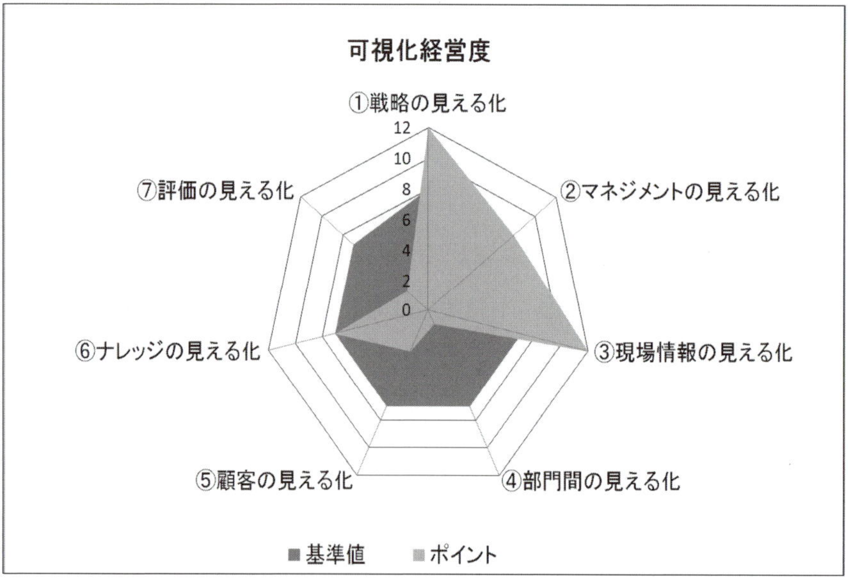

の充足は、企業総動員、組織戦です。→設問10、21～23

⑤顧客の見える化：多様化し高度化する顧客ニーズを常に把握するしくみと顧客視点のマインドがますます求められます。→設問11、24～26

⑥ナレッジの見える化：顧客情報こそが活きたマニュアルとなり、企業の資産となります。→設問12、27～29

⑦評価の見える化：時間や出来高での評価から、知的労働での成果を評価する時代でのモチベーションや成長実感を考える必要があります。→設問13～15、30

以上の7つの「見える化」によって、可視化経営が構成されているとお考えください。さあ、経営の成熟度やマネジメントにおける自社の強みや弱みを確認したところで、本題の経営改革プロジェクトをスタートさせていきましょう（図3-04参照）。

図 3-04　7つの見える化

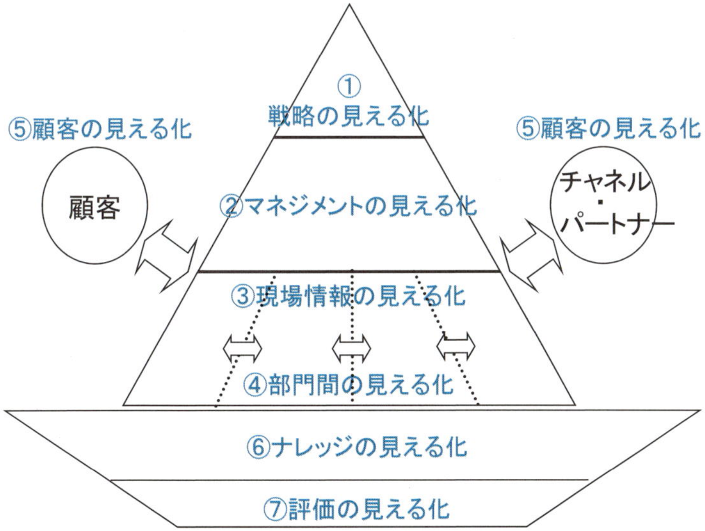

第4章 可視化経営プロジェクトのスタートに向けて

◆経営のカーナビシステム

可視化経営とは、戦略策定から具体策の実施状況の把握までを全社で「見える」化し、戦略の仮説→検証のスピードを上げていこうとする取り組みです。本書では、そのために必要な可視化経営の3層構造からなる7つのステップのフレームワークについて順を追って説明していきます。さあ、このワークブックを片手に、あなたの会社の経営改革プランを作成してみましょう。

可視化経営のフレームワークは、①目的地の設定、②ルートの設定、③現在地の表示という3つの点でカーナビシステムとよく似ています。

カーナビシステムは、目的地をセットすれば、現在の工事渋滞、事故渋滞、自然渋滞などの情報を素早くキャッチ、目的地までの最適ルートと現在地を教えてくれます。後は、ドライバーがカーナビシステムの指示に従えば、よほどのことがないかぎり目的地に到着することができます。

可視化経営では、海図や地図を描きながら目的地を設定することを「戦略の可視化」、目的地までのルートの設定とルートから外れていないかを要所要所でチェックすることを「マネジメントの可視化」、現場の情報を収集して現在地を知ることを「現場情報の可視化」といい、3層の可視化で成り立っています。

この段階では、市場環境の変化を機敏に察知し、道に迷うことなく目的地にたどり着くための経営のカーナビシステムが、可視化経営のフレームワークであると思ってください（次ページ・図4-01参照）。

図 4-01　見える化を進める経営改革（構築フェーズ）の７ステップ

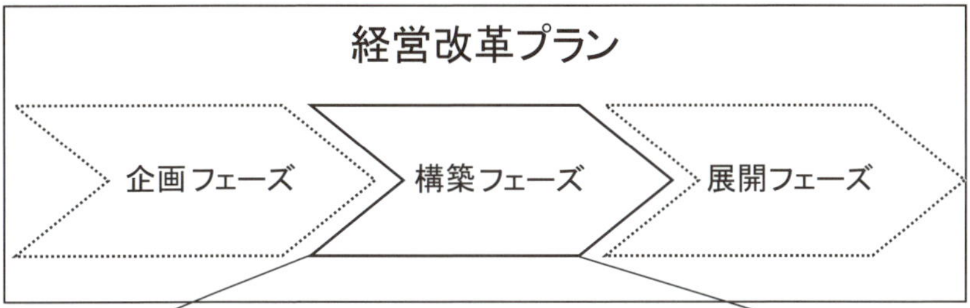

①目的地の設定	戦略の可視化	Step1	経営理念・使命を再確認する
		Step2	20年後の将来ビジョンを描く
		Step3	ビジョン、戦略、戦術をマップ化する

②ルートの設定	マネジメントの可視化	Step4	スコアカードを作成する
		Step5	アクションプランを決定する

③現在地の表示	現場情報の可視化	Step6	モニタリングシステムをつくる
		Step7	経営のコクピットを完成させる

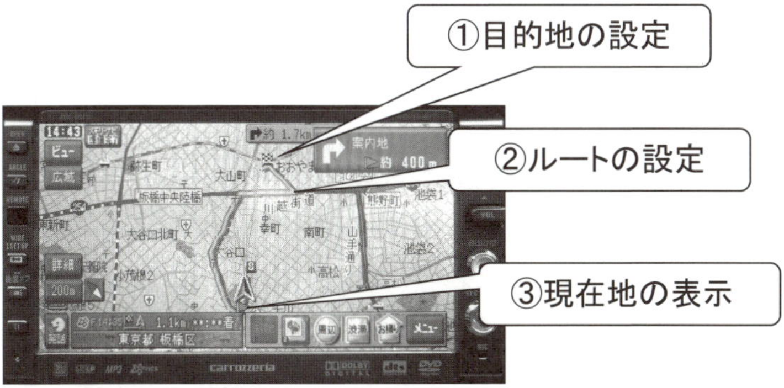

可視化経営とは、経営のカーナビシステム

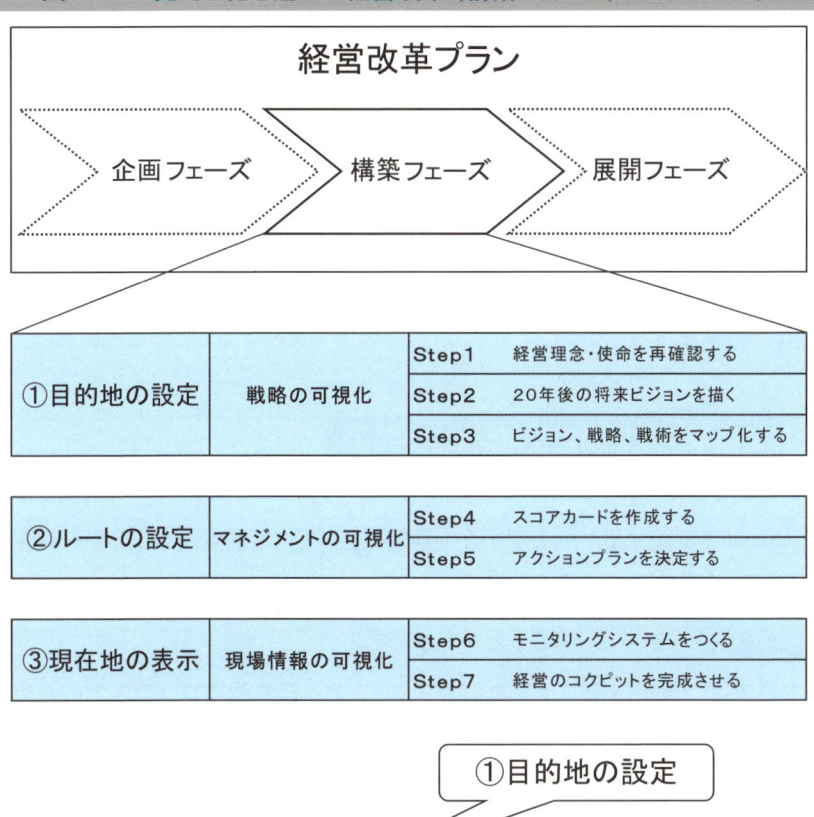

◆経営改革プラン構築のための7ステップ

この可視化経営の3層構造を進めるには、「戦略の可視化」では、①経営理念と使命の再確認、②将来ビジョンの策定、③ビジョン・戦略・戦術のマップ化という3つのステップを実施することになります。

また、「マネジメントの可視化」では、④スコアカードの作成、⑤アクションプランの決定という2つのステップを実施することになります。

そして、「現場情報の可視化」では、⑥モニタリングシステムの構築、⑦経営のコクピットを完成させるという2つのステップを実施することになります。

◆経営改革プラン策定プロジェクト発足

経営改革プランは、どのような方法で、どの組織を対象として、どのようなスケジュールで実施するかを決定する「企画フェーズ」と経営改革プランを実際に策定する「構築フェーズ」と構築した経営改革プランを対象部署で実施する「展開フェーズ」の3つに分けることができます。

本書では、経営改革プランの企画フェーズで、経営改革プラン策定のためのフレームワークとして可視化経営の7ステップを使用することや対象部署、スケジュールはもうすでに決まっているものとして、経営改革プラン構築フェーズを中心に説明していきます。

まず、経営改革プラン構築フェーズを進めるにあたり、プロジェクトを発足させます。プロジェクトとは、特定の目的を達成するための臨時組織です。経営改革プラン構築フェーズが完了するとプロジェクトは解散し、次に経営改革プラン展開フェーズのプロジェクトを発足させます。

プロジェクト開始にあたっては、①目的、②成果物、③期間、④体制の4要素をしっかり決めておく必要があります。

①目的は、もちろん可視化経営による経営改革プラン策定です。②成果物は、可視化経営のフレームワークのアウトプットとなる可視化マップ、スコアカード、アクションプラン、モニタリングシステムなどです。

また、可視化経営の7ステップによる経営改革プラン構築のための③期間は3ヵ月を目安とします。

◆プロジェクトチームの体制

④体制は、経営改革プラン実施対象部署のトップをプロジェクトリーダーとして、その部門の中間管理職をプロジェクトメンバーとして任命します。

ワークショップスタイル(33ページ参照)で討議するためのチームは、リーダーとメンバーの5～6名で構成します。企業規模によりますが、全社的な取り組みの場合には、プロジェクトオーナーに経営トップ、プロジェクトリーダーに企画部門の執行役員などをアサインします。

また各チームは、部課長級のミドルマネジメントをリーダーとして、ミドルマネジメントやロアーマネジメントから選抜して構成します。プロジェクトを効率的・効果的に推進するために、プロジェクト体制にステアリングコミッティと事務局を任命しておく必要もあります(次ページ・図4-02参照)。

ここで登場するプロジェクトオーナー、ステアリングコミッティ、プロジェクトリーダーは、それぞれ以下のような役割を担います。

❶ プロジェクトオーナーの役割

企業のビジョンを実現するための経営改革のためのプロジェクトチームを組織します。プロジェクトが円滑に進むように、変革の必要性を全社員で共有し、意識改革を自ら推進します。変革のための経営資源の投入を決定し、ステアリングコミッティを通してプロジェクトの成果を承認します。

❷ ステアリングコミッティの役割

運営委員会のことで、プロジェクトの対象部門の最高責任者から構成され、各フェーズの決定事項を承認します。

❸ プロジェクトリーダーの役割

プロジェクトメンバーをプロジェクトの目的に邁進させる伝道師的な役割と問題解決者としてプロジェクト内で発生する問題を冷静にファシリテートする役割を担います。利害関係者に対する進捗、成果の報告と関連部署との調整、プロジェクト全般のマネジメントを行います。

図 4-02　プロジェクト体制図

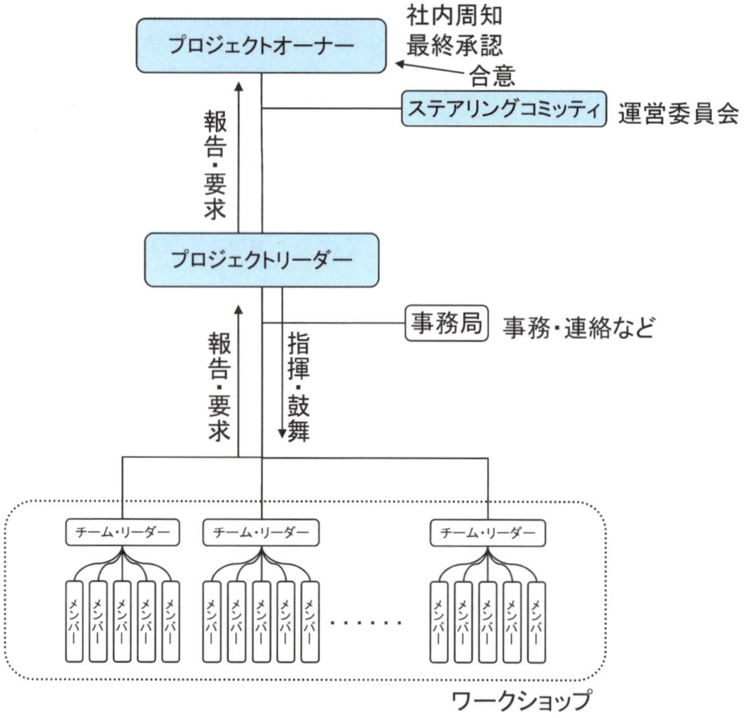
プロジェクトオーナー
社内周知
最終承認
合意
ステアリングコミッティ
運営委員会
報告・要求
プロジェクトリーダー
事務局
事務・連絡など
報告・要求
指揮・鼓舞
チーム・リーダー
チーム・リーダー
チーム・リーダー
メンバー
メンバー
メンバー
メンバー
メンバー
メンバー
メンバー
メンバー
メンバー
メンバー
メンバー
メンバー
メンバー
メンバー
メンバー
……
ワークショップ

特にプロジェクトの成否は、プロジェクトリーダーの人選にかかっています。部門や個々人の利害を超えたプロジェクト運営が求められます。プロジェクトを取りまとめるノウハウやスキルを有していることはもちろんのこと、全社的な人脈を持ち、プロジェクトメンバーを動機づけ、リードする文字通りのリーダーシップ力が求められます。

◆ワークショップで検討プロセスの「見える化」

一般的にビジョンや戦略は、全社 ⇒ 事業部 ⇒ 部 ⇒ 課 という組織のヒエラルキーに従って、トップダウン・アプローチで浸透させていきます。しかし、戦略のトップダウン・アプローチは、現場の反対や摩擦を生み出す可能性があります。その反対勢力の多くは、往々にしてこれまで高い業績を上げていた人たちです。

「これまで成果を上げてきたのに、なぜ新しいマネジメントスタイルに変えなければならないのか」、「これまで築きあげてきた成功パターンが崩れるではないか」、「これまで以上の成果の保証がないではないか」などと、変化することに強い抵抗を示します。

このような勢力に対しては、できるだけ戦略策定の早い段階からプロジェクトに参加させ、変革への当事者意識を醸成することも大切になります。そして、プロジェクトの討議は、ワークショップスタイルで進めていきます。

本来ワークショップ（Workshop）とは、「作業場」、「工房」など、共同で何かを作る場所を意味しています。可視化経営のワークショップでは、「参加者が自由に意見交換し、共同作業を行いながら課題解決策を創造する場」と位置づけています。さらに、ワークショップを行うことにより、次ページの図4-03に示したような効果も期待できます。

このワークショップとは、ビジョンや戦略と現場活動の隔たりを埋める接着剤のようなもので、これまで取り組んできた現場志向の活動を否定するものではないことを理解させる良い機会となります。このように、単に誰かが経営戦略を作成し「見える化」すればよいのではなく、現場を巻き込みながら経営戦略を検討していく過程そのものを「見える化」することも可視化経営を進めていくポイントとなります。

図 4-03　ワークショップ

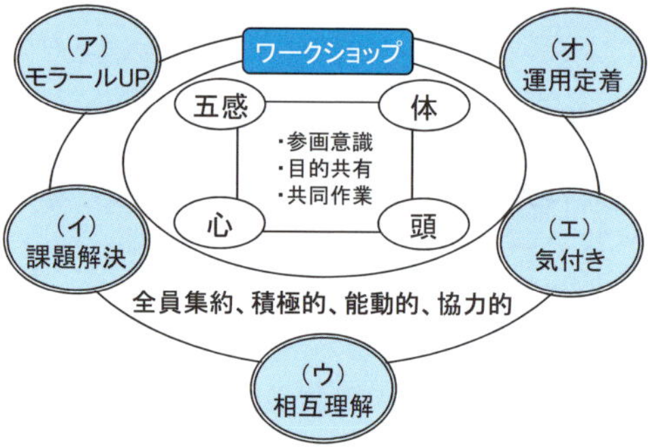
(ア)
モラールUP
ワークショップ
(オ)
運用定着
五感
体
・参画意識
・目的共有
・共同作業
心
頭
(イ)
課題解決
(エ)
気付き
全員集約、積極的、能動的、協力的
(ウ)
相互理解

(ア) 参加者の主体的な活動により問題意識、モラールが高まる。

(イ) 参加者が、中期的および短期的な視座で全社の共通課題を認識することができる。

(ウ) 課題解決策の検討プロセスを共有することで、組織間の理解が深まる。

(エ) 部門横断的に役職や立場の違う人と交流することで、気付きを得ることができる。

(オ) 目的共有したメンバーが、現場活動することにより戦略作成から実行までの運用の定着が期待できる。

◆ファシリテーションの７つ道具

ワークショップをより効率的に進めるために、事前に準備していただきたい7つ道具を紹介します（図4-04参照）。

図4-04　ファシリテーション７つ道具

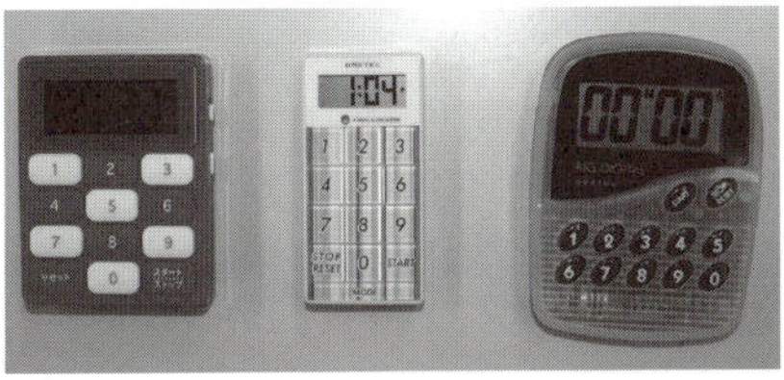

①テンキー付きキッチンタイマー
左右のものが、単4電池式

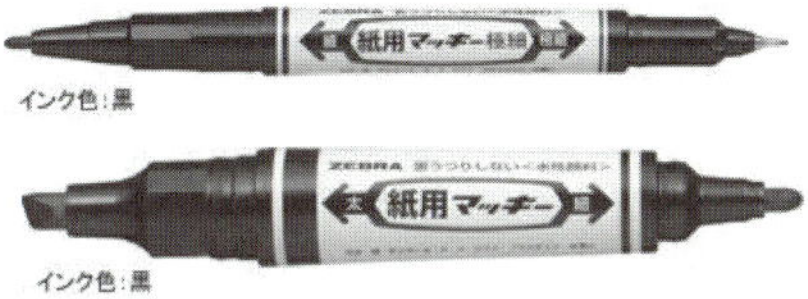

②黒の水性マーカー　紙用マッキー極細（ブラック）・・上
黒の水性マーカー　紙用マッキー（ブラック）・・下

③ワークショップ必需品
ポストイット　75mm×100mm

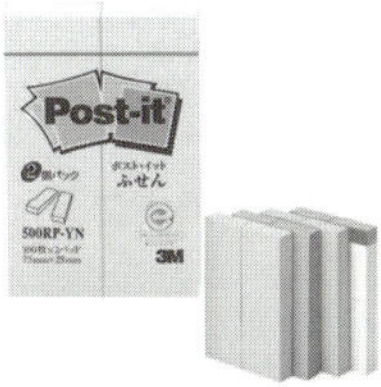

④ワークショップ必需品
ふせん75mm×25mm

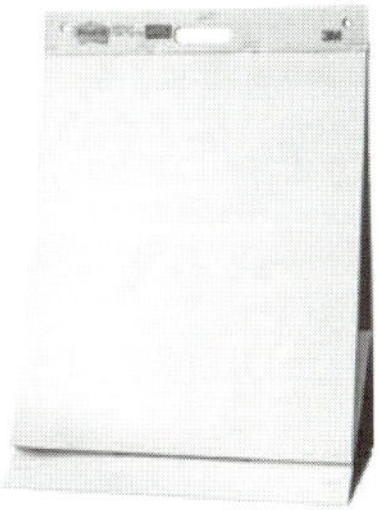

⑤模造紙でも代用可ですが
一度使うとやっぱり便利!!
イーゼルパッド

⑥デジカメ
すぐにPCで再現できるものを・・
最低300万画素くらいあれば、
イーゼルパッドに貼ったポストイット
字を保存して、あとから読むことも
可能。著者が、長年愛用の
CASIO EXILIM EX-Z3

❶ キッチンタイマー

テンキーで時間セットできることと、単3か単4電池で電池交換しやすいものを用意してください。ボタン電池タイプは、電池切れのときに調達しにくいため、予備電池も忘れずに用意しておきましょう。やはり、電池切れを考えると乾電池タイプのほうがベターです。

❷ 水性マーカー

ゼブラ 紙用マッキー極細（ブラック）（WYTS5-BK）をおススメします。紙に書いても裏写りせず、大変便利です。ワークショップの参加者分の本数を用意してください。

また、紙用マッキー（ブラック）（WYT5-BK）もワークショップのチーム数用意しておいてください。後述のイーゼルパッドへのタイトルや表などを書く際に必要となります。

❸ ポストイット［イエローカード、ピンクカード］

住友スリーエム再生紙スタンダードカラー（イエロー）100枚で1パック（657RP-Y）。サイズ：75mm×100mm。ワークショップの参加者数×2パックを用意してください。

住友スリーエム再生紙スタンダードカラー（ピンク）100枚で1パック（657RP-P）。サイズ：75mm×100mm。ワークショップの参加者数÷4パックを用意してください。

❹ ふせん［イエローカード（小）、ピンクカード（小）］

住友スリーエム再生紙スタンダードカラーふせん（イエロー）100枚2パック入りをチーム数（500RP-YN）。サイズ：75mm×25mm。

住友スリーエム再生紙スタンダードカラーふせん（ピンク）100枚2パック入りをチーム数（500RP-PN）。サイズ：75mm×25mm。

❺ イーゼルパッドまたは模造紙

住友スリーエムイーゼルパッド横634×縦762mm（EASEL 560）。画板サイズの台紙つきパッド。1チーム1冊（30枚入り）をチーム数だけ用意してください。

ボードのように大きく書きこむことができて、1枚ずつはがして自由に掲示したりイーゼルなどに立てかけたりして使えます。そのまま保存しておけるので、ディスカッション効率を飛躍的に高めます。

❻ デジタルカメラ

ポストイットに書いたマッキーの字が、カメラに収められればOKです。著者は、2003年からCASIO EXILIM ZOOM EX-Z3の320万画素を使用しています。300万画素以上あれば、まず問題ないと思います。

❼ グループウェア

プロジェクトメンバーのスケジュール、会議室予約、回覧板、各種検討シートと成果物の文書共有管理、テーマ別ディスカッションルーム、ToDoリスト管理などの機能を有したグループウェアを用意します。部門横断的なプロジェクトですから、毎日顔を合わせることはむずかしいため、ワークショップでの討議以外は、このグループウェアを活用してみましょう。

※NIコンサルティングのグループウェア「NIコラボ」を、読者の方へ開放します。

■読者特典ダウンロード対応

下記アドレスにアクセスしてください。

http://www.ni-consul.co.jp/workbook/

・ユーザ名：kashika（半角）

・パスワード：1108（半角）

※本サービスは予告なく変更または停止する場合がありますので、ご了承ください。

図 4-05　グループウェア「NI コラボ」の機能一覧

機能名	機能説明
ウェブメール	・出張時など、自分のパソコンがない状況であっても、携帯やPDAからメールのやり取りができます。 ・アカウントのいらない社内メールとして利用できるだけでなく、一般のメールソフトと比べても遜色のない機能を実現していますので、初心者からエキスパートまで幅広く活用いただけます。
共有メール	・お客様との窓口対応をしている受付担当者様、機能要望やご質問などヘルプデスク対応をしているサポート担当者様等、ひとつのメールアカウントを複数人で利用される場合に対応しています。
スケジュール	・スケジュールを公開・共有するための機能です。自分自身のスケジュールはもちろんのこと、他の人のスケジュールの登録・変更・削除等が簡単に行えます。 ・スケジュール予約登録時に、「設備・備品」情報も同時に予約できます。 ・また、空き時間検索機能で、複数の人のスケジュール調整をスピーディーに行うことが可能となっています。
行先伝言共有	・電話受付スタッフは、在席一覧を見ることで電話応対がスムーズに行え、お客様からの伝言内容を登録することで、他の人もスピーディーな応対が可能となります。
ナレッジコラボレーション（会議室）	・掲示板・電子会議室・Q＆Aデータベース、ナレッジ共有・アイディア発想など、さまざまな活用ができる機能です。 ・メッセージごとに閲覧制限も可能となっています。また、重要な書き込みについては、関係者にメール通知して確実に読んでもらうプッシュ機能も搭載しています。
アクションリスト	・優先度・状態・期限日が一目で参照できるアクションリスト一覧です。 ・上司のコメントをアクションリストに登録できたり、別の担当者に業務指示を出し、進捗状況を把握することが可能です。 ・また、指示したアクションが完了した場合、指示者に通知する機能もついていますので、効率的にアクションを進めることができます。
文書共有管理	・WordやExcel等で作成したファイルを共有するための機能です。 ・ファイルごとに変更履歴管理や、アクセス制限が設定でき、設定された文書は閲覧者氏名、閲覧日等が記録されますので、セキュリティも万全です。 ・改訂を重ねる必要のある文書は、ここで共有管理が可能です。
回覧板	・お知らせやメッセージなど、選択した社員宛に回覧し、それぞれの回覧状況を確認することができる回覧機能です。 ・確認時には、コメント入力も可能で、簡単な掲示板としても利用可能です。 ・また、以前作成した回覧板と同内容の回覧板を作成したい場合は、回覧板の再利用が可能です。
社員名簿	・社員の顔写真の表示、項目ごとに公開・非公開・編集権限等が細かく設定できる社員名簿です。 ・表示させたい項目は、システム設定にて任意に行うことができます。
アドレス帳	・社員のアドレスだけではなく、取引先の住所や電話番号なども、登録することが可能です。 ・登録されたアドレスはクリックするだけで新規メール作成画面が表示されます。 ・また、アドレス帳整理のため、CSVでの書き出し、読み込みが可能となっています。
交通費精算	・交通費精算が簡単に行える機能です。表示切替タブの選択により、目的の精算内容を閲覧することができます。 ・また、過去の同様の交通費精算を参照し、再利用して作成することができるため、スピーディーな登録が可能です。
設備・備品予約	・会社の設備・備品の予約状況が一目でわかる機能です。 ・スケジュールと連動していますので、一緒に登録することもできます。 ・プルダウンメニューでのカテゴリー選択で、目的に応じた予約状況が把握できるだけでなく、タブを切り替えることで、さまざまな方向からの参照が可能です。 ・めまぐるしく動く会社や部署の皆様にお役立ていただいています。
プロジェクト管理	・タスクやアクションなど、プロジェクトに関わるすべての情報も一元管理できるほか、関係者すべてが情報共有できますので、効率的にプロジェクトを進めることができます。
ワークフロー	・稟議書や出張申請書などの決裁書類をあらかじめ設定したルートに回し、承認を受けることができる機能です。 ・多彩なパターンの申請経路の作成、携帯での決裁処理等、スムーズな決裁処理で、経営のスピードアップを実現します。
タイムカード	・マイポータルから出社・退社などを簡単に打刻するだけではなく、1ヶ月の勤怠状況をCSVファイルに書き出し、個別に集計することが可能です。
出張宿泊予約	・出張時の宿泊先の確保をWEBから簡単に済ませることができます。
マイブックマーク	・NIコラボ内の情報をブックマークに保存できる機能です。 ・もう一度チェックしたいメールや回覧板、閲覧頻度の高い文書等をブックマークに入れておけば、後から簡単にその情報を取り出すことができます。
セキュリティ	・セキュリティを重視した細かい設定が可能となっています。 ・但し、システム設定画面にアクセスできるのは、システム管理者のみです。

図 4-06　グループウェア「NI コラボ」ポータル画面

第5章 Step1〈戦略の可視化①〉経営理念・使命を再確認する

◆自社の経営理念を理解する

さあ、プロジェクト開始のための準備は整いましたか？　それでは、可視化経営のフレームワークをStep1から順に始めていきましょう。経営改革プラン構築フェーズのプロジェクト（以下、「可視化プロジェクト」という）は、経営理念実現のための全社的な取り組みとなります。経営改革プラン策定にあたり、「経営理念」（企業理念、経営信条、経営方針、社是・社訓という表現かもしれません）をプロジェクトメンバーで確認するところから始まります。

経営理念とは、企業の理想、企業の存在の目的、企業の価値観、企業の規範（行動や判断基準）などを宣言したもので、企業が抱く見果てぬ夢、さしずめ天空に輝く北極星、文字通り究極の目的と定義することができます（次ページ・図5-01参照）。

たとえば、パナソニックの経営理念は、「生産・販売活動を通じて社会生活の改善と向上を図り、世界文化の進展に寄与すること」です。また、ホンダの基本理念は、「人間尊重 3つの喜び（買う喜び、売る喜び、創る喜び）」です。パナソニックが目指す「世界文化の進展」とは、世界文化がどうなれば進展したことになるのでしょうか？　ホンダの「売る喜び」とは、具体的にどういう状態のことでしょうか？

ホンダの「売る喜び」に対して、ある人は、「販売台数アップによるシェア拡大」と言うかもしれません。またある人は、「顧客満足度調査でナンバーワンを獲得すること」と言うかもしれません。あるいは、「そもそも売る喜びは、販売に関わる人それぞれで違うもの」と主張するかもしれません。

多くの会社が、経営理念を短めの言葉でスパッと言い切っています。そうすることで、関係者に経営理念を印象づける反面、抽象的で、本来の意図するところが伝わらないという欠点もはらんでいます。経営理念の真意に対する理解不足は、当事者である社員も例外ではありません。

まず、会社の経営理念の再確認を、以下の手順で、行うところから始めてみましょう。

図 5-01　経営理念とは

Ⅰ. 企業の理想
組織として考えうる最善の状態を言い表したもの

Ⅱ. 企業の目的
最終的に到達したい、実現したいと思う夢を描いたもの

Ⅲ. 企業の価値観
どのようなことに値打ちや意義を認めるか宣言したもの

Ⅳ. 企業の規範
事業を行ったり、決めたりする時の拠りどころとなるもの

経営理念とは、時代を超えて存在するもの

◇経営理念の再確認の手順

別冊『ワークシート集』参照ページ

・**ワークシート01**「経営理念確認シート」☞3ページ

・**ワークシート02**「経営理念・サブステートメント展開シート」☞4ページ

❶「経営理念確認シート」(**ワークシート01**)、「経営理念・サブステートメント展開シート」(**ワークシート02**)を用意します。

⇩

❷ 個人ワーク 自社の経営理念に該当するものを、「経営理念確認シート」の中から選びチェックしてください。

自社のホームページや会社案内などを見て経営理念をチェックしてみます。複数の項目にチェックが入る場合もありますが、該当するものすべてを洗い出してください。

⇩

❸ 個人ワーク 「経営理念・サブステートメント展開シート」の(A)に「経営理念確認シート」でチェックした名称を転記し、(B)にその内容を記入します。

⇩

❹ 個人ワーク 経営理念の理解をより一層深めるために、経営理念をいくつかのセンテンスに分けて、「経営理念・サブステートメント展開シート」のメインステートメント①〜⑦に記入します。そのメインステートメントの具体的な説明をサブステートメントの欄に記入します。

⇩

❺でき上がったら、チームで内容を共有してください。チームで1枚の「経営理念・サブステートメント展開シート」を完成させます。

◆経営理念を分解した事例

ある洋菓子店の企業理念は、「より良いお菓子で人と文化を育む」というものです。しかしこれでは、洋菓子店でも和菓子店でも菓子メーカーでもお菓子教室でも、通用しそうな抽象的な経営理念です。

そこで、企業理念「より良いお菓子で人と文化を育む」を「①より良いお菓子で②人と③文化を④育む」という４つのセンテンスに分けて、サブステートメントをつけて補足してみます（図 5-02 参照）。

①の「より良いお菓子」とは、お客様の満足を高める、製菓技術・素材への探求、接客対応力などクオリティの高さをいい、日本一レベルの品質とサービスを指します。

図 5-02　ある洋菓子店の経営理念

企業理念
より良いお菓子で人と文化を育む ①　②　③　④

No.	メインステートメント		サブステートメント	
①	より良いお菓子	とは	お客様の満足を高める、製菓技術·素材への探求、接客対応力などを指し、その全てのクオリティが日本一レベルであること。	のことである。
②	人		仕事を通じて継続的に自己成長できる、その仕事に関わるすべての人のこと。	
③	文化		当店らしさの表現で、地域に根ざし、なくてはならない存在となること。そして従業員さんが誇れる店、地域の人々が誇りにできる店づくりのこと。	
④	育む		自ら仕事を楽しむことで自分らしく、個人の能力·知識·経験を発揮し、変革·成長し続けること。	

※ある洋菓子店の企業理念（経営理念）をサブステートメントに分解して
具体的にその言葉の意味を定義すると、企業の目指すところがより理解できる。

ここでは、お菓子を単に製品だけでなく、技術、素材、接客技術などを含めたものであると定義しています。また、日本一レベルの品質とサービスを目指すという「企業の目的」を明示しています。

②の「人」とは、仕事を通じて継続的に自己成長できる、その仕事に関わるすべての人のことです。ここでは、経営理念を共有し実行するための対象者を、仕事を通じて継続的に自己成長したいと考えるすべての人と定義しています。

③の「文化」とは、当店らしさの表現で、地域に根ざし、なくてはならない存在となることです。そして従業員さんが誇れる店、地域の人々が誇りにできる店づくりをすることです。ここでは、地域ブランドとして従業員や地域の人々が誇りにできる店として愛されるオンリーワンの店づくりをしたいという「企業の理想」を宣言しています。

④の「育む」とは、自ら仕事を楽しむことで自分らしく、個人の能力・知識・経験を発揮し、変革・成長し続けることです。ここでは、自ら仕事を楽しむことで、自分らしく、個人の能力・知識・経験を発揮し、変革し成長し続けることを大切にしたいという「企業の価値観」を表明しています。

どうですか？　ここまで経営理念を具体的に掘り下ることで、本来の持つ意味が理解できてきます。

先に「経営理念」とは、企業の理想、企業の存在の目的、企業の価値観、企業の規範（行動や判断基準）を宣言したものだと説明しました。この洋菓子店の経営理念もサブステートメントに分解することで、企業の目的、企業の理想像、企業の価値観などを表明していることがよくわかります。

さあ、経営理念の理解が深まったところで、次のフェーズに進んでいきましょう。

◆自社の経営理念を使命で具体化する

Step1の仕上げとして、経営理念を「使命」に置き換えて、自社が目指す経営の理解をより一層深めてみます。使命（ミッション）とは、貢献することで、「誰に、何を、どのようにして貢献（利益の提供）するのか」という3つの要素から成り立っています。

◇自社の使命を定義する手順

別冊『ワークシート集』参照ページ

・**ワークシート03**「自社の使命設定シート」☞5ページ

❶ 個人ワーク 「自社の使命設定シート」（**ワークシート03**）を準備し、(A)に経営理念を転記します。

⇩

❷ 個人ワーク 以下の3つの問いに簡潔に答えてみましょう。

・要素Ⅰ：自社は、どのような人（誰）に利益を提供しているか？

・要素Ⅱ：自社は、どのような利益（何）を提供しているか？

・要素Ⅲ：自社は、どのようにして（方法）利益を提供しているか？

そして、「自社の使命設定シート」の要素Ⅰ、要素Ⅱ、要素Ⅲを記入します。経営理念のほかに、使命やミッション・ステートメントがある会社は、それをこの3つの要素で確認してみましょう。

ちなみに日産自動車のミッションは、「私たち日産は、独自性に溢れ、革新的なクルマやサービスを創造し、その目に見える優れた価値を、すべてのステークホルダーに提供します。それらはルノーとの提携のもとに行っていきます」というものです。

これを、3つの要素に整理すると、

・要素Ⅰ．誰に：すべてのステークホルダーに

・要素Ⅱ．何を：独自性に溢れ、革新的なクルマやサービスとしての価値を

・要素Ⅲ．どのようにして：ルノーとの提携のもとに

ということになります。

また、前述のある洋菓子店の使命は、「お菓子を通じて、安らぎと楽しさを提供し地域社会に役立つ」というもので、3要素に分解すると、「誰に:地域社会に、何を:安らぎと楽しさを、どのようにして:お菓子を通じて」ということになります。

可視化経営のフレームワークのStep1は、自社の経営理念・使命を再確認することでした。再確認するということは、単に経営理念や使命を読み合わせたり書き写したりすることではありません。このステップをしっかり行わないと、これから先のステップの議論が噛み合わなくなります。

経営理念や使命から自社の存在意義や価値観、そして自社が目指す理想などを、プロジェクトメンバーで共有し、認識にズレが生じないようにしておいてください。そこまで踏み込むことで、Step1の「自社の経営理念・使命を再確認する」という作業が完了します。

◆経営理念に求められる真・善・美

ここで、社員の動機づけと経営理念の関係について確認しておきましょう。

アメリカの心理学者A.マズローの「欲求5段階説」という有名な動機づけ理論がありますが、これは、欲求を5段階に分け、人間は、第1段階の生理的欲求から順に、第2段階の安全欲求、第3段階の社会的欲求、第4段階の尊厳欲求、第5段階の自己実現欲求へと、低次元の欲求が実現されるとより高次元の欲求を持つようになり、一度満たされた欲求は、もはや動機づけに

はならないという説です。

生理的欲求とは、衣食住など人が生物として生きていくための基本的欲求です。安全欲求とは、危険から身を守るための生理的・物理的安全に加え、社会生活を送る上での安全に対する欲求です。社会的欲求とは、集団に所属し、良好な人間関係を得ようとする欲求です。尊厳欲求とは、他人から高く評価されたい、責任や権限を持ちたい、自信を持ちたいというような欲求です。自己実現欲求とは、自己の持つ可能性を最大に追求し、自己にとってあるべき姿の理想的な状態の実現を目指す欲求です。

A.マズローは、社員１人ひとりの人間形成と成長とは、第３段階の社会的欲求で取り巻く社会との良好な関係をつくり、第４段階の尊厳欲求により他者から評価される存在となり、第５段階の自己実現を通して経営理念を実現させていくことだと説いています。要するに人の成長は、仕事の達成から得られるということです。

ですから、少なくとも社員１人ひとりの自己実現が経営理念と調和する必要があるのです。さらに晩年、A.マズローは、自ら提唱した「欲求５段階説」の５段階の上に自己超越という最高次元を提唱しました。これは、マザーテレサやガンジーのように、自分を超えて特定個人や人々を幸せにしたいという欲求のことです。また、自己超越の要素には、真・善・美が必要だとも言われています（次ページ・図5-03参照）。

筆者なりに現代の企業活動における自己超越の真･善･美をあげてみると、「真」は真実であり嘘や偽りのない状態で、「善」は地域貢献やボランティアによる社会貢献、「美」は地球温暖化防止やリサイクルや省エネをはじめとする地球環境への配慮となります。

これらの真･善･美を経営理念のベースとして位置づけ、自社の利害だけでなく、顧客はもちろんのこと、関わる取引先や地域住民を含めた利害関係者すべてのWin-Win-Winを求めることではないでしょうか。

これまでの企業の成長や経済性を追求したエクセレント・カンパニーから、企業としての自己超越による真・善・美を求めて、社会から称賛・尊敬される企業、すなわちアドマイヤード・カンパニーが求められているのです。あなたの会社の経営理念にも、これらの視点が考慮されているか、いま一度チェックしてみましょう。

図 5-03　マズローの欲求５段階説

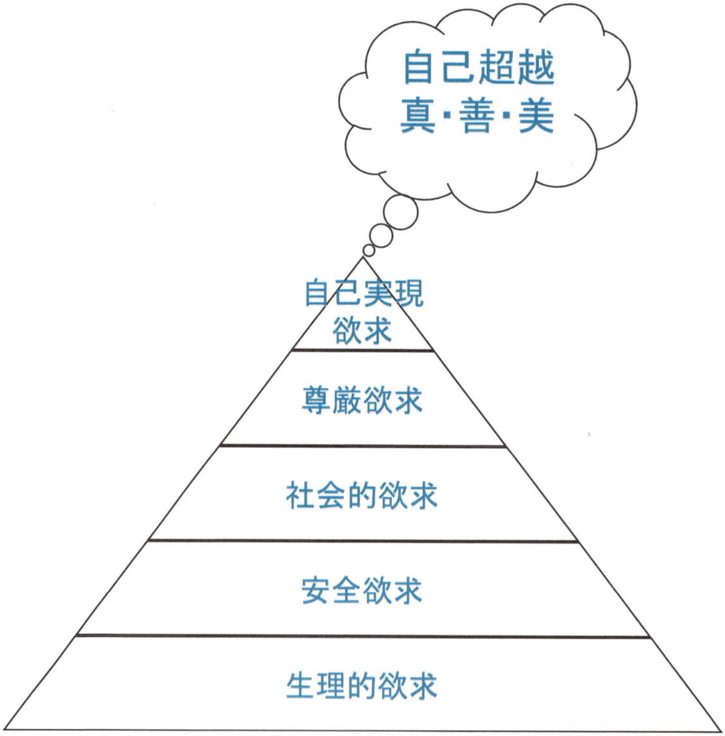
自己超越
真・善・美
自己実現欲求
尊厳欲求
社会的欲求
安全欲求
生理的欲求

≪マズローの欲求5段階説≫

また、真・善・美の切り口として、三上富三郎氏（明治大学名誉教授、故人）はその著書『共生の経営診断～脱成長のパラダイム～』で、「企業（Company）の存立には、ただ単に経済性を追求する時代から、人間性（Human）、社会性（Socio）、環境性（Ecological）の頭文字をとって“HuSEC”という 4 つの視点の共生がますます必要な時代が到来する」といっています（図 5-04 参照）。

図 5-04　企業にますます求められる 4 つの視点の共生

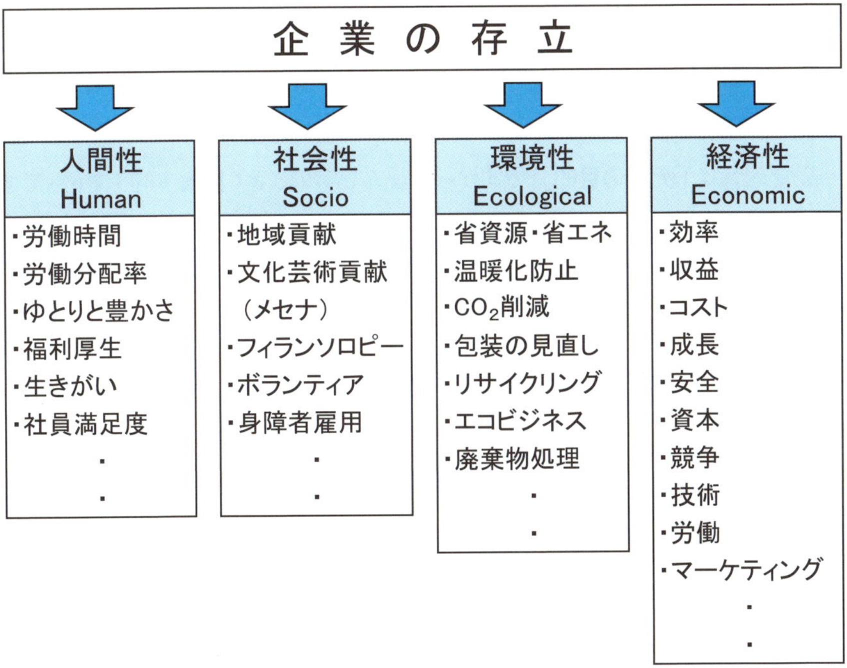
企業の存立
人間性
Human
・労働時間
・労働分配率
・ゆとりと豊かさ
・福利厚生
・生きがい
・社員満足度
・
・
社会性
Socio
・地域貢献
・文化芸術貢献
（メセナ）
・フィランソロピー
・ボランティア
・身障者雇用
・
・
環境性
Ecological
・省資源・省エネ
・温暖化防止
・CO_2削減
・包装の見直し
・リサイクリング
・エコビジネス
・廃棄物処理
・
・
経済性
Economic
・効率
・収益
・コスト
・成長
・安全
・資本
・競争
・技術
・労働
・マーケティング
・
・

出典：『共生の経営診断』（三上富三郎 著）に一部加筆修正した

第6章　Step2〈戦略の可視化②〉20年後の将来ビジョンを描く

◆経営理念とビジョンの関係

経営理念・使命の再確認ができたら、Step2として20年後の将来ビジョンを描いてみましょう。経営理念とビジョンは、似たようなものと思われているかもしれませんが、可視化経営では、両者を次のように定義し明確に区別しています。

「経営理念とは企業が目指す究極の目的、ビジョンとは経営理念に向かって進むための具体的な手段」

経営理念は「究極の目的」ですから、読んで字のごとく目指す的（マト）です。最終的には、その的（マト）に命中したいのですが、究極の目的ですから、かなり遠い道のりです。そのため、道のり半ばにして挫折しないように、迷子にならないように、要所要所にビジョンという目標を置くのです。

目標とは、読んで字のごとく最終目的地を目指すための標（シルベ）です。経営理念という最終目的地に向かうためのチェックポイントなのです。

経営理念とは、企業の目指す本質、原理原則であり、時代や市場環境に左右されることのない、天空に輝く不動の北極星のようなものです。また、北極星へたどり着くまでの道のりが長いため、中間の目標＝マイルストーンとしてビジョンを設けるのです。ビジョンは、経営理念と違って時代や市場環境にマッチした成功のイメージを描くことが必要になります。

以上をまとめると、経営理念は時代を超えて存在するものであり、ビジョンは時代の波に乗るためのもの。経営理念は企業の目的であり、その手段がビジョンということになります（図 6-01 参照）。

具体例として、NEC グループの企業理念とグループビジョンを下に掲げます。

企業理念は、企業の目的を表明すると同時に、世界の人々に（誰に）、豊かな社会を（何を）、C&C を通して（どのようにして）貢献するといった使命を宣言しています。また、「NEC グループ ビジョン 2017」には、「企業理念にもとづ

NEC グループ 企業理念

NEC は C&C を通して、世界の人々が相互に理解を深め、人間性を十分に発揮する豊かな社会の実現に貢献します。（1990 年制定）

※ C&C：Computers and Communications ⇒ コンピュータと通信の融合（1977 年宣言）

NEC グループ ビジョン 2017

人と地球にやさしい情報社会をイノベーションで実現するグローバルリーディングカンパニー（2007 年宣言）

図 6-01　経営理念、使命、ビジョンの関係

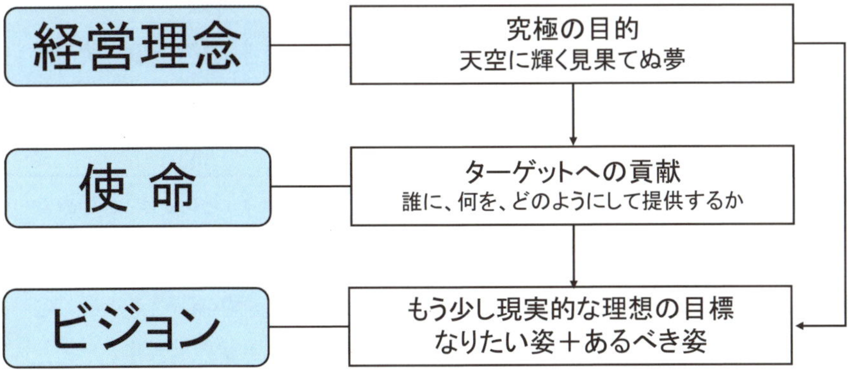
経営理念
究極の目的
天空に輝く見果てぬ夢
使命
ターゲットへの貢献
誰に、何を、どのようにして提供するか
ビジョン
もう少し現実的な理想の目標
なりたい姿＋あるべき姿

いて、NECグループが10年後に実現したい社会像・企業像をまとめました」と注記がありますが、企業理念で目標とした豊かな社会を、ビジョンで人と地球にやさしい情報社会と具体化しています。また「2017」というように10年後の目標としてビジョンを位置づけています。

◆プロジェクトメンバーの「人生目標設定シート」を作成

自社の20年後の将来ビジョンを描くために、まずプロジェクトメンバー個々の将来ビジョンを考えてみましょう。

◇「人生目標設定シート」の作成手順

別冊『ワークシート集』参照ページ

・**ワークシート04**「人生目標設定シート」☞6ページ

❶「人生目標設定シート」(**ワークシート04**)を用意します。これは、あなた自身の人生において、何をやってみたいかを洗い出していただくシートです。

⇩

❷ 個人ワーク　このシートに、これから先に欲しいもの、やりたいこと、取り組みたいこと、得たい生活環境や職場環境、社会的地位、関わる人たちやその人たちとの関係など、個人的なことで結構ですからできるだけ多く書き出してみましょう。

シートには、あらかじめ仕事、個人、家族、欲しいもの、やってみたいことなどの分類とその分類ごとに収入、趣味、車、旅行などの細項目が記入されています。これらは、検討のヒント・切り口ですから、この分類や細項目にとらわれることなく、思いつくままに書き出してください。記入にあたっては、次の作業を容易にするために箇条書きにしてください。

どうですか、紙面が真黒になるほど書けましたか。ほんの数行しか書けないスカスカの人もいるでしょう。これから自分のやりたいことを頭の中だけでなく、文字にして書き出してみることは、とても大切なことなのです。

脳科学的な見地からも、自分の考えを自己認識し理解を深めるために、自分の頭の中にある考えを、誰かに聞いてもらったり、紙に書き出したりして、一度体の外に出す必要があるのだそうです。そうすることで、自分自身の考えを冷静に見つめ直し整理することができるのです。また、書き出すことにより次の目標が浮かんできたりもします。さあ、「人生目標設定シート」を通して自分のこれからの人生に深く向き合ってみましょう。

◆全個一如スピリットで「ライフカレンダー」をつくろう

完成したあなたの「人生目標設定シート」の内容を、もう一度眺めてみましょう。ここに書き出した夢をより現実のものにするために、その内容に具体的な期限を入れる必要があります。夢に「○○までに手に入れるぞ」とか「○○までにやり切るぞ」といった目指す期限をつけることで、単なる夢が「目標」に変わります。

◇「ライフカレンダー」の作成手順

別冊『ワークシート集』参照ページ

・**ワークシート04**「人生目標設定シート」☞6ページ

・**ワークシート05**「ライフカレンダー」☞7ページ

❶夢に期限を設定し目標とするために、「ライフカレンダー」（**ワークシー**

ト05）を用意します。カレンダーの縦軸には、今年から30年先までの年数が書き込まれています。横軸には、月（1月から12月まで）が並んでいます。

30年とは、入社間もない人は、まさしく社会人としての大半の期間、30代の人は、ほぼ定年までの期間、50代の人は、男性の平均年齢が78歳ですから残りの人生の期間です。この30年のカレンダーの中にそれぞれの夢をプロットしていくことになります。

⇩

❷ 個人ワーク カレンダーの年齢欄の左に自分の年齢を記入します。真ん中の年齢欄には、配偶者や御両親のどちらか高齢の方の年齢を記入します。そして、右の年齢欄に子供（2人以上の場合も1つの欄に小さくまとめて）や兄弟などの年齢を記入します。

⇩

❸ 個人ワーク 先に記入した「人生目標設定シート」（**ワークシート04**）の内容を、この「ライフカレンダー」に転記します。その目標が実現しているイメージを強く描きながら目標の期限を記入してください。なお、記入する欄が小さいですから、「人生目標設定シート」の各項目に番号をつけて、その番号を書き込んでも構いません。

⇩

❹「ライフカレンダー」が完成したら、会社に関係する部分だけで構いませんので、プロジェクトメンバー間で共有してください。

※55ページ・図6-02参照

図 6-02 「ライフカレンダー」の記入手順

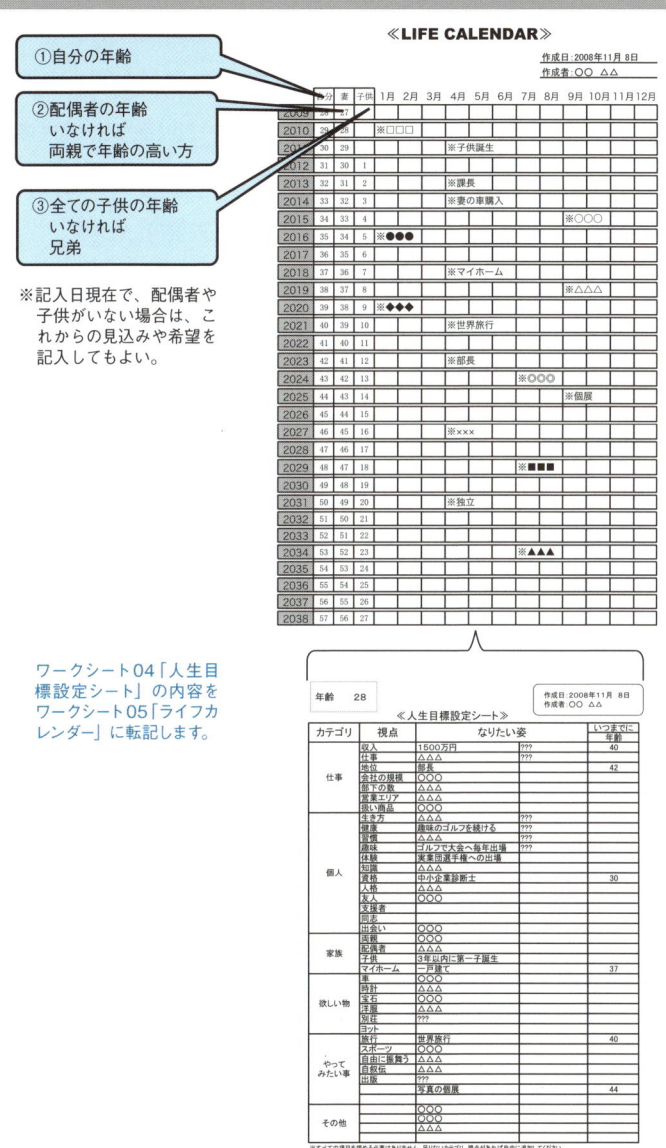

①自分の年齢

②配偶者の年齢
いなければ
両親で年齢の高い方

③全ての子供の年齢
いなければ
兄弟

※記入日現在で、配偶者や子供がいない場合は、これからの見込みや希望を記入してもよい。

≪LIFE CALENDAR≫

作成日:2008年11月 8日
作成者:○○ △△

	自分	妻	子供	1月	2月	3月	4月	5月	6月	7月	8月	9月	10月	11月	12月
2009	28	27													
2010	29	28		※□□□											
2011	30	29					※子供誕生								
2012	31	30	1												
2013	32	31	2				※課長								
2014	33	32	3				※妻の車購入								
2015	34	33	4									※○○○			
2016	35	34	5	※●●●											
2017	36	35	6												
2018	37	36	7				※マイホーム								
2019	38	37	8									※△△△			
2020	39	38	9	※◆◆◆											
2021	40	39	10				※世界旅行								
2022	41	40	11												
2023	42	41	12				※部長								
2024	43	42	13							※◎◎◎					
2025	44	43	14									※個展			
2026	45	44	15												
2027	46	45	16				※×××								
2028	47	46	17												
2029	48	47	18							※■■■					
2030	49	48	19												
2031	50	49	20				※独立								
2032	51	50	21												
2033	52	51	22												
2034	53	52	23							※▲▲▲					
2035	54	53	24												
2036	55	54	25												
2037	56	55	26												
2038	57	56	27												

ワークシート04「人生目標設定シート」の内容をワークシート05「ライフカレンダー」に転記します。

年齢　28

作成日:2008年11月 8日
作成者:○○ △△

≪人生目標設定シート≫

カテゴリ	視点	なりたい姿		いつまでに 年齢
仕事	収入	1500万円	???	40
	仕事	△△△	???	
	地位	部長		42
	会社の規模	○○○		
	部下の数	△△△		
	営業エリア	△△△		
	扱い商品	○○○		
個人	生き方	△△△	???	
	健康	趣味のゴルフを続ける	???	
	習慣	△△△	???	
	趣味	ゴルフで大会へ毎年出場	???	
	体験	実業団選手権への出場		
	知識	△△△		
	資格	中小企業診断士		30
	人格	△△△		
	友人	○○○		
	支援者			
	同志			
	出会い	○○○		
家族	両親	○○○		
	配偶者	△△△		
	子供	3年以内に第一子誕生		
	マイホーム	一戸建て		37
欲しい物	車	○○○		
	時計	△△△		
	宝石	○○○		
	洋服	△△△		
	別荘	???		
	ヨット			
やってみたい事	旅行	世界旅行		40
	スポーツ	○○○		
	自由に振舞う	△△△		
	自叙伝	△△△		
	出版	???		
		写真の個展		44
その他		○○○		
		○○○		
		△△△		

※すべての項目を埋める必要はありません。足りないカテゴリ、視点があれば自由に追加してください。

いかがですか、意外と仕事に関わることが多いのに気付かされるのではないでしょうか。「会社は会社、自分は自分であり、会社と個人は別物である」と考えるのが一般的かもしれませんが、実はそうではなく、会社と個人の関係は、一生切り離せない一心同体といえるほど密接なつながりを持っているものなのです。

「ライフカレンダー」の目標を実現させるためには、少なからずとも支出が必要で、そのためにも収入を充実させなければバランスが取れません。お金の面を考えただけでも会社と個人は切り離すことができません。

社員が幸福になるためには、その会社を良くしなければなりませんし、会社の評価を高めるためには、そこで働く社員が良い仕事で高い評価を得なければなりません。会社を良くすることが自分のためであり、自分の成長が会社のビジョン実現につながるという関係性を理解する必要があります。この関係を「全個一如」（ぜんこいちにょ）といい、「会社の中に個人があり、個人の中に会社がある」という関係になっています（図6-03参照）。

図6-03　会社の中に個人があり、個人の中に会社がある

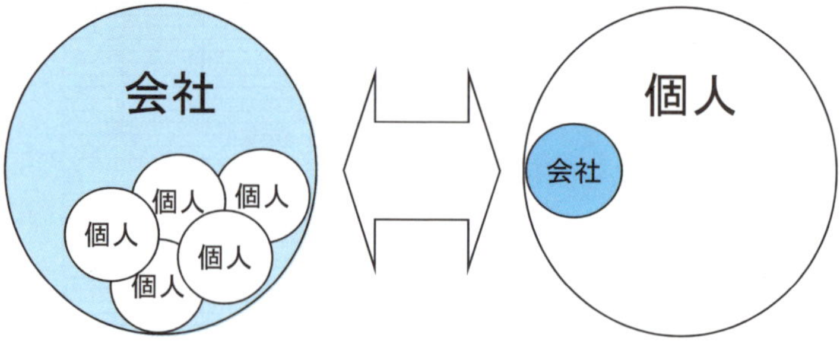

※会社の将来ビジョンは、個々人の成長過程において、「全個一如」（会社と個人は分けることができない）という関係性を理解するところからスタートします。

◆「なりたい姿」と「あるべき姿」を表明する

先に、「ビジョンとは経営理念に向かって進むための具体的な手段」と定義しました。そしてビジョンとは、経営理念に到達するための期限つきの夢＝目標であり、経営理念実現としての「なりたい姿」と、それを実現するために払ってもよい代償や対価としての「あるべき姿」の2つの切り口で表現することができます。

ですからビジョンは、単なるスローガンや社員を鼓舞するための掛け声と違い、具体的な行動を示唆する必要があります。たとえば、「20年後には、○○○地域の○○○における○○○を達成します。そのために、○○○の努力は惜しみません」といった内容がビジョンとして必要になります。

平たく言うと、「手に入れたい物（なりたい姿）のために、どんな努力（あるべき姿）をしますか?」という問いに答えたものが、ビジョンとなります。まず、会社の20年後のビジョンを設定するために「なりたい姿」を明確にしてみましょう（図6-04参照）。

図6-04　20年後の将来ビジョンの定義

❖ビジョンとは、経営理念の具体策であり成功のイメージである。
❖なりたい姿とは、経営理念を実現した際の状態を表したものである。
❖あるべき姿とは、なりたい姿を実現させるための代償・対価である。
❖掛け声やスローガンと違い、具体的な行動を示唆している。

≪ビジョン≫
20年後までに○○○を達成します。
そのためには、○○○の努力は惜しみません！

◇「なりたい姿」の作成手順

別冊『ワークシート集』参照ページ

・**ワークシート05**「ライフカレンダー」☞7ページ

・**ワークシート06**「なりたい姿洗い出しシート」☞8ページ

❶イーゼルパッド、イエローカード、ピンクカード、水性マーカーを用意します（35ページ参照）。「なりたい姿洗い出しシート」（**ワークシート06**）として、イーゼルパッドにあらかじめチーム名、シート名、作成日を書き込んでおきます。

⇩

❷カード型ブレーンストーミング法（以下、カードBS法という）で、会社の20年後になりたい姿を洗い出してみます。

短時間で多くのアイデアを抽出するには、カードBS法が効果的です。イエローカード1枚につき1つのアイデアを書き出します。記入にあたっては、20年後のなりたい姿を検討するのですから、カードの記述が「○○○になりたい。」という言葉で終わるようにします。

カードBS法は、言いたい放題、自由に発想（自由奔放）、他人の意見を絶対に批判しない（批判厳禁）、少々ピントがボケていても、どんどんアイデアを出す（質より量）、他人の意見を参考にして発想する（便乗歓迎）というマナーに則って行います。

⇩

❸ 個人ワーク 個々人のアイデア創出のために5分間の発想タイムを設けます。もちろん、「ライフカレンダー」（**ワークシート05**）の目標も参考にしてください。チームでイエローカード枚数を競い合います。

時間がきたら、イエローカードの枚数を順に発表してください。チーム

の中で一番枚数の多い人に拍手です !!（パチパチパチ）

⇩

❹次に、1 回目の発表タイムです。1 人 1 枚ずつイエローカードを読み上げながら場に出していきます。トランプの 7 並べの要領でイエローカードを順番に出していきます。

⇩

❺ 個人ワーク すべてのアイデアが出そろったら、2 回目の発想タイムです。発想タイムが 1 回で終わらないように、少なくとも 2 回の発想タイムを設けてください。筆者の経験からも 2 回目の発想タイムで捻り出したアイデアのほうが、本質をついている場合が多いようです。

2回目の発想タイムのマナーは、たった1つだけです。時間もカードももったいないので、すでに場にあるイエローカードと同じ内容を書かないことです。ただし、すでに場にあるイエローカードの内容をどんどん発展させてアイデアを出すことは大歓迎です。

2 回目の発想タイムも 5 分間です。それでは、スタートしましょう。時間がきたら、イエローカードの枚数を順に発表してください。チームの中で一番枚数の多い人に拍手です !!（パチパチパチ）　またもや 1 回目と同じ人が最高枚数ですか？　それとも 1 回目に最下位の人がリベンジしましたか？

⇩

❻そして、1 回目と同様に 2 回目の発表タイムです。全員のアイデアが出そろうまで、テンポよく発表を続けましょう。

⇩

❼イエローカードの中で、似た内容のなりたい姿をまとめて、そのグルー

プにふさわしい名前をつけて整理します。チームメンバーが、場のイエローカードをほぼ同じ枚数ずつ手にとり、似た内容のカードごとにグルーピングします。どのグループにも属さないものは、単独カードとします。7並べの要領で、グルーピングしたカード群を1グループずつ発表していきます。

他のメンバーで全く同じ内容のカードがあれば、発表者のカードの上に重ねていきます。また、似た内容のカードがあればその内容を示し、発表者のカードの下に追加していきます。最初の発表者が、カード群にふさわしいグループ名をつけます。グループ名をピンクカードに書き、カード群の上に貼り、「なりたい姿洗い出しシート」にレイアウトします。これを、全員のカード群がなくなるまで繰り返します。

⇩

❽カードが出そろったら、グループ名のくくりの大きさをチェックしておきます。ピンクカードのグループ名に対してイエローカードが10枚以上あれば、グループ名が抽象的でグループのくくりが大き過ぎます。イエローカードを2分割し、グループ名をもう少し詳細化してみましょう。

逆に、ピンクカードのグループ名に対しイエローカード2～3枚ならばグループ名のくくりが小さ過ぎるので、ピンクカードのグループ名が統合できないか、検討します。

⇩

❾「なりたい姿洗い出しシート」をデジカメで撮影します。

※61ページ・図6-05参照

図 6-05　なりたい姿洗い出し手順

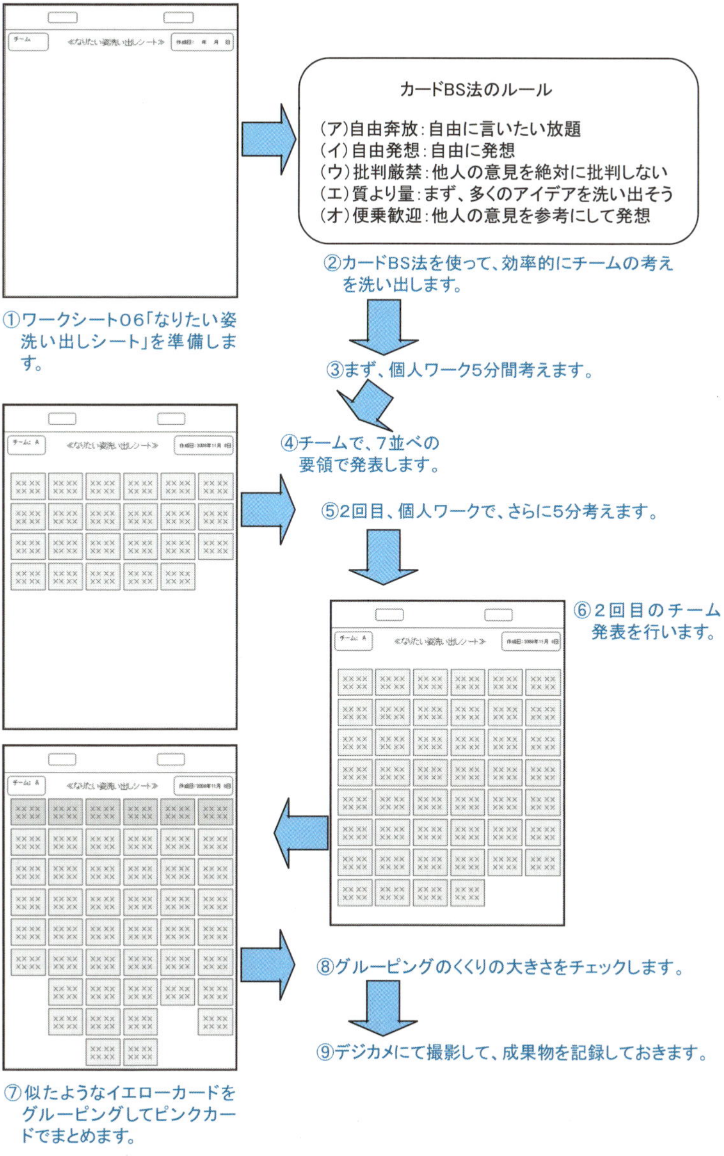
チーム
≪なりたい姿洗い出しシート≫
作成日： 年 月 日
カードBS法のルール
(ア)自由奔放：自由に言いたい放題
(イ)自由発想：自由に発想
(ウ)批判厳禁：他人の意見を絶対に批判しない
(エ)質より量：まず、多くのアイデアを洗い出そう
(オ)便乗歓迎：他人の意見を参考にして発想
①ワークシート06「なりたい姿洗い出しシート」を準備します。
②カードBS法を使って、効率的にチームの考えを洗い出します。
③まず、個人ワーク5分間考えます。
④チームで、7並べの要領で発表します。
⑤2回目、個人ワークで、さらに5分考えます。
⑥2回目のチーム発表を行います。
⑦似たようなイエローカードをグルーピングしてピンクカードでまとめます。
⑧グルーピングのくくりの大きさをチェックします。
⑨デジカメにて撮影して、成果物を記録しておきます。

次に、なりたい姿を実現するために、代償にしてもよい、犠牲にしてもよいと考える努力や対価、こだわり＝あるべき姿を考えてみることにします。

◇「あるべき姿」の抽出の手順

別冊『ワークシート集』参照ページ

・**ワークシート07**「ビジョン設定シート」☞9ページ

・**ワークシート08**「あるべき姿抽出シート」☞10ページ

❶「ビジョン設定シート」（**ワークシート07**）、イエローカード（小）、水性マーカーを用意します。「あるべき姿抽出シート」（**ワークシート08**）は、（チームメンバー数＋1）の枚数を用意しておきます。

⇩

❷なりたい姿でグルーピングしたピンクカードの中から、チームで討議して重要なものから最大で5枚を決定します（無理して5枚選択する必要はありません）。

⇩

❸ 個人ワーク チームメンバー1人ひとりが、その5枚のなりたい姿のカードと同じ内容を、「あるべき姿抽出シート」の（A）に転記します。

⇩

❹ 個人ワーク 「あるべき姿抽出シート」の（B）に、あるべき姿を考え、イエローカード（小）に書いて貼り付けます。

ルールは、（A）のなりたい姿のカードに対応した内容のあるべき姿を必ず1枚、まず1回目の欄に貼り付けます。制限時間は、5分間です。

5分経過したら、「あるべき姿抽出シート」を左隣りの人に回します。また、5分以内に1回目すべてを書き終えたのであれば、次の人にシートを回してください。

⇩

❺ 個人ワーク 右隣から回ってきた「あるべき姿抽出シート」の（B）の1回目のアイデアを読んだうえで、（B）の2回目に先ほどと同じようにあるべき姿を考え、イエローカード（小）に書いて貼り付けます。

今度は、記入されたアイデアを読む時間を加味して、制限時間は7分間とします。これを、チームメンバーが5名なら5回、6名なら6回実施します。要するに、自分の作成した「あるべき姿抽出シート」がメンバー全員に一巡するまで実施します。

⇩

❻チームメンバー数のシートをチームで討議して、1枚の「あるべき姿抽出シート」にまとめます。さらに、なりたい姿を実現するためには、シートの「なりたい姿（A）」のどのなりたい姿を目指し、その実現のためには、どんなあるべき姿にこだわるのかをチームで討議し、決定します。決定したら、その「なりたい姿」と「あるべき姿」の項目に○印を付しておきます。

⇩

❼チームでまとめた「あるべき姿抽出シート」を、デジカメ撮影しておきます。

⇩

❽なりたい姿とあるべき姿の内容をまとめて、「ビジョン設定シート」の（A）と（B）に転記します。また、なりたい姿とあるべき姿を組み合わせてビジョンを作成し、（C）に記入します。

最後に、でき上がったビジョンが、経営理念の意図するところから外れていないかをチェックしておきましょう。

図6-06　あるべき姿洗い出し手順

①ワークシート07「ビジョン設定シート」を準備します。

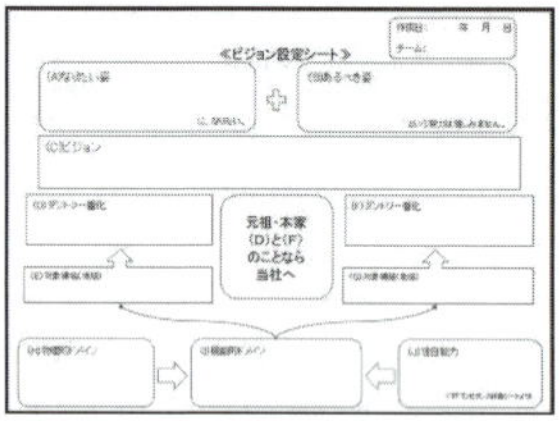

⑧ワークシート08「あるべき姿抽出シート」の内容を吟味して、どのなりたい姿とあるべき姿をビジョンとするのかを決定し、ワークシート07「ビジョン設定シート」の所定の場所に書き込みます。

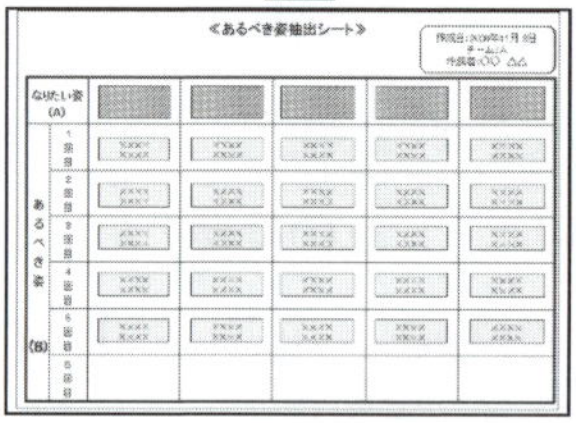

⑥個人ワークの後、チームで「あるべき姿抽出シート」を1枚完成させます。

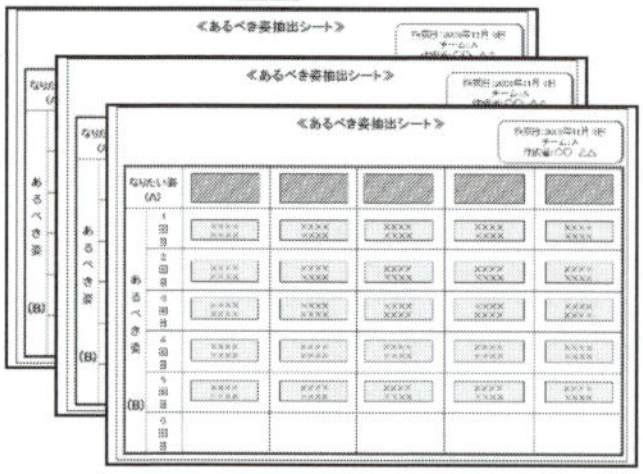

⑤あるべき姿(B)欄の横一列を書き出したならば、右隣にそのシートを回します。すべてのシートに対してアイデアを書き込みます。2回目以降は、前の人のアイデアを読むための時間を加味して7分間の個人ワークとします。

②ワークシート06「なりたい姿洗い出しシート」のピンクカードから重要なものを最大5枚選択します。

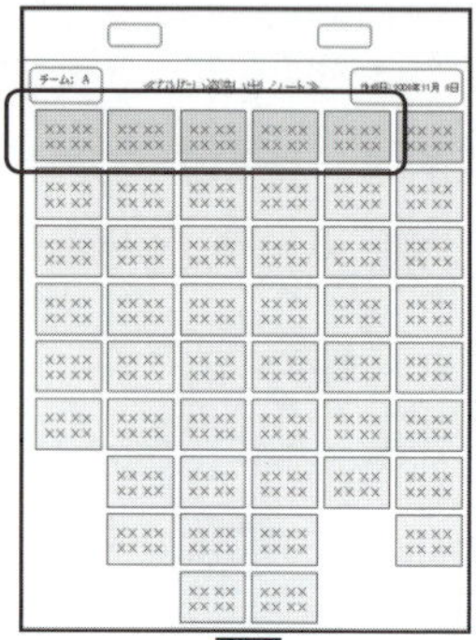

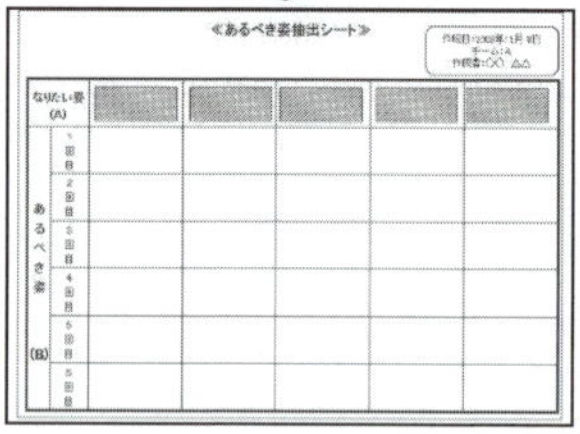

③ワークシート08「あるべき姿抽出シート」のなりたい姿(A)欄に5枚のピンクカードの内容を転記します。

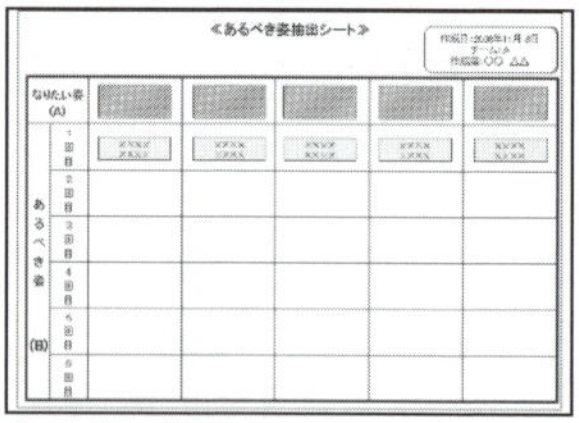

④5分間の個人ワークでアイデアを創出し、イエローカード(小)に書き出します。

※64ページ・図6-06参照

この方法は、カード型ブレーンライティング法（以下、カードBW法）といいます。カードBW法の特徴は、個人で考える際に、他のメンバーのアイデアをヒントにできる点にあります。限られた制限時間内に、隣の人からシートが回ってくるので適度な緊張感を持って検討を進めることができます。また、あらかじめグルーピングされたカードに従ってアイデアを出すので、後からグルーピングする手間も省けます。

ちなみに、先に事例として紹介した洋菓子店の経営理念（43ページ参照）は、「より良いお菓子で人と文化を育む」というものでしたね。この洋菓子店の開業当時のビジョンは、以下のようなものでした。

「5年後、他県のお友達に素敵なお店があると自慢したくなる店づくりを目指します。そのために、新鮮、素材、お客様の個別要望に、とことん応えるための努力は惜みません」

まさしく、なりたい姿とあるべき姿を宣言したビジョンとなっています。

いかがですか？　なりたい姿の作成やあるべき姿の抽出で使ったカードBS・BW法は、個人がアイデア創出に集中するための発想タイムと他人のアイデアを利用し新たなアイデアや気付きを得るための発表タイムとに分けることで、効率よくアイデアを捻り出すことができるのです。1人では、こんなに多くのアイデアは出てきませんよね。

カードBS・BW法は、短時間で多くのアイデアを洗い出すのに優れた方法です。将来ビジョンを描くためだけでなく、チームでアイデアを創出する方法としてぜひ活用してみてください。

ここまでの作業の流れを66ページの図6-07にまとめましたので参考にしてく

図6-07 20年後の将来ビジョンを描くための流れ

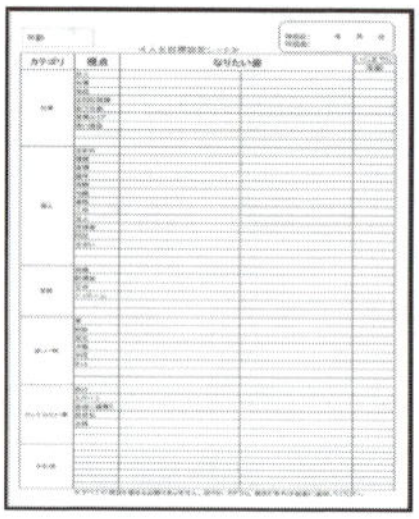

①ワークシート04「人生目標設定シート」を作成します。

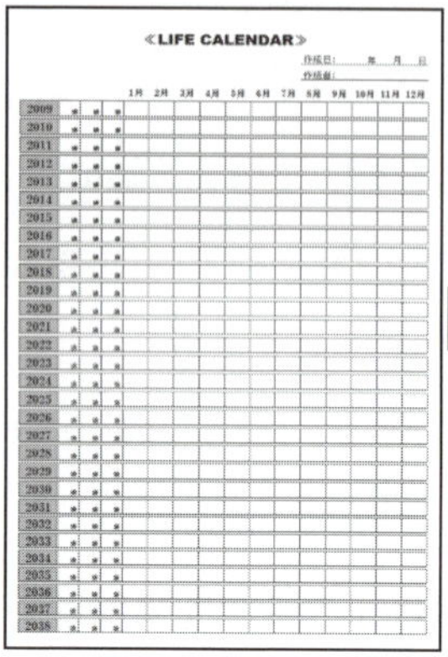

②ワークシート05「ライフカレンダー」を作成します。

③チームで将来の目標（期限付きの夢）を共有します。

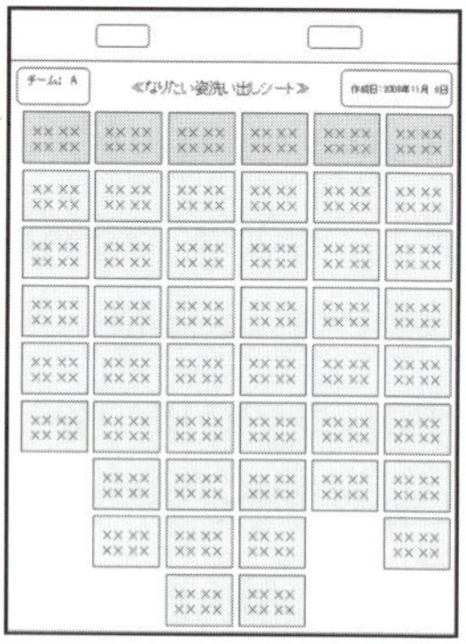

④ワークシート06「なりたい姿洗い出しシート」を、カードBS法で作成します。

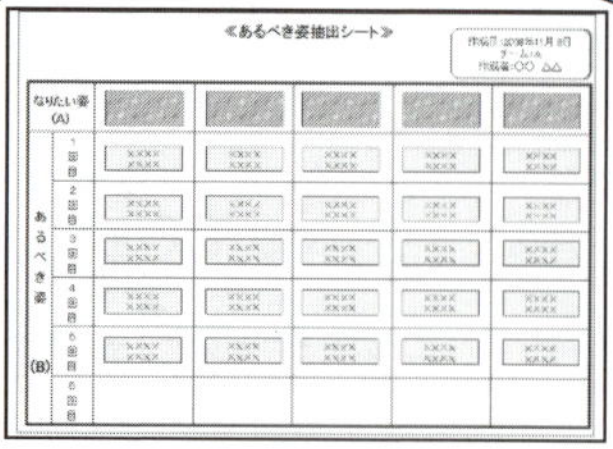

⑤ワークシート08「あるべき姿抽出シート」を、カードBW法で作成します。

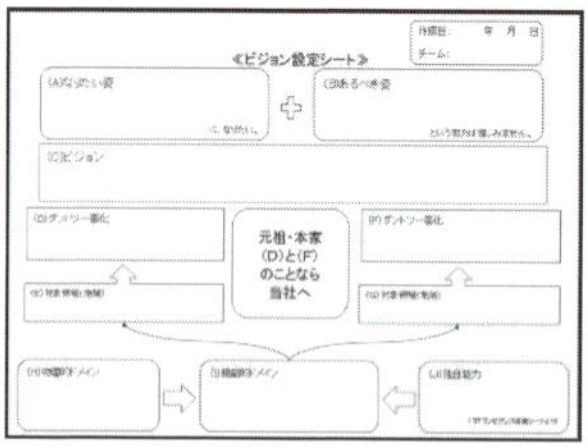

⑥ワークシート07「ビジョン設定シート」の(A)なりたい姿と(B)あるべき姿とをとりまとめ、(C)ビジョンを完成させます。

ださい。

◆せっかくなら、ダントツ一番を目指そう

20年後の自社のビジョンを明確にするための切り口を引き続き考えてみます。まず他社に真似のできない、自社にしかできないことを考えてみましょう。そう易々と出てこないかもしれませんし、いま現在は、全く持ち合わせてないかもしれません。それでも構いません。これから20年かけてつくればよいのですから。それがビジョンです。

これから20年先のビジョンを考えるにあたり、目先のマーケット調査や現状分析、競合分析や現在の市場地位や自社の現在の経営資源にとらわれて、近視眼的にならないように注意しましょう。

通常われわれは、現在の延長線上で物事を考える分析的アプローチを取りがちです。これは、3年程度の中期戦略を検討する方法としては有効です。一方で、20年先のビジョンを考えるには、これまでの既成概念にとらわれずにゼロベース思考で発想してみることも大切になります。

ちなみにゼロベース思考とは、もしかしたら自分の狭い枠や従来の枠の外に解決の可能性があるのではないかと考えることです。過去の成功体験に埋没することなく、文字通りゼロから発想することです。

そして、とかく自己中心的になりがちな発想の視点を、次の3つの観点から考えてみることがゼロベース思考のポイントとなります。

①目的の観点：そもそも、その目的はいったい何だったか。より高次元な目的に立ち返って考えてみること。

②立場の観点：立場を変え自分を客観視してみる。そのために、たとえば顧客の視点、仕入れ先の視点、競合先の視点、地域住民の視点など、自分以外

の立場で物事を考えてみること。

③期限の視点：今なのか、少し先なのか、ずっと先なのか、時間的な制約やタイミングという前提条件を柔軟に変化させてみること。

さらに、以下の視点でも考えてみましょう。

・これから先、自分たちがやるべきだと思えるビジネスや業務
・これから先、自分たちがやったほうがうまくいくと思える仕事
・これから先、自分たちが思い入れを持って取り組めると確信できる仕事
・これから先、他社がやらないだろうなと思える、辛く、大変面倒な仕事
・これから先、こんな仕事、儲からなくて誰もやりたがらないと思う仕事
・中小企業の場合は、事業継承、後継者へのバトンタッチ

領域や切り口、分野などを限定して、自社が一番といえるもの、もしくは、現時点では一番ではなくても十分にその要素を持っているものを考えてみましょう。他社との優位性が多少ある程度では駄目です。ダントツに一番を目指すものを書き出します。

たとえば、「一番長くやっていること」、「一番最初に始めたこと」、「一番たくさん作ったモノ」など、未来の核にできる“一番”の切り口を検討します。また「老舗」の強みは絶対逆転不可能な時間の積み重ねですから、「元祖」、「本家」と名乗れる条件がないかも検討します。

どうですか？　何かでダントツ一番になる自社のイメージができてきましたか。確かに業界のリーダーになるのは至難の業かもしれません。しかし、事業領域を見直し、細分化し、狙い定めた領域で一番をとることは不可能ではないはずです。地域や客層、商品カテゴリを細分化し、勝てそうなところを探し、そこに経営資源を集中してみましょう。

要するに経営資源の比較劣位にある弱者が、何でもできると言っても何もできないのと同じです。弱者が、「これしかやりません。これだけは絶対の自信があります」と表明したときに、顧客はそれを支持しダントツ一番となるのです。その狭い範囲でのダントツ一番の積み重ねが、より広範囲な一番となるのです。

さあ、20年後のダントツ一番を目指して、もう一度ビジョンをチェックしてみましょう。

◇ダントツ一番化を考える手順

別冊『ワークシート集』参照ページ

・**ワークシート07**「ビジョン設定シート」☞9ページ

❶作成中の「ビジョン設定シート」（**ワークシート07**）を用意します。そして先に表明した、「なりたい姿」と「あるべき姿」で具体的にどのようなダントツ一番を目指すのか、チームで討議してください。

この討議は、あまりツールやシートに頼らず自由に話し合ってください。何をどこでダントツ一番化するのか、2つのダントツがあれば鬼に金棒です。その際に前記の検討ポイントも参考にしてください。

⇩

❷ダントツ一番が出てきたら、「ビジョン設定シート」の（D）～（G）にダントツ一番化の切り口と対象領域（地域）を記入しておきます。

◆自社の事業ドメインを機能的ドメインで宣言する

ビジョンを検討する際に、そのビジョンをどこで実現するのか、自社の活動の範囲ないし存続領域と戦略的な事業ドメインを明確にしておく必要があります。事業ドメインの分類方法の1つに、印刷業［1611］、ガス事業所［3413］、警備業［9061］、飲料製造業［10］、出版業［4141］、経営コンサルタント業［8093］など、政府が統計データをとるために決定した「日本標準産業分類」（平成20年4月現在1,455の細目に分類）があります。

しかし、この標準産業分類で自社の事業ドメインを定義しているかぎりは、類似した枠組みの中での発想となってしまい、自社の独自性を活かした将来ビジョンが発想し難いものになります。これまでの事業ドメインの発想を捨て、20年後のビジョンで検討したようにゼロベース思考で事業ドメインを考えてみましょう。

これまでの枠の中の事業ドメインは、物理的存在に着目して定義しているため「物理的ドメイン」といいます。20年後のビジョンを考えるときに、現在の製品やサービスがそのまま存在するとは限りません。事業ドメインの視点を少し変えて、自社の「独自能力（コアコンピタンス）」という視点で検討してみましょう。

独自能力とは、①競合他社がうらやみ、②顧客もその能力を認め、③単なる現在の強みではない、未来にも通用する可能性のある能力のことを言います。この独自能力が、どのような効用や機能として顧客に価値を提供するのか。この視点から自社の事業ドメインを宣言したものが、「機能的ドメイン」となります。

たとえば、前述の物理的ドメインで定義した印刷業は、独自能力を意識することによって販売支援業、ガス事業所は快適生活提供業、警備業は安全・安心提供業、飲料製造業は爽快感清涼感提供業、出版業は知識・文化伝達業、経営コンサルタント業を経営改善実現業のような機能的ドメインで定義できるかもしれません。

同業他社との相対比較やマーケット分析などから離れ、現状の経営資源の制約を外しても、自社にしかできない、自社独自のビジョンがどうしても見えてこない、どうしてもイメージできない場合には……、やむを得ませんので、競合との相対比較で独自能力を考えてみましょう。

◇「コアコンピタンス評価シート」の作成手順

別冊『ワークシート集』参照ページ

・**ワークシート07**「ビジョン設定シート」☞9ページ

・**ワークシート09**「コアコンピタンス評価シート」☞11ページ

❶先に作成した「ビジョン設定シート」(**ワークシート07**)と「コアコンピタンス評価シート」(**ワークシート09**)を準備します。

⇩

❷自社の現在の独自能力だと考えられるものと顧客ニーズを「コアコンピタンス評価シート」の独自能力の欄に記入します。

⇩

❸現在の市場環境における独自能力の重要度を重要度係数として設定します。重要度係数の総和が100になるように設定を調整してください。

⇩

❹そして自社と競合他社の相対的な位置を決定していきます。競合先の上位4社の社名を記入し、独自能力の各項目で最も優れた企業を5点満点として、単純合計と重要度合計(重要度係数を加味した合計)を計算します。この重要度合計は、独自能力の現状把握となります。

⇩

❺今後この重要度合計を最大化するために、独自能力の欄のどの項目を伸ばしていくのかを検討します。3年後の方向性の欄に ↑ → ↓ で表わします。

⇩

❻将来必要とする独自能力を明確にして、これからの機能的ドメインの定

義を行います。

⇩

❼「ビジョン設定シート」の（H）、（I）、（J）の欄にそれぞれ、現状の物理的ドメイン、機能的ドメイン、独自能力を記入します。

※73ページ・図6-08参照

このように自社の独自能力や顧客ニーズを把握し、機能的ドメインを導出することにより、20年後の将来ビジョンの検討の幅を広げることになります。

◆自社のビジョンは必要なのか

「経営理念とは企業の目指す究極の目的であり、ビジョンとはもう少し現実的な理想の目標で、企業のなりたい姿とあるべき姿の宣言である」と、先に説明しました。どの会社でも、会社案内や採用募集のパンフレット、ホームページに、必ず経営理念やビジョンを掲載しています。「会社にとって経営理念やビジョンが必要か?」と聞かれたら、ほとんどの人が「必要だ」と答えるでしょう。

経営理念とビジョンは、企業の目指すところや存在意義を示しているのですから、企業が存在するかぎり理屈のうえでは必要、ということになります。しかしその経営理念やビジョンが、現場にどれだけ浸透しているのでしょうか？　そして、それがどれだけ理解されて、日ごろの意思決定が行われているのでしょうか？

高邁な経営理念やビジョンを掲げながらも、組織ぐるみの粉飾、虚偽申告、不正操作、顧客不在の悪質な事件が後を絶ちません。コーポレートガバナンス、コンプライアンス、内部統制など、さまざまな場面で企業の業務管理の厳格化、

図 6-08 「コアコンピタンス評価シート」の作成方法

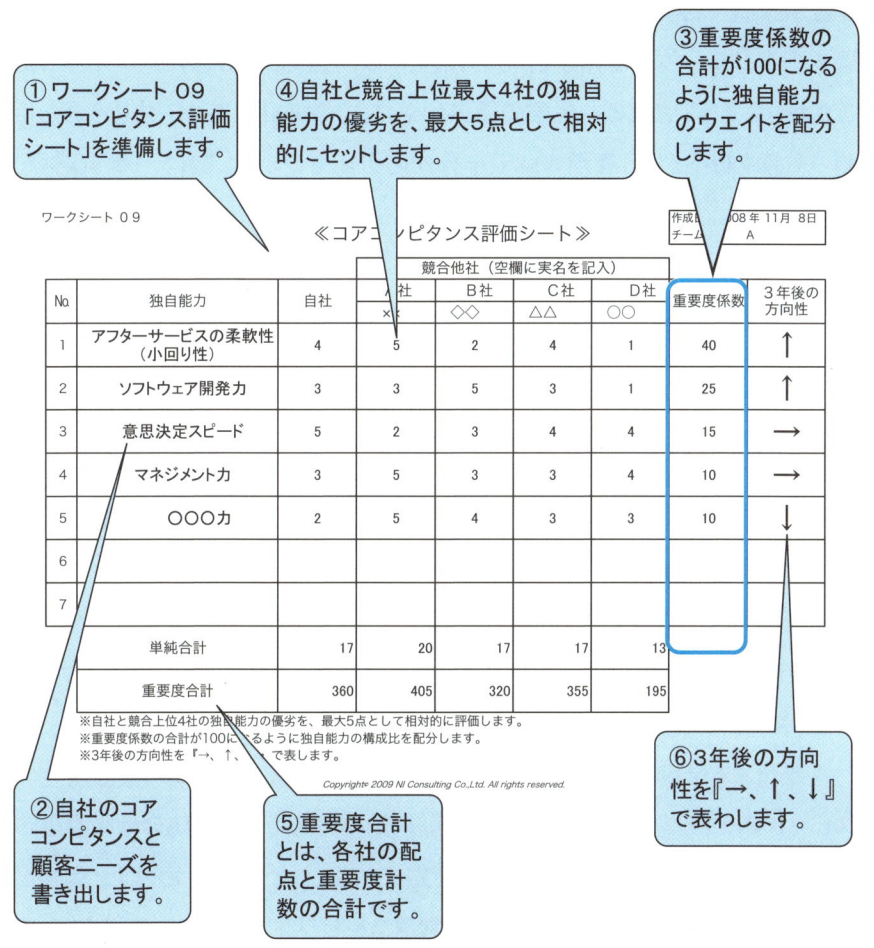

①ワークシート 09「コアコンピタンス評価シート」を準備します。

④自社と競合上位最大4社の独自能力の優劣を、最大5点として相対的にセットします。

③重要度係数の合計が100になるように独自能力のウエイトを配分します。

ワークシート 09

≪コアコンピタンス評価シート≫

作成日　2008年 11月 8日
チーム　A

No.	独自能力	自社	競合他社（空欄に実名を記入）				重要度係数	3年後の方向性
			A社	B社	C社	D社		
			××	◇◇	△△	○○		
1	アフターサービスの柔軟性（小回り性）	4	5	2	4	1	40	↑
2	ソフトウェア開発力	3	3	5	3	1	25	↑
3	意思決定スピード	5	2	3	4	4	15	→
4	マネジメント力	3	5	3	3	4	10	→
5	○○○力	2	5	4	3	3	10	↓
6								
7								
	単純合計	17	20	17	17	13		
	重要度合計	360	405	320	355	195		

※自社と競合上位4社の独自能力の優劣を、最大5点として相対的に評価します。
※重要度係数の合計が100になるように独自能力の構成比を配分します。
※3年後の方向性を『→、↑、↓』で表します。

②自社のコアコンピタンスと顧客ニーズを書き出します。

⑤重要度合計とは、各社の配点と重要度計数の合計です。

⑥3年後の方向性を『→、↑、↓』で表わします。

リスクコントロール、不正排除の必要性が叫ばれています。

経済成長・右肩上がりの市場環境では、これまでの成功体験や失敗事例、過去の実績データを基にして、日々発生する問題や課題に対処してきました。これからもそうであれば、業務の標準化やマニュアル化を進め、決められた手順で業務を行うという管理方式で十分対応可能でしょう（これを「事実前提」といいます）。

しかし、これからの時代に求められるものは、従来の画一的な顧客対応でなく、個々の複雑な顧客ニーズに柔軟に対応するための現場力なのです。顧客ニーズが多様化し、その多様化したニーズ1つひとつの内容が高度化している、すなわち複雑化した顧客ニーズすべてをマニュアル化して教育することも実体験させることも不可能なのです。

柔軟な顧客対応に必要なのは、マニュアルを超えた現場への権限委譲なのです。そして、権限委譲された現場の意思決定の拠りどころとなるのが、経営理念でありビジョンなのです。現場の1人ひとりが、経営理念やビジョンを理解し、それを基に意思決定を行ってさえいれば、顧客への対応はそう大きくブレることはありません（これを「価値前提」といいます）。

複雑化する市場環境で求められるのは、権限委譲による現場の意思決定のスピードアップと意思決定そのものの精度アップなのです。現場の権限委譲が進めば、つまらぬことで上司にお伺いを立てることもなくなり、おのずと顧客対応のスピードはアップします。後は、経営理念やビジョンの意義や意図するところを十分理解して意思決定の精度アップに努めればよいだけです。

このように、経営理念やビジョンは、これからの顧客ニーズに対応するための意思決定の拠りどころとして、組織の現場にますます必要不可欠なものとなっていきます（75ページ・図6-09参照）。

図 6-09　ビジョンは、なぜ必要なのか

≪事実前提≫

・意思決定を行うための判断軸が不十分なために、問題が発生するごとに、上司の判断を仰ぐ必要が生じる。
・多くの意思決定が上司の判断に委ねられ、現場の裁量が限定され、意思決定スピードが遅くなる。
・拠りどころが上司となり現場の対応力が失われる。

≪価値前提≫

・経営理念やビジョンが意思決定のための判断軸や拠りどころとなる。
・判断軸が共有されるため、意思決定の精度が向上する。
・また、現場の権限委譲が進むため、現場の意思決定スピードアップが実現する。

現場の意思決定のスピードが問われる時代!!

第７章 Step3〈戦略の可視化③〉ビジョン、戦略、戦術をマップ化する

◆バランス・スコアカードとは

このステップでは、経営理念にもとづき、20年後のビジョンを「ビジョンマップ」として、３年後の戦略を「戦略マップ」として、今年あるいは来年の戦術を「戦術マップ」として“見える化”していきます。可視化経営では、「ビジョンマップ」、「戦略マップ」、「戦術マップ」の３つのマップを総称して「可視化マップ」といいます。可視化マップは、バランス・スコアカードの考え方を取り入れています。

バランス・スコアカードは、1992年にハーバード・ビジネススクールのR.キャプラン教授と戦略コンサルティング会社のD.ノートン社長の２人が発表した経営手法です。このマップは、①財務の視点、②顧客の視点、③業務プロセスの視点、④人材と変革の視点という４つの視点から成り立っています。

これら４つの視点は、最終的に①財務の視点の目標を達成する、そのために、②顧客の視点で設定したターゲット顧客のニーズを満足させる、そのために、③業務プロセスの視点で構築した組織的なしくみの完成度を上げる、そのために、④人材と変革の視点で業務遂行上のネック工程を解消するための人材育成（スキルアップやノウハウの蓄積と活用）、風土変革、ITインフラなどの整備を行うという、次の因果関係が成り立ちます。

①財務の視点 ⇒②顧客の視点 ⇒③業務プロセスの視点 ⇒④人材と変革の視点

これら４つの視点は、逆もまた真なりです。まず、社員のスキルアップやIT

インフラ整備による効率化を行います。そうすれば、会社のしくみ、工程、手順に改善をもたらします。そうすれば、会社のしくみ、工程、手順がスムーズに流れ出し、顧客ニーズの対応力が向上します。そうすれば、結果として儲かる、要するに、次のような因果関係が成り立ちます。

④人材と変革の視点 ⇒③業務プロセスの視点 ⇒②顧客の視点 ⇒①財務の視点

そして、この財務の視点での成果を、人材と変革の視点に再投資することができて、はじめて善循環として完結するのです。これが、可視化経営における「戦略の可視化」の中核となる考え方になります（図 7-01 参照）。

「バランス・スコアカード」という名前の由来について説明しておきましょう。

ビジョンと戦略の実行には、①財務の視点と、顧客の視点、業務プロセスの

図 7-01　バランス・スコアカードの 4 つの視点

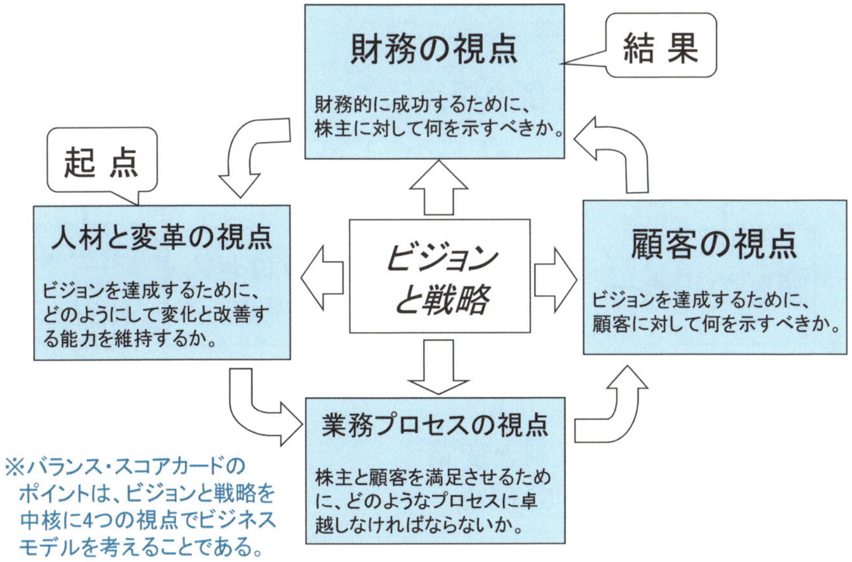
財務の視点
財務的に成功するために、株主に対して何を示すべきか。
結 果
起 点
人材と変革の視点
ビジョンを達成するために、どのようにして変化と改善する能力を維持するか。
ビジョンと戦略
顧客の視点
ビジョンを達成するために、顧客に対して何を示すべきか。
業務プロセスの視点
株主と顧客を満足させるために、どのようなプロセスに卓越しなければならないか。
※バランス・スコアカードのポイントは、ビジョンと戦略を中核に4つの視点でビジネスモデルを考えることである。

視点、人材と変革の視点という非財務の視点の両方のバランスが必要であること。

また、②株主のための財務の視点と顧客の視点の２つは社外、業務プロセスの視点と人材と変革の２つの視点は社内として位置づけ、社内外の戦略のバランスが必要であるということ。

さらに、③時間軸で考えると、財務の視点はこれまでの活動の成果を表し、顧客の視点と業務プロセスの視点は現在を表し、人材と変革の視点は先行投資ともいうべき将来を表していること。ビジョンの実現と戦略の遂行に向けての活動は、過去、現在、未来にわたる積み重ねであり、それらのバランスが必要であること。

このように、いくつかの視点でバランスしていることが「バランス・スコアカード」の命名の由来となっています（図7-02参照）。

図7-02　バランス・スコアカードのバランスとは

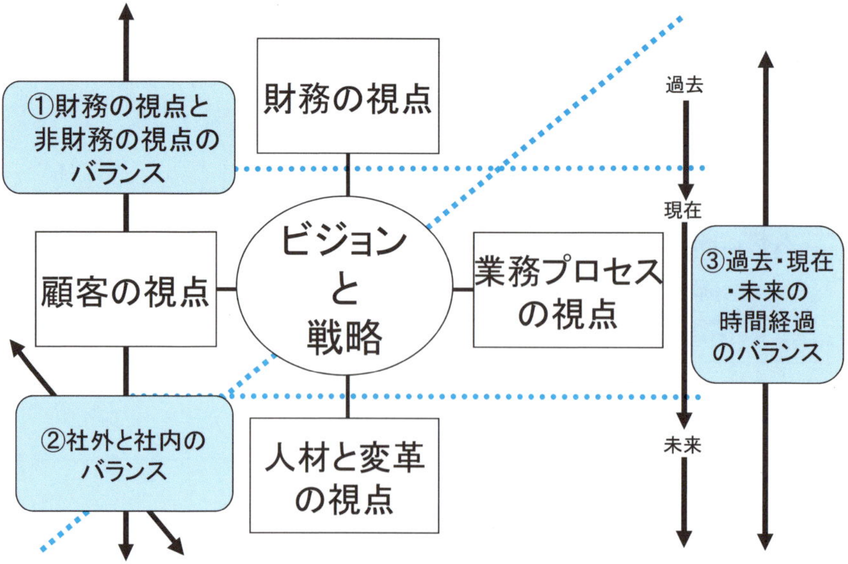
①財務の視点と非財務の視点のバランス
財務の視点
過去
顧客の視点
ビジョンと戦略
業務プロセスの視点
現在
③過去・現在・未来の時間経過のバランス
②社外と社内のバランス
人材と変革の視点
未来

◆「ビジョンマップ」作成のポイント

20年後の「ビジョンマップ」作成にあたっては、バランス・スコアカードの戦略マップの4つの視点である①財務の視点、②顧客の視点、③業務プロセスの視点、④人材と変革の視点をそのまま利用します。ビジョンは、20年後の将来像の“見える化”を特に重視しますので、「ビジョンマップ」に目標数値や具体名を入れ込んで作成していきます。

20年後という設定は、おおむね経営者の1世代と考えてください。現状のしがらみや現時点での経営資源、人材、商材などにあまりとらわれず、自由に発想を広げるためにも20年ぐらい先の「ビジョンマップ」がちょうどよいのです。

それでは、20年後の「ビジョンマップ」を作成してみましょう。

◇「ビジョンマップ」の作成手順

別冊『ワークシート集』参照ページ

・**ワークシート07**「ビジョン設定シート」☞9ページ

・**ワークシート10**「ビジョンマップ」☞12ページ

・**ワークシート11**「ビジョンマップ準備シート」☞13ページ

❶イーゼルパッド、イエローカード、水性マーカーを用意します。「ビジョンマップ」（**ワークシート10**）として、イーゼルパッドに4つの視点と区切り線をあらかじめ書いておきます。

先に作成した「ビジョン設定シート」（**ワークシート07**）と「ビジョンマップ準備シート」（**ワークシート11**）を用意します。

⇩

❷「ビジョン設定シート」に記入してあるキーワードを、「ビジョンマップ準備シート」に書き込んでいきます。

「ビジョン設定シート」の(A)なりたい姿は、「ビジョンマップ準備シート」の財務の視点と顧客の視点のキーワードとして設定します。(B)あるべき姿は、「ビジョンマップ準備シート」の人材と変革の視点のキーワードとして設定します。また（Ｉ）機能的ドメインと、(D)(F)一番化の切り口は、「ビジョンマップ準備シート」の顧客、業務プロセス、人材と変革のそれぞれの視点のキーワードとして設定します。

「ビジョンマップ準備シート」の各項目にモレやヌケがないか、各視点のビジョンの切り口を参考にキーワードを洗い出していきます。

⇩

❸特に機能的ドメインを検討する際に、顧客価値を提供するための独自能力を洗い出しました。その独自能力が、20年後に顧客のニーズであると仮定してマップを仕上げていきます。顧客のニーズが決まれば、その顧客ニーズを実現するためのバリューチェーンで今後どの部分に注力するのかを明らかにします。

売上とそれを支えるラインとスタッフのボリュームも含めて、人材と変革の視点のキーワードとして検討します。

⇩

❹「ビジョンマップ準備シート」のキーワードをイエローカードに転記して、「ビジョンマップ」に並べ、各視点のキーワードがタテの因果関係として結びつくかどうかをチェックしながら線で結んでいきます。

⇩

❺キーワードが不足する視点は、補足して「ビジョンマップ」を完成させます。

⇩

❻最後に、経営理念と照らし合わせて内容を確認します。

図 7-03 「ビジョンマップ」の作成手順

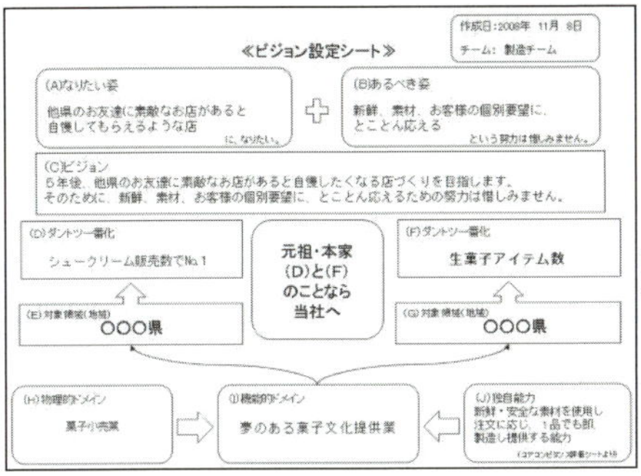

①ワークシート 07「ビジョン設定シート」を参照して、
ワークシート 11「ビジョンマップ準備シート」に転記します。

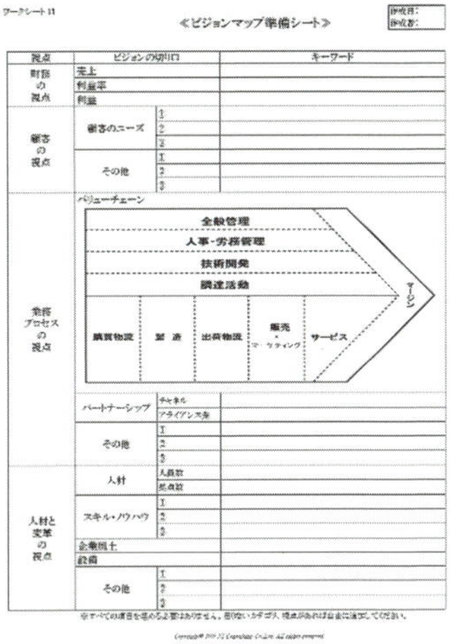

②ワークシート 11「ビジョンマップ準備シート」のビジョンの切り口を参考にして、キーワードを洗い出します。
(A)なりたい姿 ⇒ 財務の視点、顧客の視点
(B)あるべき姿 ⇒ 人材と変革の視点
(D)・(F)ダントツ一番化、(I)機能的ドメイン ⇒ 顧客の視点、業務プロセスの視点、人材と変革の視点のキーワードとなる場合が多い。

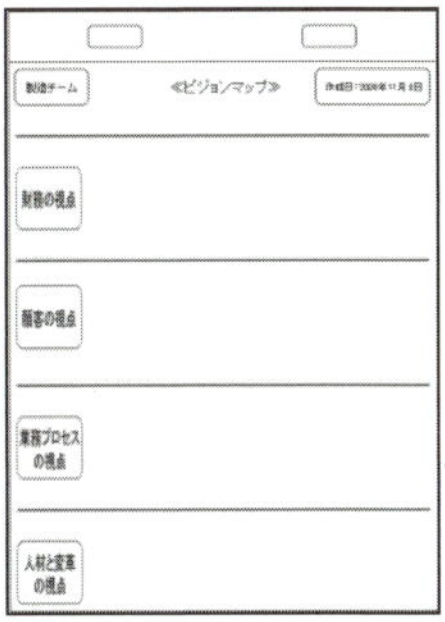

③ワークシート 10「ビジョンマップ」を準備します。

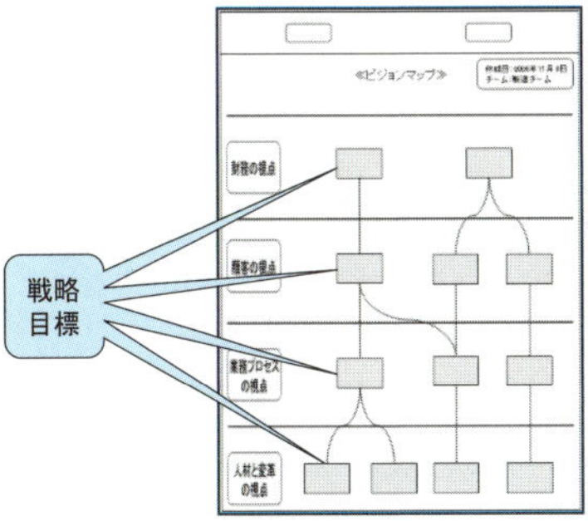

④洗い出したキーワードをイエローカードに転記して、
ワークシート 10「ビジョンマップ」の各視点に貼り付けます。
イエローカードでタテの因果関係をチェックしながら
線で結んで、「ビジョンマップ」を完成させます。

⇩

❼「ビジョンマップ」をデジカメで撮影します。

※81ページ・図7-03参照

この「ビジョンマップ」に並べた各視点のキーワードを、「ビジョンマップの戦略目標」といいます。

◆「戦略マップ」作成のポイント

20年後の「ビジョンマップ」が完成したら、次は「戦略マップ」を作成します。20年とは、かなりの時間ですが、その間を漫然と過ごすわけにはいきません。「ビジョンマップ」が当面の目的だとすれば、この目的を実現するための具体的な目標を設定していかなければなりません。

さあ、「ビジョンマップ」に期限を設定して、これから3年間で実行すべき具体的な計画書としての「戦略マップ」をつくってみましょう。

◇「戦略マップ」の作成手順

別冊『ワークシート集』参照ページ

- **ワークシート10**「ビジョンマップ」☞12ページ
- **ワークシート12**「戦略マップ展開シート」☞14ページ
- **ワークシート13**「戦略マップ」☞15ページ

❶イーゼルパッド、イエローカード、イエローカード（小）、ピンクカード（小）、水性マーカーを用意します。

「戦略マップ」（**ワークシート13**）として、イーゼルパッドに4つの視点と区切り線をあらかじめ書いておきます。

先に作成した「ビジョンマップ」（**ワークシート10**）と、これから作成する「戦略マップ展開シート」（**ワークシート12**）を用意します。

⇩

❷すべての「ビジョンマップ」の戦略目標を、ピンクカード（小）に1つずつバラして転記します。

⇩

❸作成したピンクカード（小）を、「戦略マップ展開シート」右端の20年後の欄に貼り付けます。

この際、人材と変革の視点から業務プロセスの視点、顧客の視点、財務の視点という順番で戦略目標を記入していきます。これは、人材と変革の視点の戦略目標の実現が業務プロセスのボトルネックを解消し、その業務プロセスの視点の戦略目標が十分に機能すれば顧客の視点の戦略目標の顧客ニーズや欲求を満足させ、その結果として儲かる（「儲ける」でないところがポイント）、財務の視点が達成するという時間の経過から考えると、戦略目標の検討順序は、「ビジョンマップ」の下から上であることがわかります。

⇩

❹「戦略マップ展開シート」に記入した「ビジョンマップ」の各戦略目標を計画フェーズと実施フェーズ、改善フェーズの3つに分け、それぞれの実施時期や期間を記入していきます。

実施フェーズにおいて特定の部署やエリアなどでテスト的に実施する場合は、具体的な部署やエリアや対象とする数などを「戦略マップ展開シート」の時間軸の欄に記入していきます。

記入にあたっては、「計画」、「実施」、「改善」と記入したイエロカード（小）を用意して、対象部署やエリアや対象数などをチームで討議しながらイエロカード（小）に書き込み、「戦略マップ展開シート」の時期の欄に貼り付けていきます。

⇩

❺「戦略マップ展開シート」の台紙の幅は、イエローカード（小）１枚が、今年（来年）、３年～５年後、10年後、15年後と４枚並ぶ幅となっており、最後にピンクカード（小）の20年後の戦略目標というレイアウトとなっているので、各視点の戦略目標との整合をとりながら「戦略マップ展開シート」をつくり上げてください。

⇩

❻「戦略マップ展開シート」をデジカメで撮影します。

⇩

❼３年～５年後のイエローカード（小）の内容をイエローカードに転記します。

⇩

❽３年～５年後のイエローカードを「戦略マップ」に貼り付けます。「ビジョンマップ」を参考にしながら、各イエローカードを線でつないで「戦略マップ」を作成していきます。

⇩

❾「戦略マップ」をデジカメで撮影します。

※ 85ページ・図7-04参照

図 7-04 「戦略マップ」の作成手順

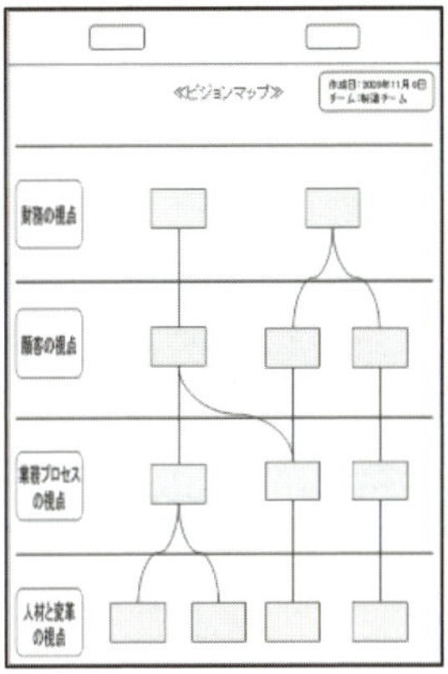

①ワークシート10「ビジョンマップ」の各戦略目標をピンクカード(小)に転記し、ワークシート12「戦略マップ展開シート」の20年後の欄に貼り付けます。

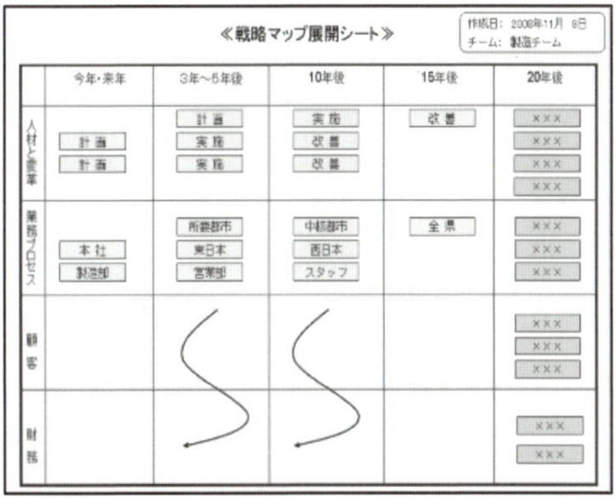

②20年後の戦略目標に対して、計画(企画、準備、調査段階)、実施(戦略目標の対象部署での実施)、改善(戦略目標への改善活動)や20年後の戦略目標の取組み部署や時期を検討し、詳細をイエローカードに書き込み、ワークシート12「戦略マップ展開シート」を完成させます。

参照

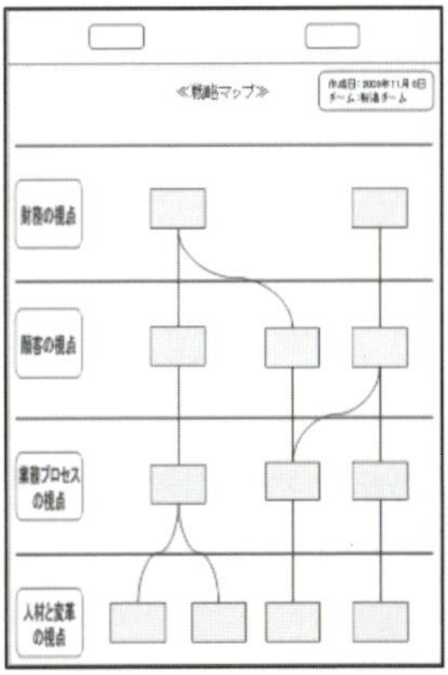

③ワークシート12「戦略マップ展開シート」の3年～5年後のイエローカードを転記し、ワークシート13「戦略マップ」を完成させます。

◆"ダメダメ戦術マップ"の４類型

ここで、自社の今期の戦術や施策を、試しに「戦術マップ」に置き換えてみましょう。

◇現行施策を「戦術マップ」に置き換える手順

別冊『ワークシート集』参照ページ

・**ワークシート14**「戦術マップ」☞ 16ページ

❶イーゼルパッド、イエローカード、ピンクカード、水性マーカーを用意します。「戦術マップ」（**ワークシート14**）として、イーゼルパッドに４つの視点と区切り線をあらかじめ書いておきます。

⇩

❷すでに作成した今期の戦略、戦術、施策、計画など、イエローカードに１つずつ書き出します。

⇩

❸作成したイエローカードを、４つの視点の該当する視点に分類しながら貼り付けていきます。

⇩

❹貼り付けたら、各視点内で関連しそうなイエローカードをグルーピングします。まとめたイエローカードの総称名をピンクカードに書きます。１枚のイエローカードは、そのまま単独カードとして残します。

⇩

❺各視点間で関連しそうなピンクおよびイエローカードを関連づけるために線で結びます。

⇩

❻「戦術マップ」をデジカメで撮影します。

どうですか？　うまく今期の「戦術マップ」が作成できましたか？

図 7-05 に例示したのは、ある機械メーカーの戦術マップです。この戦術マップを例にして、よくない、ありがちな戦術マップを紹介しておきます。作成したあなたの「戦術マップ」が、このような“ダメダメ戦術マップ”になっていないか、確認しておきましょう（88 ～ 89 ページ・図 7-06 参照）。

図 7-05　ある機械メーカーの「戦術マップ」（例）

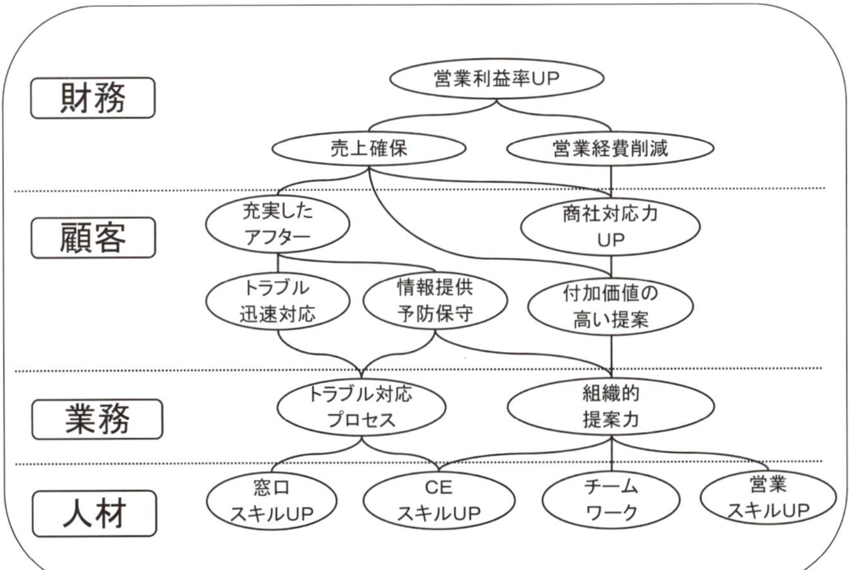
財務
顧客
業務
人材
営業利益率UP
売上確保
営業経費削減
充実した
アフター
商社対応力
UP
トラブル
迅速対応
情報提供
予防保守
付加価値の
高い提案
トラブル対応
プロセス
組織的
提案力
窓口
スキルUP
CE
スキルUP
チーム
ワーク
営業
スキルUP

図7-06 “ダメダメ戦術マップ”の4類型

❶ 顧客不在型

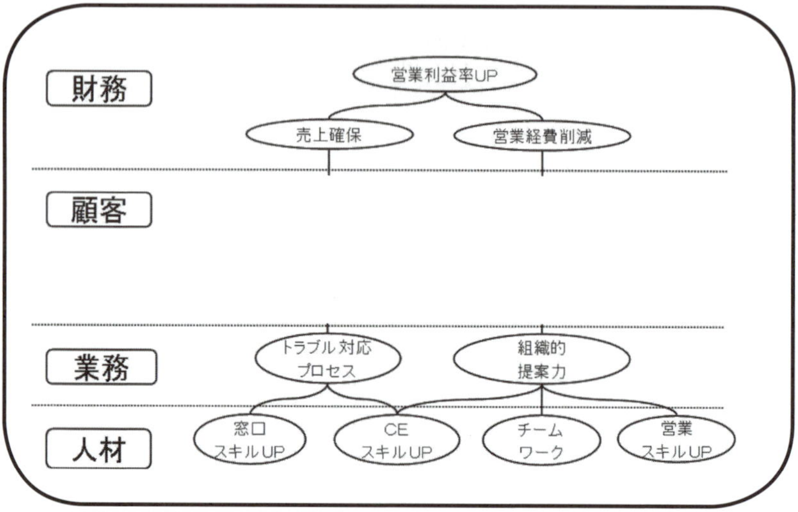

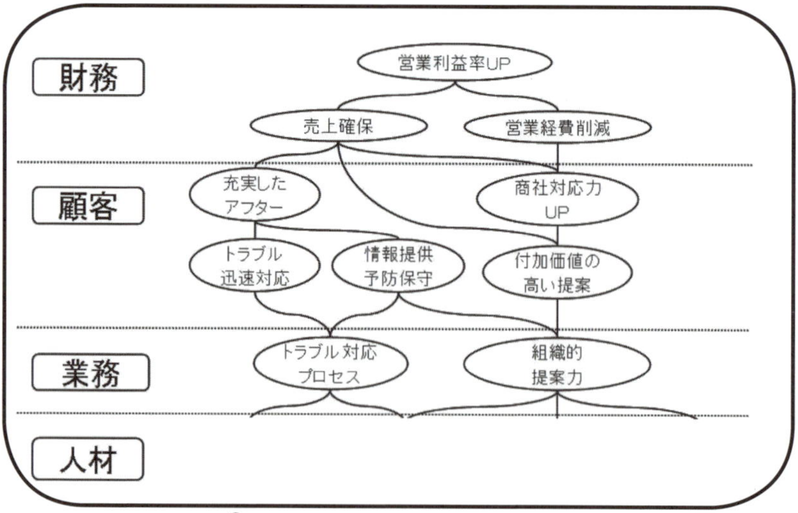

❸ 笛吹けど踊らず型

❷ 属人型

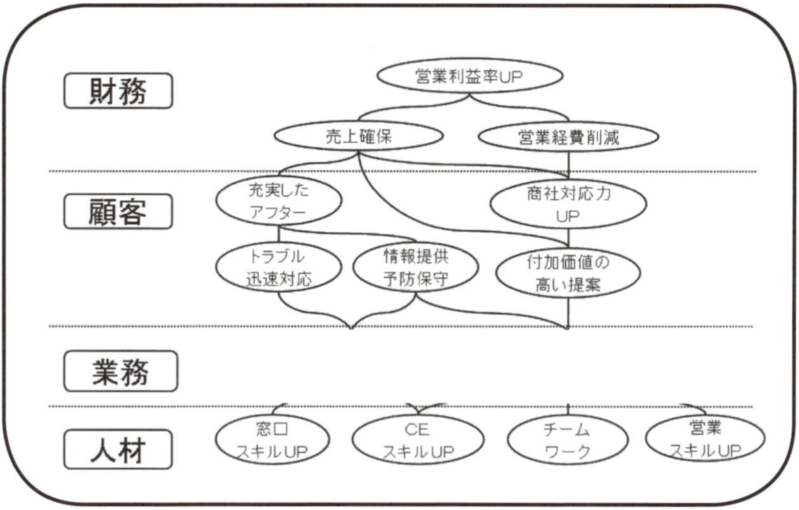
財務
営業利益率UP
売上確保
営業経費削減
顧客
充実した
アフター
商社対応力
UP
トラブル
迅速対応
情報提供
予防保守
付加価値の
高い提案
業務
人材
窓口
スキルUP
CE
スキルUP
チーム
ワーク
営業
スキルUP

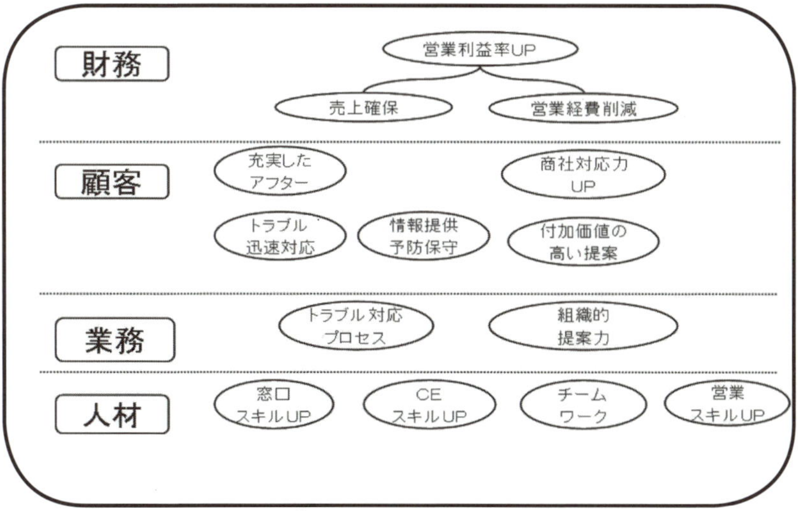
財務
営業利益率UP
売上確保
営業経費削減
顧客
充実した
アフター
商社対応力
UP
トラブル
迅速対応
情報提供
予防保守
付加価値の
高い提案
業務
トラブル対応
プロセス
組織的
提案力
人材
窓口
スキルUP
CE
スキルUP
チーム
ワーク
営業
スキルUP

❹ 離れ小島型

４つの“ダメダメ戦術マップ”のパターンについて、簡単に説明しておきましょう。

❶ 顧客不在型

顧客の視点が抜け落ちているパターンです。笑っていられません。実際に一番多いパターンです。マップを書いてみると、常日頃は「顧客満足、顧客第一」などを謳っているにも関わらず、顧客の視点での施策をいかに考えてないかがよくわかります。

❷ 属人型

業務プロセスの視点が抜け落ちているパターンです。これは、比較的従業員の少ない零細・中小企業に多いパターンです。たとえば営業部門であれば、社長やトップ営業マンの個人の頑張りで顧客が満足しているという会社です。また、家業から企業へ、社員も10人から30人、50人へと増えていく途中で、通る道でもあります。

❸ 笛吹けど踊らず型

中堅企業や大企業に多く見られるパターンです。「戦略マップ」のタテの因果関係は、構築されているものの、いざ実施段階になって、取り組みが現場に浸透しておらず、具体的な取り組みに対する当事者意識が乏しく、社員１人ひとりのスキルアップやノウハウの共有、風土改革などの人材と変革の視点が機能していないパターンです。

❹ 離れ小島型

施策があるものの、各視点の戦略目標の関連づけができないパターンです。施策は、やらないよりやったほうがよいに決まっています。せっかく組織一丸となって取り組むのであれば、顧客に喜んでいただいたうえで財務の視点の結果につながらないのであれば、有限な経営資源を無駄に消費することになります。

いずれの「可視化マップ」（ビジョンマップ、戦略マップ、戦術マップ）も、ビジョンを実現するための具体策として、人材育成と組織の変革を進め、その変革が業務プロセスに変化をもたらし、業務プロセスの変化が、顧客に満足を与え、その成果として財務の視点の目標が達成するという因果関係に変わりはありません。

この一連の流からかけ離れ、ありがちな“ダメダメ戦術マップ”にならないように、これから説明する戦術マップの作成手順を試してみましょう。

◆「戦術マップ」作成のポイント

３年後の「戦略マップ」を完成させたうえで、今年のマップの作成に取りかかります。可視化経営では、中期的な計画の可視化マップを「戦略マップ」と呼び、1年の計画の可視化マップを「戦術マップ」と呼んでいます。

これまで作成した「ビジョンマップ」や「戦略マップ」は、戦略が過去の延長線上にないものとして、「なりたい姿」と「あるべき姿」を定義して、その逆算でそれぞれのマップを作成してきました。「戦術マップ」も、基本的にビジョンの実現のための“見える化”という点で違いはありませんが、現在の市場環境や自社の経営資源を反映させていく点において、「ビジョンマップ」や「戦略マップ」と異なります。

◇「戦術マップ」を作成する大まかな作成手順

別冊『ワークシート集』参照ページ

・**ワークシート10**「ビジョンマップ」☞12ページ
・**ワークシート13**「戦略マップ」☞15ページ
・**ワークシート14**「戦術マップ」☞16ページ

現状の外部環境と内部経営資源を把握するためにSWOT分析（95ページ参照）を行い、自社の当面の戦略を決定します。

戦略の決定にあたっては、自社のビジョン、先に作成した「ビジョンマップ」（**ワークシート10**）、「戦略マップ」（**ワークシート13**）と整合しているかを確認します。決定した戦略を基に、「戦術マップ」（**ワークシート14**）を作成していきます。

❶収益増大戦略と生産性向上戦略の2面から財務の視点の戦略目標を決定します。

⇩

❷顧客ニーズの抽出 ⇒ 顧客ニーズの集約 ⇒ 顧客ニーズの優先順位づけという3つの手順を経て、顧客の視点の戦略目標を決定します。

⇩

❸顧客の視点の戦略目標を満足させるための理想の業務プロセス（業務の流れやしくみ）を描き、業務プロセスの視点の戦略目標を特定します。

⇩

❹理想的な業務プロセスを日々回していくためのボトルネックを洗い出します。そのボトルネックがどうして発生するのか、理想的な業務プロセスを実現するための阻害要因を検討します。

⇩

❺業務プロセスの視点の戦略目標を阻害する要因に対する解決策を検討し、その検討策を人材と変革の視点の戦略目標として人材能力開発、情報システム、組織改革などに大別して設定します。

⇩

❻各視点で洗い出した戦略目標を、並べて線で結んでみます。財務の視点、顧客の視点、業務プロセスの視点、人材と変革の視点の流れで、線が結べたか確認します。また、逆からも各戦略目標がスムーズに流れるか確認します。

⇩

❼先に作成した「ビジョンマップ」と「戦略マップ」との整合が取れているか最終確認して、「戦術マップ」が完成します。

これら一連の流れに沿うことで、タテの因果関係のしっかりとした「戦術マップ」ができ上がります（94 ページ・図 7-07 参照）。

図 7-07 「戦術マップ」の作成手順

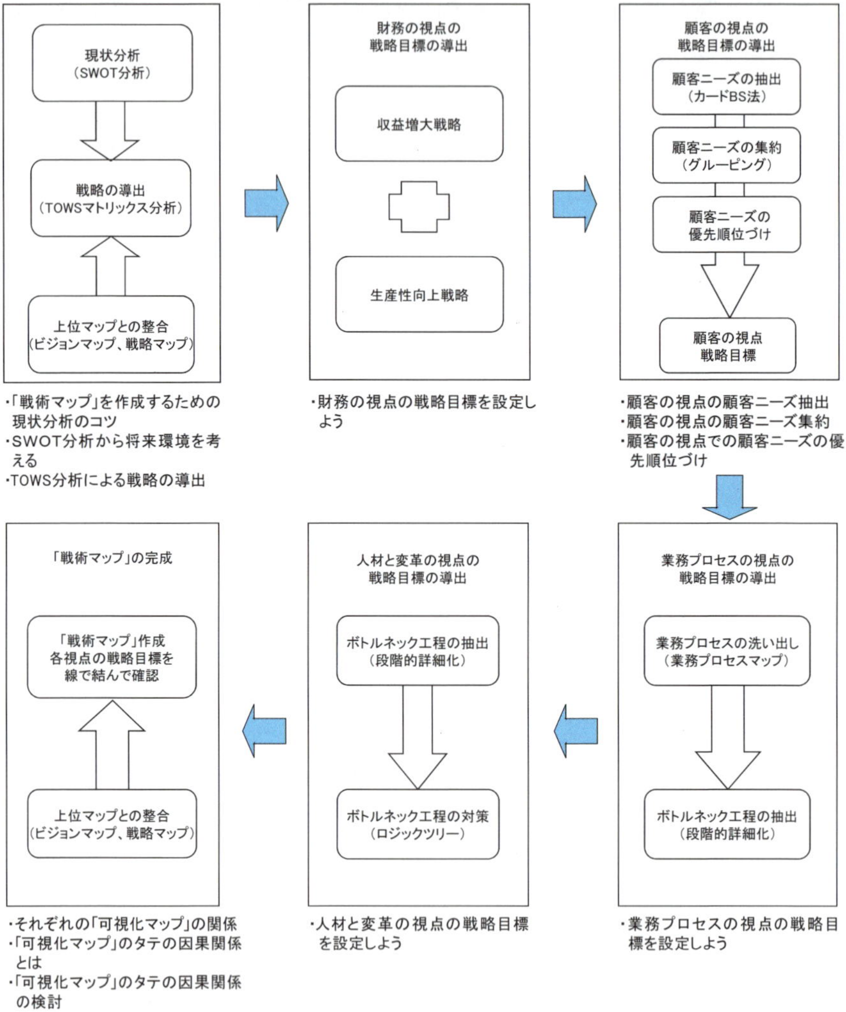
現状分析
（SWOT分析）
戦略の導出
（TOWSマトリックス分析）
上位マップとの整合
（ビジョンマップ、戦略マップ）
・「戦術マップ」を作成するための現状分析のコツ
・SWOT分析から将来環境を考える
・TOWS分析による戦略の導出
財務の視点の
戦略目標の導出
収益増大戦略
生産性向上戦略
・財務の視点の戦略目標を設定しよう
顧客の視点の
戦略目標の導出
顧客ニーズの抽出
（カードBS法）
顧客ニーズの集約
（グルーピング）
顧客ニーズの
優先順位づけ
顧客の視点
戦略目標
・顧客の視点の顧客ニーズ抽出
・顧客の視点の顧客ニーズ集約
・顧客の視点での顧客ニーズの優先順位づけ
業務プロセスの視点の
戦略目標の導出
業務プロセスの洗い出し
（業務プロセスマップ）
ボトルネック工程の抽出
（段階的詳細化）
・業務プロセスの視点の戦略目標を設定しよう
人材と変革の視点の
戦略目標の導出
ボトルネック工程の抽出
（段階的詳細化）
ボトルネック工程の対策
（ロジックツリー）
・人材と変革の視点の戦略目標を設定しよう
「戦術マップ」の完成
「戦術マップ」作成
各視点の戦略目標を
線で結んで確認
上位マップとの整合
（ビジョンマップ、戦略マップ）
・それぞれの「可視化マップ」の関係
・「可視化マップ」のタテの因果関係とは
・「可視化マップ」のタテの因果関係の検討

※図の下の各見出しは、本章の本文小見出しを表わします。

◆「戦術マップ」を作成するための現状分析のコツ

「戦術マップ」作成のための現状分析を行います。SWOT分析にて、自社を取り巻く業界の機会と脅威などの「外部環境分析」と自社の経営資源（ヒト、モノ、カネ、時間、情報、企業文化など）の「内部要因分析」から自社を総合的に分析してみます。

SWOT分析は、まず自社の関わる業界において競合他社も等分に授かるチャンスを機会（O：Opportunity）として、ピンチを脅威（T：Threat）として洗い出します。さらに、自社だけの強み（S：Strength）と弱み（W：Weakness）を洗い出します。

SWOT分析のS、W、O、Tの抽出は、前述のカードBS法（58ページ参照）で行います。

◇SWOT分析のS、W、O、Tの抽出手順

別冊『ワークシート集』参照ページ

- **ワークシート15**「カードBS法実施記録」☞17ページ
- **ワークシート16**「SWOT分析シート」☞18～19ページ

❶イーゼルパッド、イエローカード、ピンクカード、水性マーカー、「カードBS法実施記録」（**ワークシート15**）を用意します。

「SWOT分析シート」（**ワークシート16**）として、イーゼルパッド2枚に4つの切り口（S、W、O、T）と区切り線をあらかじめ書いておきます。

⇩

❷カードBS法で、外部環境の機会（O）を洗い出します。

イエローカード1枚につき1つの機会を書き出します。

個々人のアイデア創出のために5分間の発想タイムを設けます。

時間がきたら、イエローカードの枚数を順に発表してください。
次に、１回目の発表タイムです。１人１枚ずつイエローカードを読み上げながら場に出していきます。トランプの７並べの要領でイエローカードを順番に出していきます。

⇩

❸すべてのアイデアが出そろったら、２回目の発想タイムです。
２回目の発想タイムも５分間です。時間がきたら、イエローカードの枚数を順に発表してください。そして、１回目と同様に２回目の発表タイムです。

⇩

❹２回の発想タイムと発表タイムのそれぞれの開始時間、終了時間、最高カード枚数と最高カード枚数の人の名前、合計カード枚数などの情報を「カードBS法実施記録」に残しておきます。

⇩

❺チームメンバーが、場のイエローカードをほぼ同じ枚数ずつ手にとり、似た内容のカードごとにグルーピングします。どのグループにも属さないものは、単独カードとします。

⇩

❻グルーピングしたカード群を１グループずつ発表していきます。
他のメンバーで全く同じ内容のカードがあれば、発表者のカードの上に重ね、似た内容のカードがあれば、その内容を示し、発表者のカードの下に追加していきます。

⇩

❼最初の発表者が、カード群にふさわしいグループ名をつけます。

グループ名をピンクカードに書き、カード群の上に貼り、「SWOT分析シート」にレイアウトします。

これを、全員のカード群がなくなるまで繰り返します。

カードが出そろったら、グループ名のくくりの大きさをチェックしておきます。

ピンクカードのグループ名に対して、イエローカードが10枚以上あれば、グループ名が抽象的でグループのくくりが大き過ぎます。イエローカードを2分割して、グループ名も分けてみましょう。

逆に、ピンクカードのグループ名に対しイエローカード2～3枚ならば、グループ名のくくりが小さ過ぎるので、ピンクカードのグループ名を統合できないか検討します。

⇩

❽脅威、強み、弱みを洗い出すために、上記手順の❷～❼を脅威、強み、弱みの順で実行して「SWOT分析シート」にピンクカードとイエローカードを整理して貼り付けてください。

⇩

❾「SWOT分析シート」をデジカメで撮影します。

S、W、O、T抽出において、分類に迷った場合は、以下のポイントで判断してみましょう。

① 外部環境分析で扱う要素は、自社の力だけでは変えることができないものを洗い出します。

② 内部要因分析で扱う要素は、自社で改善していけそうなものが含まれます。

③ 自社の強みや弱みは、自社のビジョンに照らし合わせて洗い出します。

④ SWOT分析に慣れないうちは、外部環境分析と内部要因分析のそれぞれの要素を混在させてしまう場合があります。その場合は、内部要因分析の要素は、すべて自社のことですから、列挙した要素を「自社は、……である」と読み替えてチェックしてみます。また、外部環境分析の要素は、「われわれの業界では、……である」と読み替えて、しっくりくるかどうかをチェックしておきます。

さあ、SWOT分析により自社を取り巻く外部環境分析と自社の内部要因分析によって現状を整理してみましょう（99ページ・図7-08参照）。

◆SWOT分析から将来環境を考える

「SWOT分析シート」を少し並び替えて「TOWSマトリックスシート」にして、3年先の自社を取り巻く環境や自社の取り組むべき切り口を考えてみることにします。この検討は、20年後の「ビジョンマップ」実現に向けて、3年後の「戦略マップ」を策定するための方向性を示すものとなります。

◇「TOWSマトリックスシート」の作成と将来環境の検討手順

別冊『ワークシート集』参照ページ

- **ワークシート13**「戦略マップ」☞15ページ
- **ワークシート17**「マクロ環境チェックシート」☞20ページ
- **ワークシート18**「ミクロ環境チェックシート」☞21ページ
- **ワークシート19**「強み・弱みチェックシート」☞22ページ
- **ワークシート20**「TOWSマトリックスシート」☞23ページ

❶イーゼルパッド、ピンクカード（小）、イエローカード（小）、水性マーカー、「マクロ環境チェックシート」（**ワークシート17**）、「ミクロ環境チェック

図7-08　SWOT分析

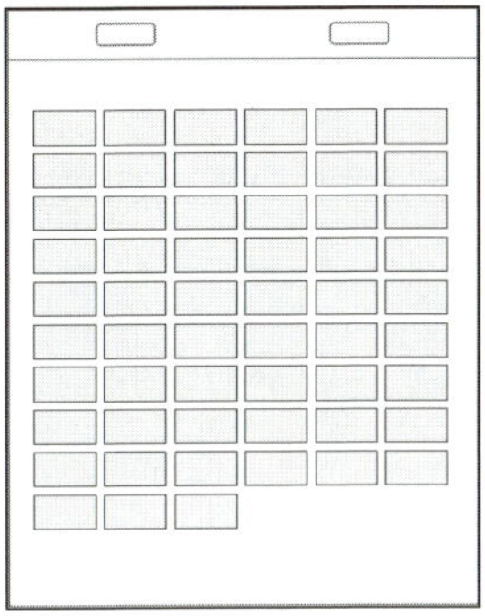

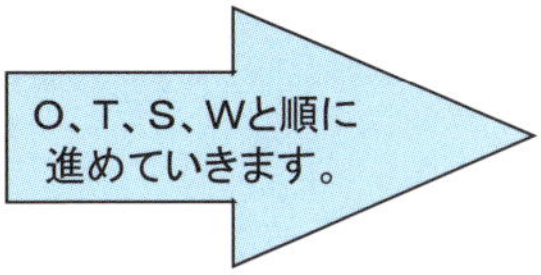

①無地のイーゼルパッドに、カードBS法のルールに従って、カードを貼り付けます。

②ワークシート16「SWOT分析シート」に類似のイエローカードをグルーピングして、グループ名をピンクカードに記入し並べます。

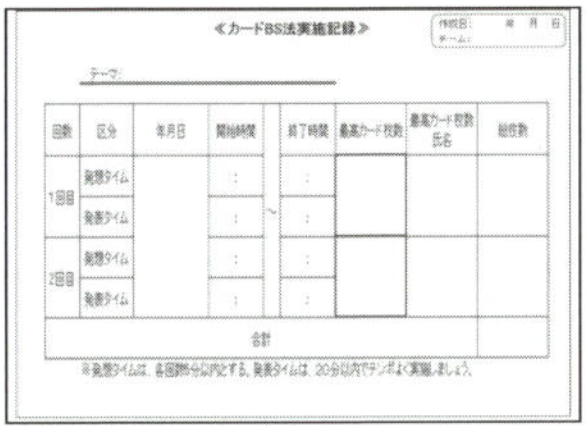

③ワークシート15「カードBS法実施記録」に実施情報を残しておきます。

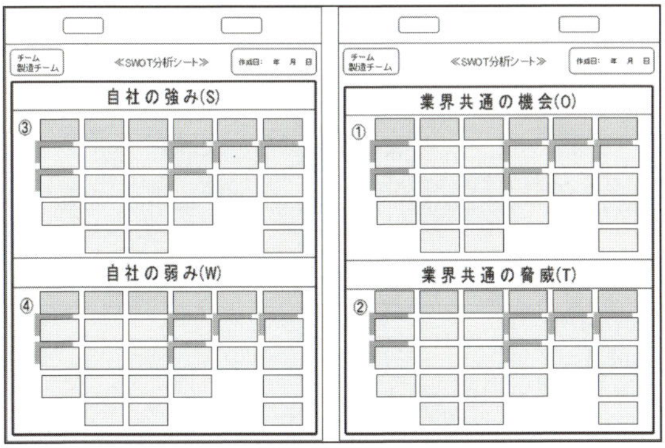

④業界共通の機会(O)、脅威(T)と自社の強み(S)、弱み(W)の4つをテンポよくカードBS法で洗い出し、グルーピングしてまとめると、短時間で現状把握(SWOT分析)ができます。

シート」(**ワークシート18**)、「強み・弱みチェックシート」(**ワークシート19**)を用意します。

「TOWS マトリックスシート」(**ワークシート20**)として、イーゼルパッドに4つの切り口(S、W、O、T)と区切り線をあらかじめ書いておきます。

また、先に作成した「戦略マップ」(**ワークシート13**)も用意します。

⇩

❷「SWOT分析シート」(**ワークシート16**)のピンクカードを、面倒でもピンクカード(小)にすべて転記し、「TOWS マトリックスシート」のそれぞれの位置に貼り直します。

⇩

❸ピンクカード(小)の内容が、3年後にどう変化するかを検討してみます。

・自社の強みの項目であれば、より強くなるか? より強くしていきたいか?

・弱みの項目であれば、ますます弱くなるか? 弱くなってしまうのか?

・市場環境の機会の項目であれば、よりチャンスが広まると想定されるのか?

・脅威の項目であれば、ますますピンチになると想定されるのか?

ピンクカード(小)に今後の方向性を記入します。上昇・拡大なら矢印を上向き ↑ に、停滞なら矢印を横向き → に、下降・縮小なら矢印を下向き ↓ とします。

⇩

❹ 3年後をイメージしながら、「マクロ環境チェックシート」とチームで作成した外部環境(O、T)の切り口を比較し、外部環境にモレ・ヌケがな

いかチェックします。

もし追加項目があれば、イエローカード（小）に内容を記入し、↑ → ↓も追記して「TOWS マトリックスシート」に貼り付けます。

⇩

❺ 3 年後をイメージしながら、「ミクロ環境チェックシート」とチームで作成した外部環境（O、T）の切り口を比較し、外部環境にモレ・ヌケがないかチェックします。

もし追加項目があれば、イエローカード（小）に内容を記入し、↑ → ↓も追記して「TOWS マトリックスシート」に貼り付けます。

⇩

❻ 3 年後をイメージしながら、「強み・弱みチェックシート」とチームで作成した内部要因（S、W）の切り口を比較し、内部要因にモレ・ヌケがないかチェックします。

もし追加項目があれば、イエローカード（小）に内容を記入し、↑→ ↓も追記して「TOWS マトリックスシート」に貼り付けます。

⇩

❼「TOWS マトリックスシート」のピンクカード（小）とイエローカード（小）を ↑ → ↓ の順に並べ直します。これで、ようやく「TOWS マトリックスシート」のベースが完成しました。

⇩

❽「TOWS マトリックスシート」に ↑ → ↓ で示した今後の方向性が「戦略マップ」に反映されているかチェックし、整合性をはかります。

⇩

❾「TOWS マトリックスシート」と「戦略マップ」の内容に変更があった

図 7-09　SWOT 分析から 3 年後を考える

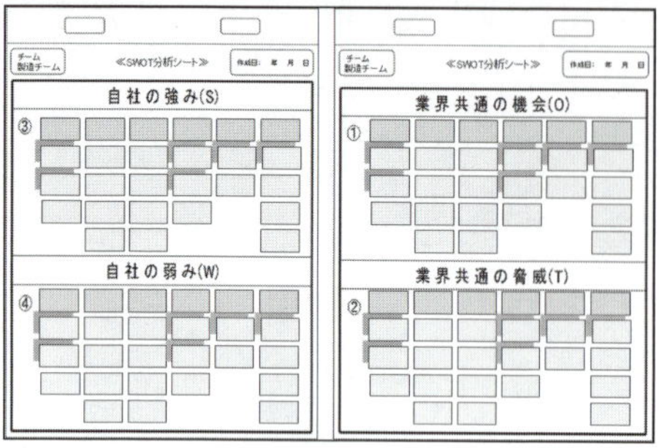

①ワークシート16「SWOT分析シート」のグルーピングしたピンクカードの内容を、ピンクカード(小)に簡潔にまとめます。

②ワークシート20「TOWSマトリックスシート」に、そのピンクカード(小)を、貼り付けます。

③3年後に、各要素が、上昇・拡大にあるのならば↑、停滞ならば→、下降・縮小ならば↓、とピンクカード(小)の右側に記入します。

3年後	強み	弱み	機会	脅威
↑	強みがより増す	弱みがより増す	チャンスがより増す	ピンチがより増す
→	強みが続く	弱みが続く	チャンスが続く	ピンチが続く
↓	強みがより減少する	弱みがより減少	チャンスがより減少する	ピンチがより減少する

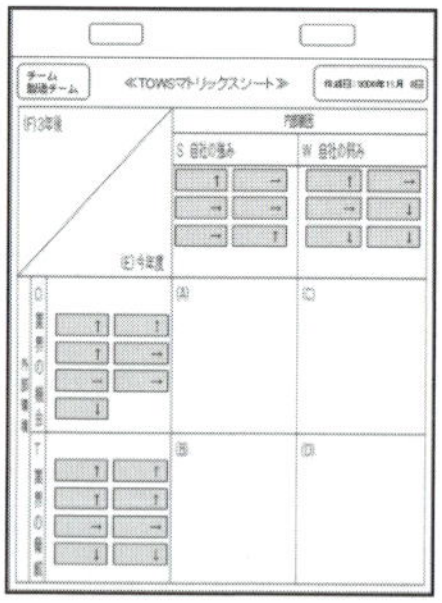

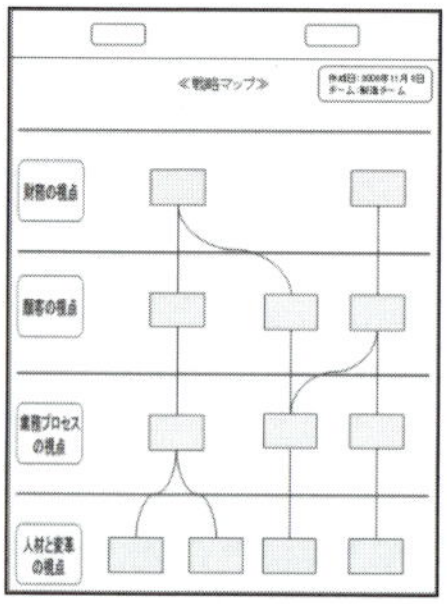

⑦ワークシート13「戦略マップ」と「TOWSマトリックスシート」の方向性を確認します。

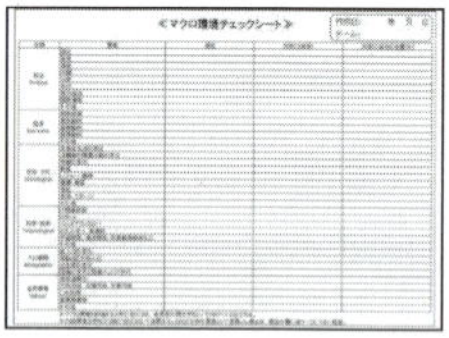

④ワークシート17「マクロ環境チェックシート」を利用し、外部環境(O、T)の洗い出しのモレ・ヌケを確認しておきます。

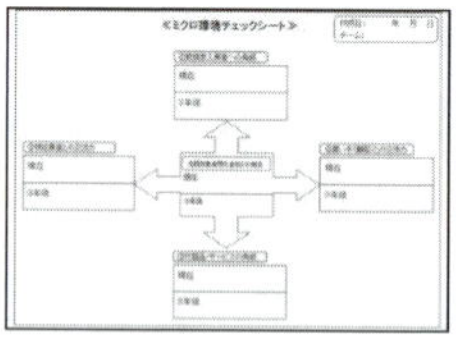

⑤ワークシート18「ミクロ環境チェックシート」を利用し、外部環境(O、T)の洗い出しのモレ・ヌケを確認しておきます。

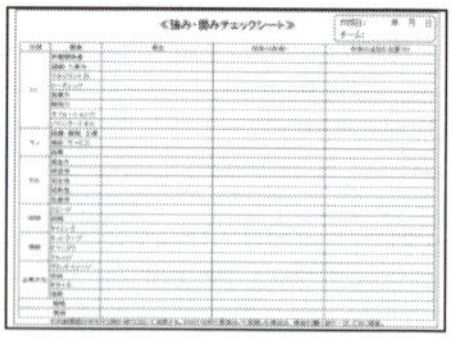

⑥ワークシート19「強み・弱みチェックシート」を利用し、内部要因(S、W)の洗い出しのモレ・ヌケを確認しておきます。

場合は、「戦略マップ」もデジカメで撮影します。

※102ページ・図7-09参照

◆TOWS分析による戦略の導出

「TOWSマトリックスシート」の強み（S）、弱み（W）、機会（O）、脅威（T）、それぞれの項目の要素を関連づけて戦略を導出します。

◇「TOWSマトリックスシート」から戦略を導出する手順

別冊『ワークシート集』参照ページ

・**ワークシート13**「戦略マップ」☞15ページ

・**ワークシート20**「TOWSマトリックスシート」☞23ページ

❶作成した「TOWSマトリックスシート」（**ワークシート20**）を用意します。以下の点を検討し、記入します。

・強みと機会の要素を関連づけ、「どのように自社の強みを生かせば、業界の機会をものにできるか」について検討し、（A）に戦略の種として記入します。

・強みと脅威の要素を関連づけ、「どのように強みを用いれば、脅威を回避できるか」について検討し、（B）に戦略の種として記入します。

・機会と弱みの要素を関連づけ、「どのように機会を生かして、弱みを克服できるか」について検討し、（C）に戦略の種として記入します。

・脅威と弱みの要素を関連づけ、「どのように脅威や弱みを最小限に抑えるか」について検討し、（D）に戦略の種として記入します。

⇩

❷(A)、(B)、(C)、(D) それぞれの戦略の種から戦略を決定します。

戦略の種を戦略として採用する優先順位は、実行の難易度を考えると、(A)、(B)、(C)、(D) の順が一般的です。さらに、(A)、(B)、(C)、(D) の戦略の種を組み合わせることによって戦略を導出しても構いません。しかし、欲張って多くの戦略を採用し、限りある自社の経営資源を広く浅く各戦略に投入して、どの戦略も遅々として進まなくならないよう注意する必要があります。

戦略を絶対1つに絞り込めとは言いませんが、いかに戦略の選択を行い、その戦略に経営資源を集中的に投下するか、選択と集中が必要となります。そういう意味で、戦略とは、あれもこれもやりたいと手を拡げることではなく、捨てることであるといえます。

⇩

❸決定した今年度の戦略を (E) に記入します。

⇩

❹前述のピンクカード (小) とイエロカード (小) の今後の方向性である ↑ → ↓ を加味して3年後の方向性を検討し (F) の3年後に記入します。

この (F) の3年後の戦略の具体化が、先に作成した「戦略マップ」(**ワークシート13**) となっているか、確認しておきましょう。

⇩

❺「TOWS マトリックスシート」をデジカメで撮影します。

※105ページ・図7-10参照

図 7-10　TOWS 分析による戦略の導出手順

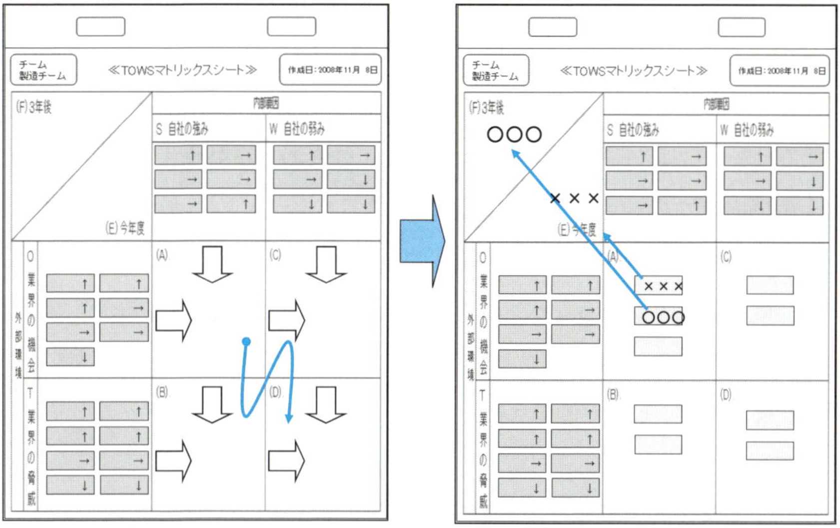

①ワークシート20「TOWSマトリックスシート」に、SとOから導出した⇒戦略の種(A)として、次に、SとTから導出した⇒戦略の種(B)として、さらに、OとWから導出した⇒戦略の種(C)として、最後に、TとWから導出した⇒戦略の種(D)として、イエロカード(小)に書き出し、貼り付けます。

②戦略実行の優先順位を、(A)、(B)、(C)、(D)として各イエローカード(小)の戦略の種を吟味して、戦略を導出します。

③今年の戦略を(E)今年度、3年後の戦略を(F)3年後に転記します。

これで、TOWSマトリックスシートの完成となります。

◆財務の視点の戦略目標を設定しよう

財務の視点の戦略目標は、基本的に企業価値の向上を目指すことになります。財務の視点の企業価値向上とは、利益の拡大ということです。利益＝収益－費用ですから、財務の視点の戦略目標は、利益拡大のために、いかに売上を向上させながらコスト削減を図るかという点、すなわち収益増大戦略と生産性向上戦略の2つの観点から検討することになります。

収益増大戦略とは、ターゲット顧客の観点からは、新規顧客獲得を目指すのか、既存顧客へのさらなるシェアアップを進めるのかを決定することですし、製品やサービスの観点からは、既存の製品やサービスで価値を提供するのか、新たな製品やサービスで価値を提供するのかを明確にして収益アップの方針を決定することです。

また、生産性向上戦略は、経営分析の総資産対経常利益率（以下、ROA：Return On Assetsという）に代表される指標に着眼すると、わかりやすいかもしれません。ROAとは、調達してきた元手（資本＝資産）を運用し、その結果どのくらい儲けたかを表す指標で、以下の式で表されます。

ROA（％）＝（経常利益率÷総資産）×100

それをさらに分解すると、以下のようになります。

ROA＝①（売上高÷総資産）×②（経常利益÷売上高）

これは、ROA＝①総資産回転率×②経常利益率で、①資産効率の向上と②コスト構造の改善を検討するということ、要するに財務の視点の効率よくコストを抑えて儲けるという視点に符合することになります（107ページ・図7-11参照）。

財務の戦略目標を検討するにあたっては、キャプラン＆ノートン（76ページ参照）の著書である『戦略バランスト・スコアカード（THE STRATEGY-

図 7-11　収益増大戦略と生産性向上戦略とは

収益増大戦略

**パターン1
増収増益**

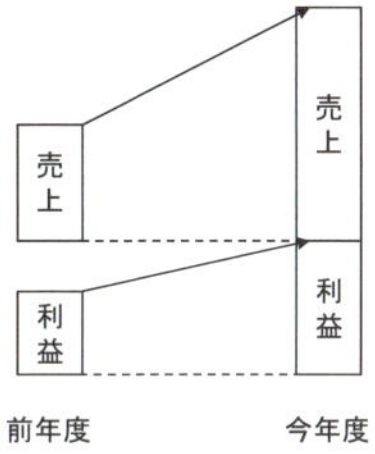
売上
売上
利益
利益
前年度
今年度

❖目指すパターン

**パターン2
増収減益**

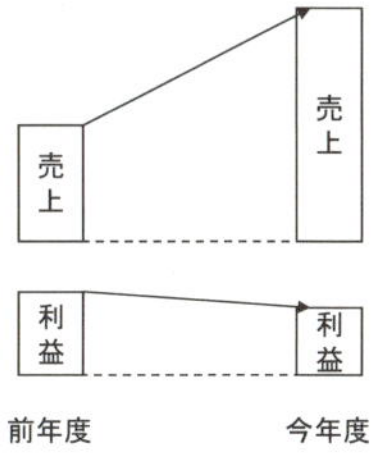
売上
売上
利益
利益
前年度
今年度

❖競合との値下げ合戦に巻き込まれた

**パターン3
減収増益**

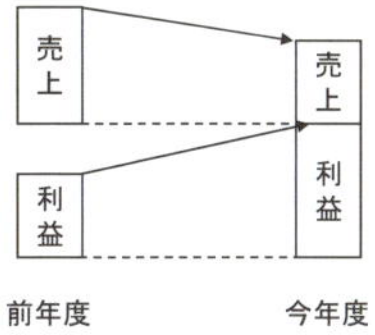
売上
売上
利益
利益
前年度
今年度

❖不採算事業部門や製品・サービスの撤退が成果を出してきた

**パターン4
減収減益**

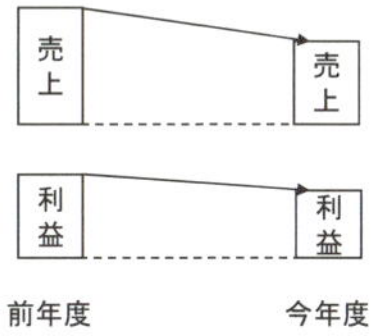
売上
売上
利益
利益
前年度
今年度

❖経営の改善、抜本的見直しが急務

生産性向上戦略

ROA（Return On Assets：総資産対経常利益率）

$$= \frac{\text{経常利益}}{\text{総資産}} \times 100\%$$

$$= \frac{\text{経常利益}}{\text{総資産}} = \underbrace{\frac{\text{売上高}}{\text{総資産}}}_{\text{総資産回転率}} \times \underbrace{\frac{\text{経常利益}}{\text{売上高}}}_{\text{経常利益率}}$$

総資産回転率 ⇩ ①資産効率

経常利益率 ⇩ ②コスト構造

(1)同じ売上を上げるのであれば、少ない資本＝資産で大きな売上を上げる方が、資産効率が高い。

(2)また、同じ売上ならば、経常利益が大きいほど、コスト構造が安定していることになる。よって、薄利多売は、薄利であるから②コスト構造が悪い、しかしそれを補うために、多売（たくさん販売する）のため、一般的に売上高は、大きくなり、①資産効率は高まる。ROAは、量（資産効率）と質（コスト構造）の両バランスで決まる。

FOCUSED ORGANIZATION)』に表されている「戦略マップの作成：財務の視点」という図表が参考になります（図 7-12 参照）。

ここでは、財務の視点の戦略目標は、株主価値の改善であり、そのために①収益増大戦略、②生産性向上戦略を検討します。収益増大戦略では、新製品や新サービスで革新を起こすことや既存顧客のロイヤリティを向上させることによる顧客価値の増大を検討します。また、生産性向上戦略では、コスト構造の改善や保有資産の有効利用の観点から検討することを示しています。

いずれにせよ、企業として存続していくためには、この相反する 2 つの戦略について、バランスよく検討しなければなりません。具体的には、戦術マップや戦略マップの収益、費用、利益の各項目は、「変動損益計算書」を作成して検討してみる必要があります。

図 7-12　財務の視点の戦略目標とは

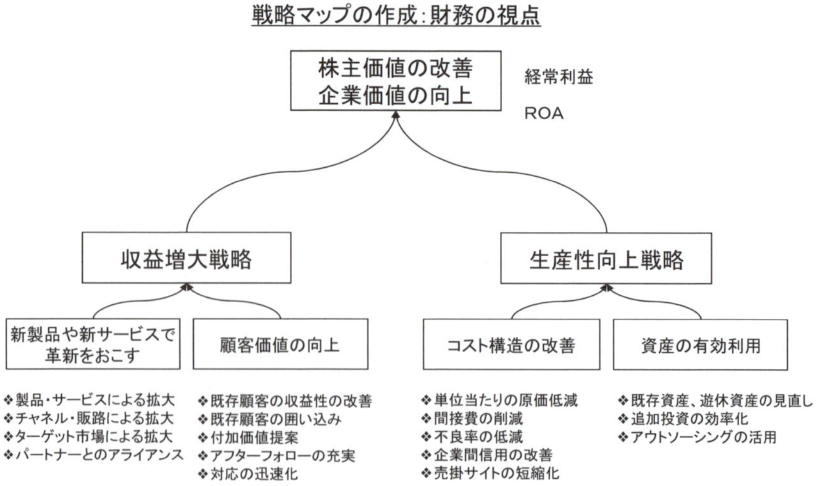
戦略マップの作成:財務の視点
株主価値の改善
企業価値の向上
経常利益
ROA
収益増大戦略
生産性向上戦略
新製品や新サービスで
革新をおこす
顧客価値の向上
コスト構造の改善
資産の有効利用
❖製品・サービスによる拡大
❖チャネル・販路による拡大
❖ターゲット市場による拡大
❖パートナーとのアライアンス
❖既存顧客の収益性の改善
❖既存顧客の囲い込み
❖付加価値提案
❖アフターフォローの充実
❖対応の迅速化
❖単位当たりの原価低減
❖間接費の削減
❖不良率の低減
❖企業間信用の改善
❖売掛サイトの短縮化
❖既存資産、遊休資産の見直し
❖追加投資の効率化
❖アウトソーシングの活用

出典:THE STRATEGY-FOCUSED ORGANIZATION　KAPLAN＆NORTON著の一部を加筆修正

◇「変動損益計算書」の作成手順

別冊『ワークシート集』参照ページ

·**ワークシート13**「戦略マップ」☞ 15 ページ

·**ワークシート21**「変動損益計算書」☞ 24 ページ

❶「変動損益計算書」（**ワークシート21**）を用意し、ベースとなる売上高、変動費、固定費を入力します。

⇩

❷Ⅰ. 従来の売上予測：ベースに対する、売上の変化率、変動比率の変化率、固定費の増加率を入力します（減少の場合は、マイナス入力します）。

⇩

❸Ⅱ. 戦略による改善：ベースに対する、変動費と固定費の改善率を入力します。

⇩

❹Ⅲ. 戦略による追加：戦略実施による売上高と経常利益率を入力します。

⇩

❺戦術マップにおける財務の視点を、この「変動損益計算書」を参考にして検討します。

⇩

❻2年目、3年目の各項目を入力することにより、3年間の「変動損益計算書」が作成されます。

⇩

❼3年目の「変動損益計算書」を参考にして、先に作成した「戦略マップ」（**ワークシート13**）の財務の視点における戦略目標と整合が取れているか確認しておきましょう。

図7-13 「変動損益計算書」による財務の視点の導出

ワークシート21

作成日：	2008年11月8日
チーム：	○○○

≪変動損益計算書≫

単位：百万円

ベース	売上高	1,000.0	変動比率	変動比率＝変動費÷売上高
	変動費	400.0	40.0%	
	限界利益	600.0		
	固定費	550.0	経常利益率	
	経常利益	50.0	5.0%	

		1年目	2年目	3年目	
Ⅰ.従来の売上予測	売上の変化率（±%）	5.0%	3.0%	2.0%	前年対比、減少の場合は、マイナス入力。
	売上高	1,050.0	1,081.5	1,103.1	
	変動比率の変化率（±%）	3.0%	3.0%	3.0%	前年対比、減少の場合は、マイナス入力。
	変動費	451.5	497.5	540.5	
	限界利益	598.5	584.0	562.6	限界利益＝売上高－変動費
	固定費の増加率（±%）	2.0%	1.0%	1.0%	前年対比、減少の場合は、マイナス入力。
	固定費	561.0	566.6	572.3	
	経常利益	37.5	17.4	-9.7	
	経常利益率	3.6%	1.6%	-0.9%	
Ⅱ.戦略による改善	変動費の改善率	1%	1%	1%	当年の変動費の改善率を入力。
	変動費の改善金額	4.5	5.0	5.4	
	固定費の改善率	2%	5%	10%	当年の固定費の改善率を入力。
	固定費の改善金額	11.2	28.3	57.2	
Ⅲ.戦略による追加	売上高	200.0	300.0	500.0	期待する売上増加額を入力。
	経常利益率	5.0%	5.0%	10.0%	期待する経常利益率
	経常利益	10	15	50	（経常利益÷売上高）を入力。
	変動費	86	138	245	当年の変動比率で変動費を逆算。
	固定費	104	147	205	固定費＝売上高－変動費－経常利益
合計	売上高	1,250	1,382	1,603	Ⅰ＋Ⅲ
	変動費	533	631	780	Ⅰ－Ⅱ＋Ⅲ
	限界利益	717	751	823	限界利益＝売上高－変動費
	固定費	654	685	720	Ⅰ－Ⅱ＋Ⅲ
	経常利益	63	66	103	経常利益＝売上高－変動費－固定費
	経常利益率	5.1%	4.8%	6.4%	経常利益率＝経常利益÷売上高

※変動費：売上に伴って変動する費用（商品仕入、材料費、燃料費、運送・配達費、梱包費、外注加工費など）
※固定費：売上が変動しても増減しない費用（家賃、給料、広告費、減価償却費、リース料など）

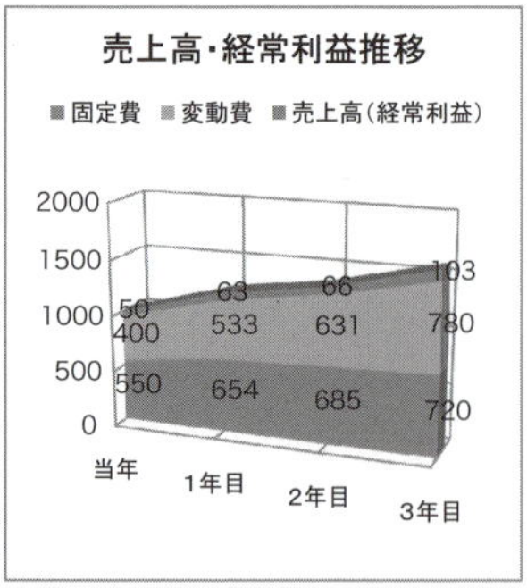

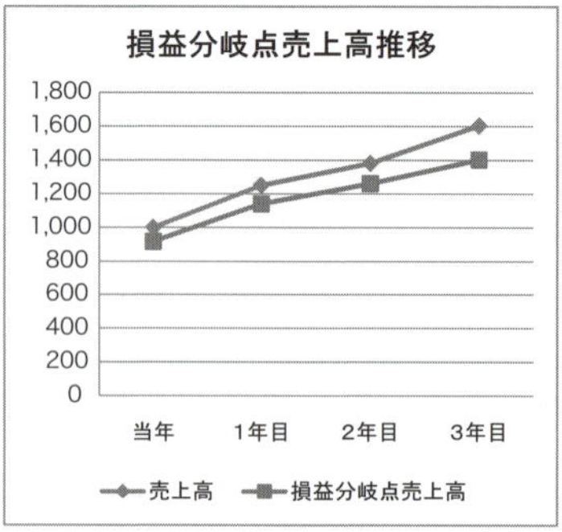

※110 ページ・図 7-13 参照

◆顧客の視点の顧客ニーズ抽出

次に、財務の視点の戦略目標を実現するための顧客の視点の戦略目標を検討します。

顧客の視点の戦略目標は、次の3つの手順を踏んで決定していきます。

Ⅰ. カード BS 法による顧客の視点のニーズ抽出

Ⅱ. グルーピングによる顧客の視点の顧客ニーズ集約

Ⅲ.「戦略目標優先順位決定シート」による顧客の視点の顧客ニーズの優先順位づけ

いきなりですが、あなた自身が顧客になりきってください。ここでのポイントは立場変換です。あくまでも顧客の立場で、「私は、○○○がほしい」、「私たちは、○○○してほしい」と、顧客としての要望をできるかぎり多く洗い出してみましょう。

顧客ニーズや要望の抽出は、「なりたい姿」の洗い出しで活用したカード BS 法で行います。

◇顧客の視点の顧客ニーズ抽出手順

別冊『ワークシート集』参照ページ

・**ワークシート 15**「カード BS 法実施記録」☞ 17 ページ

・**ワークシート 22**「顧客の視点の戦略目標シート」☞ 25 ページ

❶イーゼルパッド、イエローカード、ピンクカード、水性マーカー、「カード BS 法実施記録」（**ワークシート 15**）を用意します。

「顧客の視点の戦略目標シート」（**ワークシート 22**）として、イーゼルパッドにあらかじめ表を作成しておきます。

⇩

❷カード BS 法で、顧客の視点の戦略目標を洗い出します。

イエローカード１枚につき１つのアイデアを書き出します。

記入にあたっては、顧客のニーズや要望を洗い出すのですから、カードの記述が「○○○してほしい」という言葉で終わるようにしてください。

個々人のアイデア創出のために５分間の発想タイムを設けます。

時間がきたら、イエローカードの枚数を順に発表してください。

次に、１回目の発表タイムです。１人１枚ずつイエローカードを読み上げながら場に出していきます。トランプの７並べの要領でイエローカードを順番に出していきます。

顧客になり切るために、顧客とは誰かを、チーム内で共有してから、検討をスタートさせてください。

⇩

❸すべてのアイデアが出そろったら、２回目の発想タイムです。

２回目の発想タイムも５分間です。

時間がきたら、イエローカードの枚数を順に発表してください。

そして、１回目と同様に２回目の発表タイムです。

⇩

❹２回の発想タイムと発表タイムのそれぞれの開始時間、終了時間、最高カード枚数と最高カード枚数の人の名前、合計カード枚数などの情報を「カード BS 法実施記録」に残しておきます。

※ 113 ページ・図 7-14 参照

図 7-14　カード BS 法による顧客の視点の顧客ニーズの抽出手順

①ワークシート 22「 顧客の視点の戦略目標シート」を準備します。
顧客とは誰かを定義しておきます。

②カードBS法で顧客ニーズを抽出します。
イエローカードには、顧客の視点でのニーズを書くのですから、「○○○してほしい。」というように顧客主語で記述します。

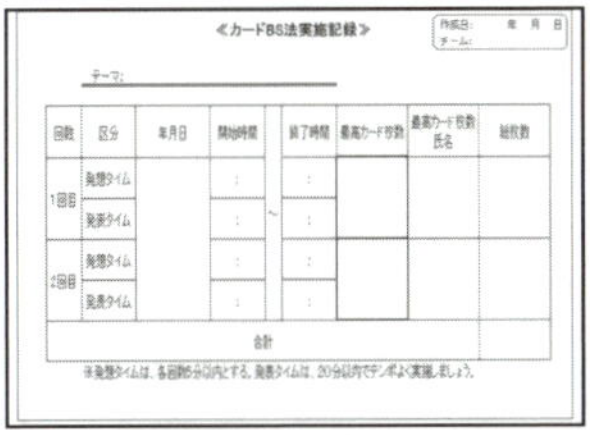

③ワークシート15「カードＢＳ法実施記録」に実施情報を残しておきます。
カードBS法は、個人の考える制限時間を、5分として最低2回、繰り返します。

◆顧客の視点の顧客ニーズ集約

このフェーズでは、2回の発想タイムで出したイエローカードをグルーピングして、そのグルーピングにふさわしい名前をつけて整理します。

◇顧客の視点の顧客ニーズ集約の手順

別冊『ワークシート集』参照ページ

・**ワークシート22**「顧客の視点の戦略目標シート」☞25ページ

❶チームメンバーが、場のイエローカードをほぼ同じ枚数ずつ手にとり、似た内容のカードごとにグルーピングします。どのグループにも属さないものは、単独カードとします。

⇩

❷前述の「なりたい姿」のイエローカードをグルーピングした要領で、グルーピングしたカード群を1グループずつ発表していきます。

⇩

❸他のメンバーで全く同じ内容のカードがあれば発表者のカードの上に重ね、似た内容のカードがあればその内容を示し、発表者のカードの下に追加していきます。

⇩

❹最初の発表者が、カード群にふさわしいグループ名をつけます。

⇩

❺グループ名をピンクカードに書き、カード群の上に貼り、「顧客の視点の戦略目標シート」（**ワークシート22**）にレイアウトします。これを、全員のカード群がなくなるまで繰り返します。

⇩

❻カードが出そろったら、グループ名のくくりの大きさをチェックしておきます。グループ名のくくり方についての注意事項は、97 ページを参考にしてください。グループ名の整理ができたところで、最後に顧客ニーズの洗い出しにヌケ・モレがないかを確認しておきます。

⇩

❼「顧客の視点の戦略目標シート」をデジカメで撮影します。

※116 ページ・図 7-15 参照

＊ヌケ・モレチェックには、キャプラン & ノートン（76 ページ参照）が「『戦略バランスト・スコアカード（THE STRATEGY-FOCUSED ORGANIZATION）』で表した「戦略マップの構築：顧客への価値提案」という図表が参考になります（117 ページ・図 7-16 参照）。

成功する企業は、以下に示す 3 パターンの顧客価値のいずれかに卓越（もちろん他の 2 つも標準を下回っているというわけではないのですが……）していること、顧客価値のパターンによって求められる顧客ニーズ（価格、品質、時間、性能、サービス、顧客関係、ブランドなど）に違いがあることを示しています。

そして、その顧客価値に必要な顧客ニーズの要素が示されているので、顧客ニーズや要望のヌケ・モレをチェックするためのテンプレートとして参考になります。

・パターンⅠ．卓越した業務：他社が真似できないような品質、価格および購入の容易さとその組み合わせで顧客が満足するような卓越した業務を提供する。

図 7-15 グルーピングによる顧客の視点の顧客ニーズの集約手順

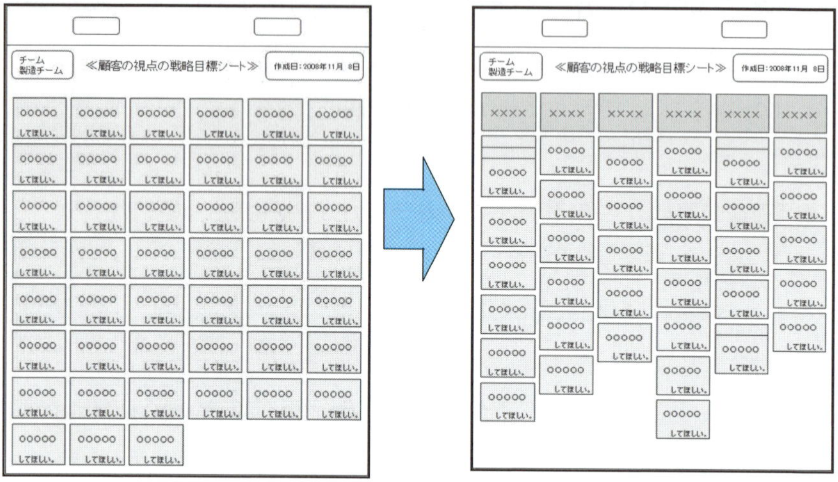

①ワークシート22「顧客の視点の戦略目標シート」を準備します。

②グルーピングにより類似カードをまとめます。まとめたカード群に相応しいグルーピング名をピンクカードに書いて整理しておきます。

チームでの検討風景

図 7-16　顧客への価値提案の 3 パターン

戦略マップの構築：顧客への価値提案

	パターン	製品／サービス					顧客との関係性		ブランドイメージ		該当企業（例）
		価格	品質	時間	機能・性能	提供形態	付加サービス	顧客との関係	信頼	利便	
顧客への価値提供3パターン	I．卓越した業務 Opelational Excellence	◎	◎	◎	—	◎	—	—	—	◎	・マクドナルド ・ヤマト運輸 ・トヨタ ・ユニクロ ・デル
	II．緊密な顧客との関係 Customer Intemacy	—	—	—	—	—	◎	◎	◎	◎	・リッツカールトン ・スターバックス ・ディズニーランド ・千葉夷隅ゴルフクラブ ・和倉温泉加賀屋
	III．優れた製品 Product Leadership	—	—	◎	◎	—	—	—	◎	—	・ソニー ・アップル ・光岡自動車 ・樹研工業 ・安川電機

❖顧客への価値提供パターンによって差別化要件は、変化する。
❖表中の"◎"は、各パターンで特に必要な差別化要件。
❖表中の"－"は、各パターンで劣って良いというわけではなく、標準的に必要な要件。
❖顧客に用いられている企業は、これらの3つのパターンのいずれかに大別される。
❖すべての要件を満たすことよりも、競争優位を得るためにどの領域で自らを差別化するか、顧客の視点における検討の切り口となる。

出典：THE STRATEGY-FOCUSED ORGANIZATION　KAPLAN＆NORTON著の内容を参考に加筆修正した

・パターンⅡ．緊密な顧客との関係：顧客の問題解決に重点を置いた個別のサービスを提供し、顧客との親密性を重視する。

・パターンⅢ．優れた製品：ユニークな製品・サービスの提供で顧客を魅了する製品の優位性でリードする。

◆顧客の視点での顧客ニーズの優先順位づけ

すべての顧客ニーズに対応しようとしても、限りある経営資源（ヒト、モノ、カネ、時間、情報など）では賄いきれません。顧客ニーズのいずれかを選択し、限りある経営資源を集中的に投下していく必要があります。

顧客の視点の戦略目標の選択しだいで、これから作成する「戦術マップ」の内容が大きく変わってくるのですから、重要な意思決定であるといえます。ですから、顧客の視点の戦略目標の優先順位づけの条件や結果は、“見える化”しておく必要があります。

この優先順位づけには、「戦略目標優先順位決定シート」を利用します。

◇顧客の視点の顧客ニーズの優先順位づけの手順

別冊『ワークシート集』参照ページ

・**ワークシート22**「顧客の視点の戦略目標シート」☞25ページ
・**ワークシート23**「戦略目標優先順位決定シート」☞26ページ

❶イーゼルパッド、イエローカード、ピンクカード、水性マーカーを用意します。

イーゼルパッドに、自社の重要度（縦軸）と自社の緊急度（横軸）を評価尺度として座標軸を書き込みます。

イーゼルパッドに2つの評価軸を設定することで、4つの領域を持つ「戦略目標優先順位決定シート」(**ワークシート23**)の準備ができました。この直交する軸を、自社にとっての重要度と緊急度と設定しましたが、自社で戦略上優先する評価軸があれば、任意に設定してもかまいません。

⇩

❷「顧客の視点の戦略目標シート」(**ワークシート22**)を用意します。グループ名を書いたピンクカードを1枚取り出し、準備した「戦略目標優先順位決定シート」の中心点(0,0)に貼り付けます。

⇩

❸ 2枚目のピンクカードの内容と1枚目のピンクカードの内容を、自社の重要度と緊急度の観点で相対比較します。

⇩

❹ 3枚目以降も同じ要領で比較を繰り返しながら、「戦略目標優先順位決定シート」を作成していきます。

たとえばピンクカードが、重要度(大)で緊急度(大)の1つの領域に偏ったとしても、それぞれのピンクカードの相対的な関係は変わりませんので、思い切って偏った領域の中央に同じ重要度と緊急度の座標軸を引き直して「戦略目標優先順位決定シート」を完成させます。

通常は、重要度と緊急度が最大(座標上では、右上)のものから2～3枚のピンクカードが、自社で優先的に取り組む顧客ニーズとなります。

ただし、選定した顧客ニーズの対策を、すでに自社で取り組んでいて、成果が出はじめているようであれば、あえて戦略目標として取り上げる必要はありません。このような場合には、優先順位を次候補の顧客ニーズや重要度が大きい割に緊急度が小さい領域にある顧客ニーズ(座標上では左上)に着目してみてください。

この領域にある顧客ニーズは、緊急度が低いばかりに、会社の取り組みとしては、つい後回しにされがちです。あえて、この領域の顧客ニーズを自社の優先すべき課題として検討してみることも必要となります。

特に、このような場合は、後になって顧客ニーズの優先順位の妥当性を振り返ることがあるため、顧客ニーズの優先順位が決定されるまでのプロセスを明らかにした「戦略目標優先順位決定シート」を残しておく必要があります。

⇩

❺「戦略目標優先順位決定シート」をデジカメで撮影します。

※121ページ・図7-17参照

◆業務プロセスの視点の戦略目標を設定しよう

前述の顧客ニーズの優先順位づけで選択した顧客の視点の戦略目標を、組織的に実行するための業務の流れやしくみを検討するのが、業務プロセスの視点です。それでは、業務プロセスの視点の戦略目標を洗い出してみましょう。

◇業務プロセスの視点の戦略目標の抽出手順

別冊『ワークシート集』参照ページ

・**ワークシート24**「業務プロセスマップ」☞27ページ

❶イーゼルパッド、イエローカード、ピンクカード、水性マーカーを用意します。

「業務プロセスマップ」(**ワークシート24**)のレイアウトをイーゼルパッドに書き写します。

図 7-17　顧客の視点の戦略目標の優先順位づけ

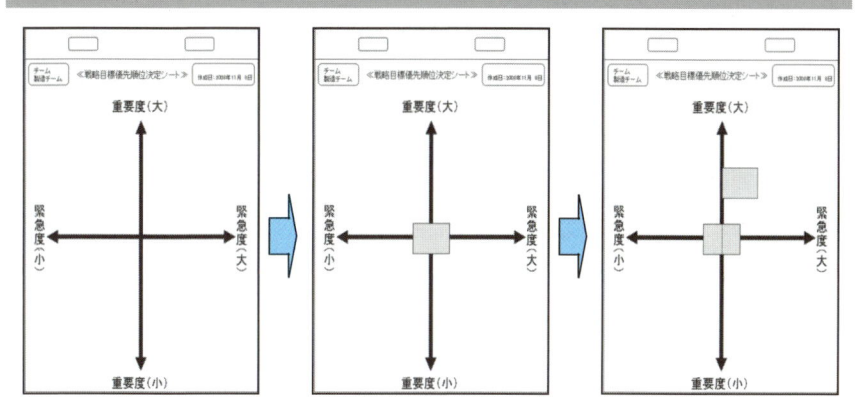

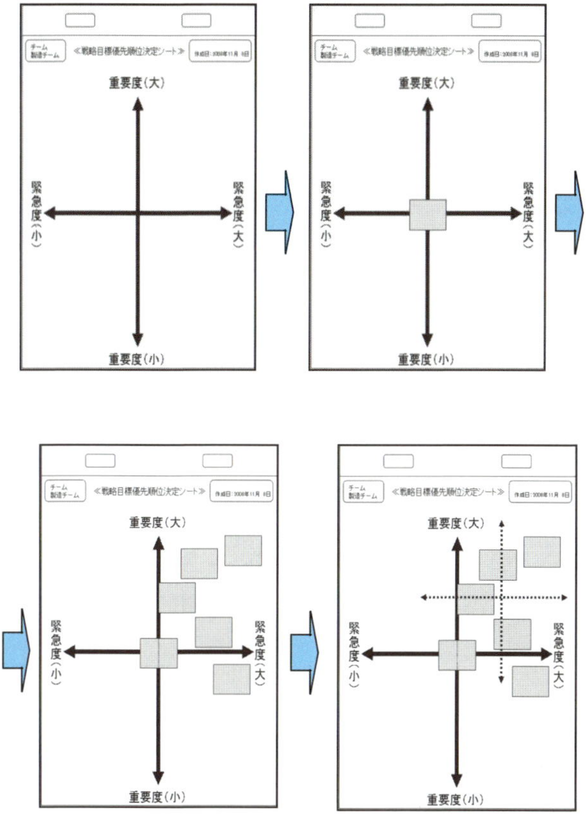

※たとえば、重要度(大)で、緊急度(大)のようにカードが同じエリアに集中した場合は、そのエリアの中で、中心線(図の点線)を再度引き直してください。

①ワークシート22「顧客の視点の戦略目標シート」のピンクカードのいずれか1枚をワークシート23「戦略目標優先順位決定シート」の重要度と緊急度の交点に貼り付けます。
②次のピンクカードを取り出し、先のピンクカードとの相対比較で貼り付ける位置を決定します。
③ワークシート22「顧客の視点の戦略目標シート」のピンクカードがなくなるまで行います。

前述の「戦略目標優先順位決定シート」で決定した顧客の視点の戦略目標を、「業務プロセスマップ」の（A）戦略目標に1枚（ピンクカード）貼り付けます。

⇩

❷その顧客ニーズを実現するための組織的な業務プロセスを検討します。

業務の1工程を1枚のイエローカードで表し、イエローカードを線で結んだ「業務プロセスマップ」を作成します。

業務の流れを“見える化”し、あるべき業務プロセスを検討してみます。

顧客の視点の戦略目標（A）に対して、構築あるいは改善したい工程の始点と終点を決定します。

新たに「業務プロセスマップ」を構築する場合は、理想的なあるべき姿の「業務プロセスマップ」を1から作成します。

また、これまでの「業務プロセスマップ」を改善する場合は、まず現行の「業務プロセスマップ」を作成した上で、あるべき姿の「業務プロセスマップ」に変更していきます。

⇩

❸「業務プロセスマップ」の作成にあたっては、最初に大まかな業務の流れのプロセスマップ（B）を作成します。

顧客の視点の戦略目標を実現するための業務プロセスを、PDCAサイクルに従いピンクカードを使って洗い出します。

⇩

❹大まかな業務の流れのプロセスマップ（B）において、顧客の視点の戦略目標（A）を実現するために注目したい工程や問題となる工程、これまで不十分で改善したい工程を見つけ出し、その工程をさらに詳細化した

プロセスマップ（C）を作成します。これを、「段階的詳細化」といいます。
詳細化されたプロセスマップ（C）が、2つ以上できる場合もあります。
詳細化されたプロセスマップ（C）が、回り出すと顧客の視点の戦略目標（A）が実現されるかどうかを確認します。

⇩

❺プロジェクトメンバーが、この因果関係に納得できるまで大まかな業務の流れのプロセスマップ（B）と詳細化されたプロセスマップ（C）をブラッシュアップし、採用された詳細化されたプロセスマップ（C）にふさわしい業務プロセス名を考えます。
「業務プロセスマップ」の業務プロセス名（D）に業務プロセス名を記入します。

⇩

❻「業務プロセスマップ」をデジカメで撮影します。

※124ページ・図7-18

◆人材と変革の視点の戦略目標を設定しよう

人材と変革の視点は、財務の視点、顧客の視点、業務プロセスの視点の3つの視点で優れた成果を得るために長期的に構築しなければならない基盤を提供する視点となります。

具体的には、次の3つの戦略目標を作成します。

①従業員のスキルアップやノウハウの蓄積などの人材に関する能力開発

②戦略を支援するための情報システム

③戦略を実現するための組織風土やリーダーシップ、権限委譲、モチベーショ

図 7-18 業務プロセスの視点の戦略目標の導出手順

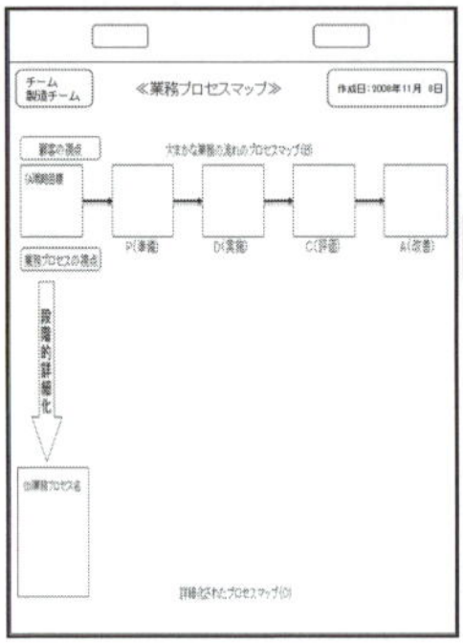

①ワークシート24「業務プロセスマップ」を準備します。

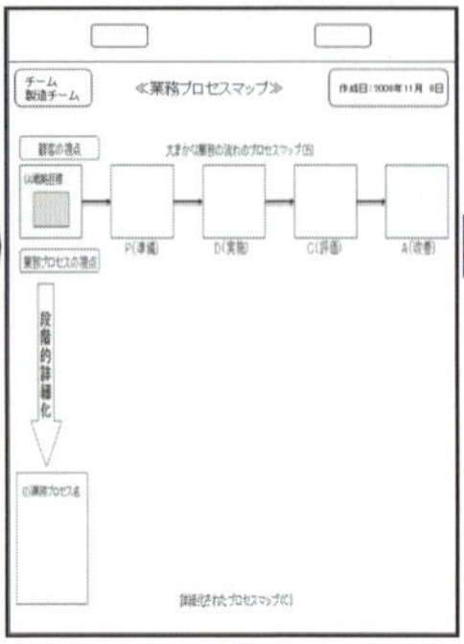

②ワークシート23「戦略目標優先順位決定シート」で決めた顧客の視点の戦略目標を、このシートの(A)戦略目標に貼り付けます。

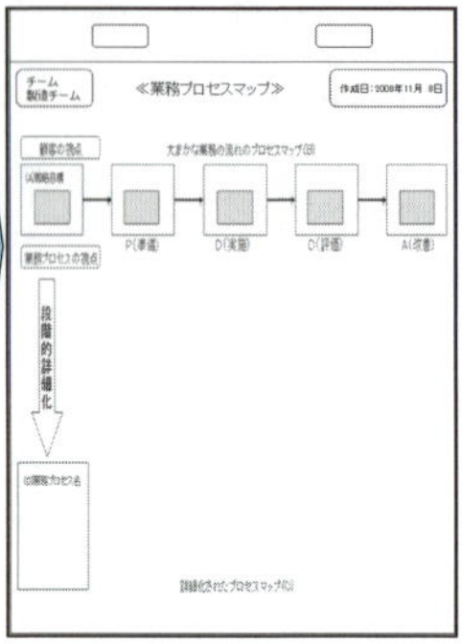

③(A)戦略目標を実施するための理想的な業務フローを大まかな業務の流れのプロセスマップ(B)としてピンクカードに書き出します。
※この時、本シートのプロセスに書いてあるPDCAにこだわる必要は、ありません。
自由に、(A)戦略目標を実現するためのあるべき業務の流れ(フロー)を書き出してください。

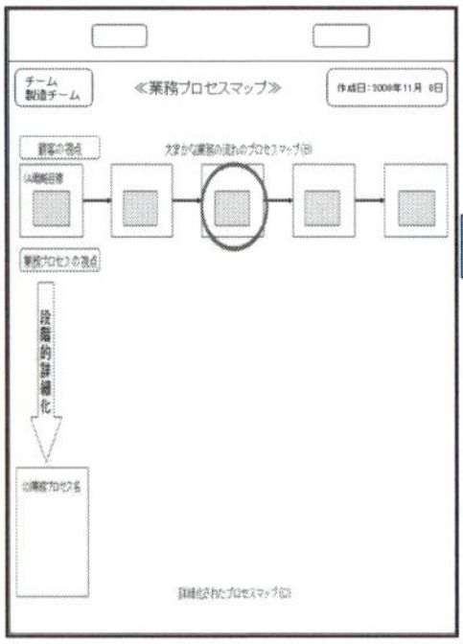

④大まかな業務の流れのプロセスマップ(B)のフローで、現在ボトルネックとなっている工程があればその工程に、「○印」をつけます。

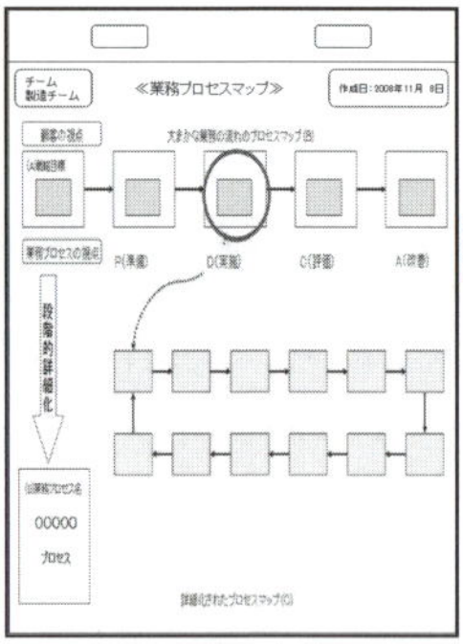

⑤「○印」をつけたボトルネック工程に対して、さらに具体的な業務フローを作成していきます。
この詳細化されたプロセスマップ(C)をイエローカードで書き出します。
⑥最後に、この詳細化されたプロセスマップ(C)にふさわしい(D)業務プロセス名を付けて業務プロセスの視点の戦略目標の完成です。

⑦顧客の視点の戦略目標の数だけ繰り返します。

ンアップに関わる組織対応力

人材と変革の視点では、業務プロセスの視点における戦略目標を実行する際にボトルネックとなる工程を洗い出し、その原因を解消するための課題抽出を行います。この課題こそが、人材と変革の視点の戦略目標となります。

◇人材と変革の視点における戦略目標の作成手順

別冊『ワークシート集』参照ページ

・**ワークシート24**「業務プロセスマップ」☞27ページ

・**ワークシート25**「ボトルネック洗い出しシート」☞28ページ

・**ワークシート26**「原因ヒントシート」☞29ページ

❶イーゼルパッド、イエローカード、ピンクカード、水性マーカーを用意します。

「ボトルネック洗い出しシート」(**ワークシート25**)のフォームを参考にして、イーゼルパッドの上部に(A)業務プロセス名、(B)ボトルネック工程、(C)原因、(D)課題と、あらかじめ書いておきます。

⇩

❷「業務プロセスマップ」(**ワークシート24**)と「原因ヒントシート」(**ワークシート26**)を用意します。

「業務プロセスマップ」の(D)業務プロセス名を「ボトルネック洗い出しシート」の(A)業務プロセス名に転記します。

その「業務プロセスマップ」の詳細化されたプロセスマップ(C)の中で、現在問題となっている工程(この工程が、現在存在しないのであれば、ボトルネックと想定されるもの)のイエローカードを洗い出して、「ボトルネック洗い出しシート」の(B)ボトルネック工程に貼り付けます。

⇩

❸問題の特定は、「原因ヒントシート」を手元に置きながら、次の６つのポイントでチェックします。もちろん、その他の原因があれば、それを記入してください。

・工程自体にヌケが発生しないか？

・工程を実施する部署や対象者にモレが発生しないか？

・複数のプロセスマップ間の連携に工程のダブリがないか？

・工程のサイクルが徹底的に回っているか？

・各工程の実施度合いがきっちりと目標に達しているか？

・「業務プロセスマップ」のスループット・スピードが適当か？

⇩

❹ボトルネックとなる原因追求は、ロジックツリー（128ページ参照）を使って「なぜ？　なぜ？　なぜ?」と掘り下げていきます。掘り下げていく際に、前述の①人材能力開発、②情報システム、③組織改革の切り口(123ページ参照）を意識してみると効率的に議論が進められます。ボトルネックを引き起こす原因を掘り下げ、根本原因が特定できたら○印をつけます。

⇩

❺さらにその根本原因に対する課題を検討します。

課題は、「○○○が○○○する」、「○○○を○○○させる」といい切る形、たとえば「社員のコミュニケーション能力を向上させる」という表現になるようにします。

「ボトルネック洗い出しシート」の課題（D）に検討した課題を記入します。この課題が、業務プロセスの視点で設定したプロセスに対する人材

図 7-19　人材と変革の視点の戦略目標の導出手順

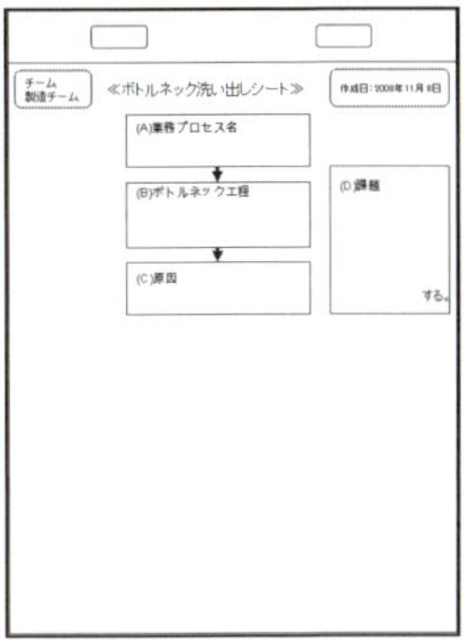

①ワークシート25「ボトルネック洗い出しシート」を準備します。

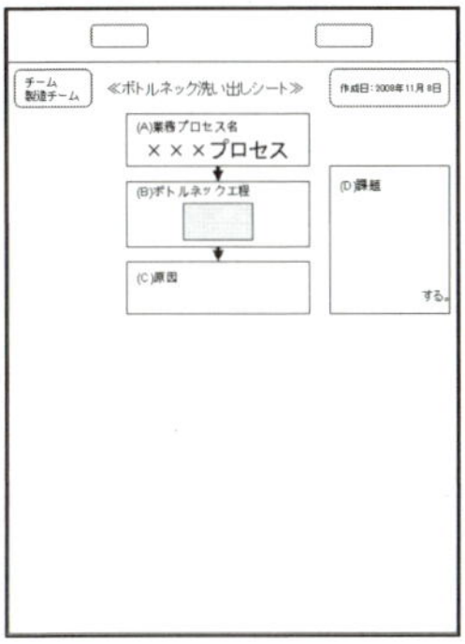

②ワークシート24「業務プロセスマップ」の(D)業務プロセス名を、本シートの(A)業務プロセス名に転記します。

③ワークシート24「業務プロセスマップ」の詳細化されたプロセスマップ(C)の工程でボトルネックとなる工程のイエローカードを本シートの(B)ボトルネック工程に貼り付けます。

④ワークシート26「原因ヒントシート」を参考にしながら、本シートの(B)ボトルネックとなる原因を検討し、(C)原因に記入します。

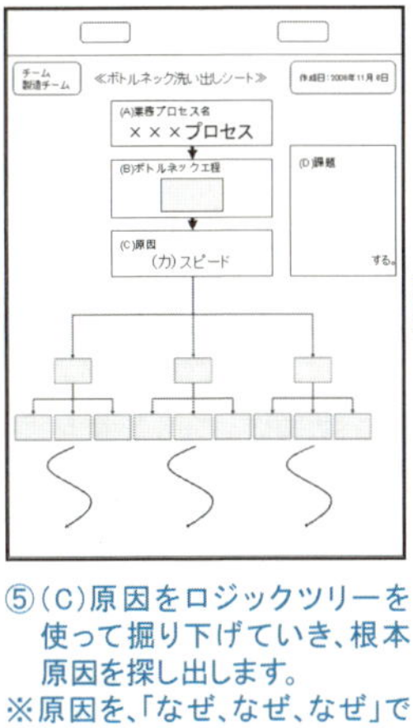

⑤(C)原因をロジックツリーを使って掘り下げていき、根本原因を探し出します。

※原因を、「なぜ、なぜ、なぜ」で掘り下げたものが、人材と変革の視点の戦略目標の候補となります。

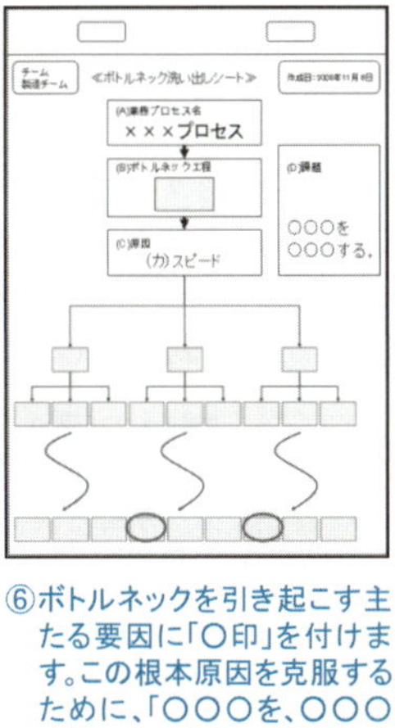

⑥ボトルネックを引き起こす主たる要因に「○印」を付けます。この根本原因を克服するために、「○○○を、○○○する。」という形で課題を定義し、本シートの(D)課題に記入します。

※この課題が、人材と変革の視点の戦略目標となります。

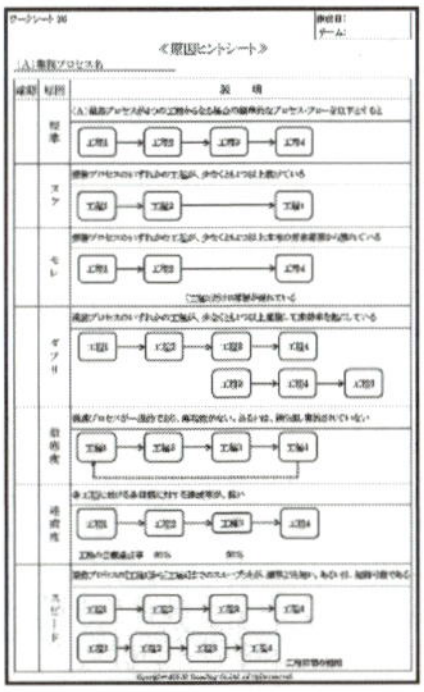

⑦顧客の視点の戦略目標の数だけ繰り返します。

と変革の視点の戦略目標となります。

⇩

❻業務プロセスの視点におけるプロセスの数だけ❷から❺までを繰り返して、各プロセスに因果関係のある人材と変革の視点の戦略目標を作成します。

⇩

❼「ボトルネック洗い出しシート」をデジカメで撮影します。

※127ページ・図7-19参照

◆2つのロジックツリー

ここで、ロジックツリーについて、簡単に説明しておきましょう。

問題に対する解決策を打ち出すための手順は、問題の認識 ⇒原因の洗い出し ⇒原因に対する課題の設定 ⇒ 解決策の具体化 という流れになります。この流れの前半である、問題認識から原因追究を行うロジックツリーとして「Whyツリー」を使います。

これは、129ページ・図7-20のように、掲げた問題が、なぜ発生したのか原因を洗い出します。この原因が、なぜ発生したのか、さらに深掘りしていきます。この作業を何度か繰り返しながら、問題の根本原因を特定していきます。特定した根本原因に対する課題は、「○○○する」という言葉で終わるように設定します。

次に、課題に対する解決策を具体化するロジックツリーとして「Howツリー」を使います。これは、129ページ・図7-21のように、課題を解決するためにどのようにして解決するか具体策を検討します。これを何回か繰り返しながら、さ

図 7-20　ロジックツリー：Why ツリー

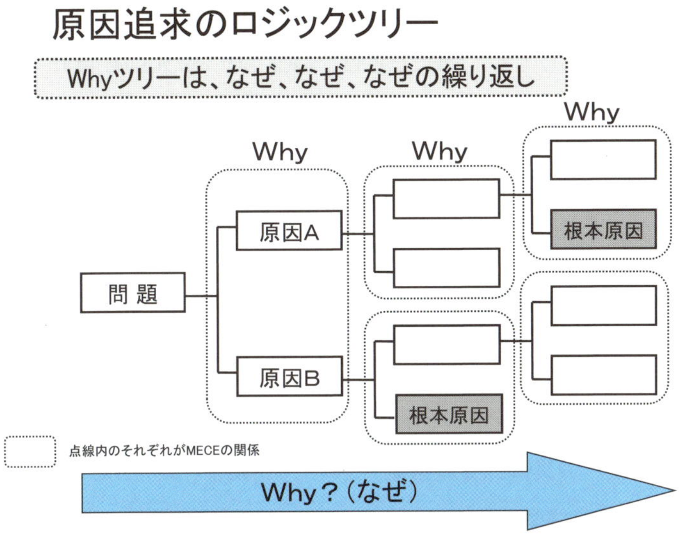
原因追求のロジックツリー
Whyツリーは、なぜ、なぜ、なぜの繰り返し
Why
Why
Why
問 題
原因A
原因B
根本原因
根本原因
点線内のそれぞれがMECEの関係
Why？（なぜ）

図 7-21　ロジックツリー：How ツリー

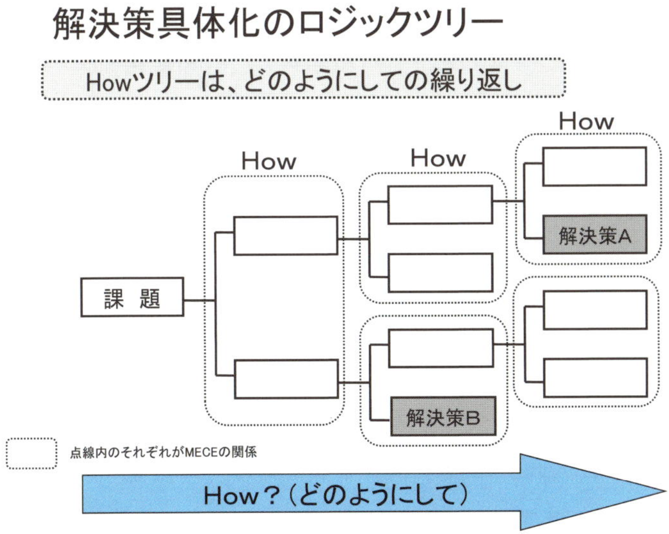
解決策具体化のロジックツリー
Howツリーは、どのようにしての繰り返し
How
How
How
課 題
解決策A
解決策B
点線内のそれぞれがMECEの関係
How？（どのようにして）

らに具体策を詳細化していきます。

また、ロジックツリーの各段階での内容が、MECE（ミッシー）になるように注意する必要があります。MECEとは、Mutually Exclusive and Collectively Exhaustiveの頭文字で、「相互に、重複せず、全体として、モレがない」という意味です。要するに、各階層の洗い出しが、モレなくダブりなく洗い出されているかをチェックしながら進める必要があります。

◆それぞれの「可視化マップ」の関係

すでに説明したように、20年先のビジョンを1枚のマップにまとめたものが「ビジョンマップ」、3年先の中期計画を1枚のマップにまとめたものが「戦略マップ」、今年の具体的な施策を1枚のマップにまとめたものが「戦術マップ」でしたね。可視化経営では、この3つのマップを「可視化マップ」（筆者は、親しみを込めて「マップ3兄弟」と呼んでいます）と言います。

これまでの可視化経営のフレームワークで説明してきたように、「可視化マップ」の作成は、「ビジョンマップ」⇒「戦略マップ」⇒「戦術マップ」の順になります。決して現状の積み上げ、すなわち「戦術マップ」⇒「戦略マップ」⇒「ビジョンマップ」の順でないことに注意してください。

「可視化マップ」の各視点の戦略目標は、「タテの因果関係」といって、上から下、下から上へと密接につながっているのが特徴です。

詳しくは、次章で説明しますが、戦術マップのタテの因果関係をさらにスコアカードとして具体化していきます。このスコアカードの重要成功要因、結果指標、先行指標、アクションプランの関係は、「どのようにして」と左から右、また、「なぜなら」と右から左へ因果の関係になります。この左右の関係を、「ヨコの因果関係」といいます。

そして、「ビジョンマップ」実現のために（そのために）、「戦略マップ」を実施する。「戦略マップ」を実現するために（そのために）、「戦術マップ」を実施する。「戦術マップ」を実現するために（そのために）、スコアカードがあるという関係になります。

20年後という結果からの逆算で因果が成り立ちます。可視化経営では、この20年後の「ビジョンマップ」⇒ 3年後の「戦略マップ」⇒ 今年あるいは来年の「戦術マップ」という時間軸で戦略を具体化するマップ間の関係を「時間軸の因果関係」と呼ぶことにします。

このように、次の3つの因果関係が連鎖してはじめて、ビジョンと現場が一

図 7-22 「可視化マップ」互いの関係

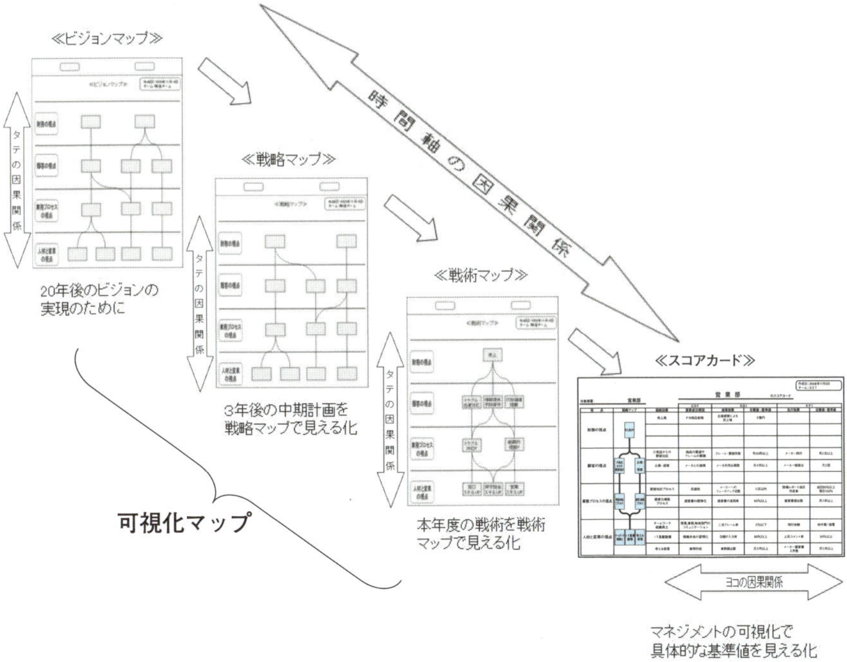
≪ビジョンマップ≫
タテの因果関係
20年後のビジョンの
実現のために
≪戦略マップ≫
タテの因果関係
3年後の中期計画を
戦略マップで見える化
≪戦術マップ≫
タテの因果関係
本年度の戦術を戦術
マップで見える化
時間軸の因果関係
≪スコアカード≫
ヨコの因果関係
マネジメントの可視化で
具体的な基準値を見える化
可視化マップ

気通貫することになります。

①「ビジョンマップ」、「戦略マップ」、「戦術マップ」における各マップの時間軸の因果関係

②各マップにおける戦略目標のタテの因果関係

③スコアカードにおけるヨコの因果関係

要するに、この３つの因果関係のどれ1つが崩れても、可視化経営は成り立たなくなるのです（131ページ・図7-22参照）。

◆「可視化マップ」のタテの因果関係とは

これまで説明してきた手順で「戦術マップ」を作成すれば、財務の視点、顧客の視点、業務プロセスの視点、人材と変革の視点の４つの視点が見事に結びつくはずです。この４つの視点の戦略目標同士の結びつきを、「可視化マップ」のタテの因果関係といいました。

これまで説明してきた戦略目標の作成手順を怠ると、戦略目標にヌケやモレが生じ、戦略目標同士が結びつかないものになります。

いま一度、作成した「戦術マップ」を眺めてみましょう。財務の視点 ⇒ 顧客の視点 ⇒ 業務プロセスの視点 ⇒ 人材と変革の視点の各戦略目標が、上から下へとスムーズに流れていますか？

これらの戦略目標をそれぞれ線で結んでみて、上から下につないだ戦略目標の辻褄が合っているかどうかを、以下の手順で再度検証しておきましょう。

たとえば、財務の視点において、売上高○○○円アップのために ⇒ どのようにして（How） ⇒ 顧客の視点の戦略目標につながり、そして、顧客の視点の戦略目標を実現するために ⇒ どのようにして（How） ⇒ 業務プロセスの視点の戦略目標につながり、さらに、業務プロセスの視点の戦略目標を実現するために

⇒ どのようして(How)⇒ 人材と変革の視点の戦略目標に最終的につながります。

戦略目標の上から下への流れが確認できたら、逆に下から上の流れも以下の手順で検証しておきましょう。

人材と変革の視点の戦略目標を実行するのは ⇒ なぜ（Why）⇒ なぜなら（Because）業務プロセスの視点の戦略目標を実現するため。そして、業務プロセスの視点の戦略目標を実行するのは ⇒ なぜ（Why）⇒ なぜなら（Because）顧客の視点の戦略目標を実現するため。さらに、顧客の視点の戦略目標を実行するのは ⇒ なぜ（Why）⇒ なぜなら（Because）財務の視点の戦略目標を最終的に実現するため。

このように各戦略目標は、因果関係があるので、上から下、下から上にHow－Why の関係でスムーズにつながります（図7-23参照）。

図 7-23　成功の方程式は、4つの因果関係をつなげること

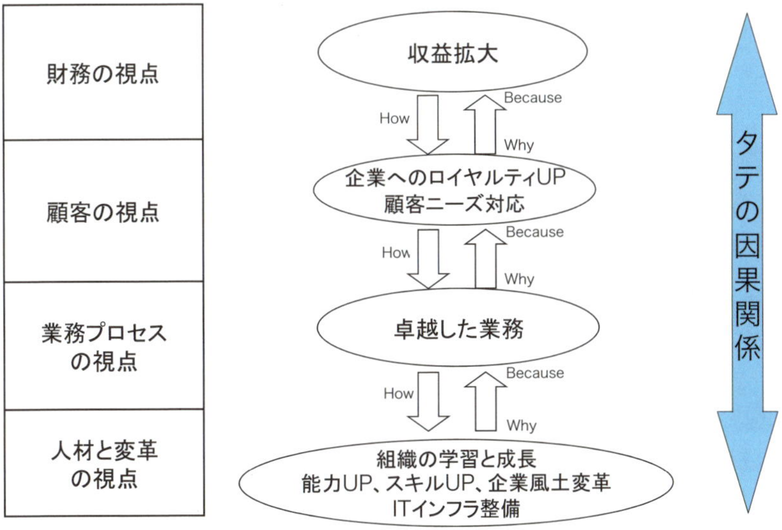
財務の視点
顧客の視点
業務プロセスの視点
人材と変革の視点
収益拡大
How
Because
Why
企業へのロイヤルティUP
顧客ニーズ対応
How
Because
Why
卓越した業務
How
Because
Why
組織の学習と成長
能力UP、スキルUP、企業風土変革
ITインフラ整備
タテの因果関係

◇「戦術マップ」の作成手順

別冊『ワークシート集』参照ページ

- **ワークシート14**「戦術マップ」☞16ページ
- **ワークシート21**「変動損益計算書」☞24ページ
- **ワークシート23**「戦略目標優先順位決定シート」☞26ページ
- **ワークシート24**「業務プロセスマップ」☞27ページ
- **ワークシート25**「ボトルネック洗い出しシート」☞28ページ

❶イーゼルパッド、イエローカード、水性マーカーを用意します。

「戦術マップ」（**ワークシート14**）として、イーゼルパッドに4つの視点と区切り線をあらかじめ書いておきます。

⇩

❷先に作成した「変動損益計算書」（**ワークシート21**）、「戦略目標優先順位決定シート」（**ワークシート23**）、「業務プロセスマップ」（**ワークシート24**）、「ボトルネック洗い出しシート」（**ワークシート25**）の戦略目標をイエローカードに記入し、「戦術マップ」に貼り付けます。

⇩

❸各視点のカードが、上から下、下から上へとHow－Whyの関係でスムーズにつながるか、確認しながら線で結びつけます。

⇩

❹完成した「戦術マップ」をデジカメで撮影します。

◆「可視化マップ」のタテの因果関係の検討

作成した「可視化マップ」の戦略目標にもルールがあります。以下のような不細工な「可視化マップ」は、ビジョンと戦略の浸透の妨げとなりますので、注意しなければなりません。以下、別冊『ワークシート集』30 ～ 31ページの**ワークシート27**「可視化マップチェックシート」を参考にしてください。

「可視化マップ」作成上の注意点で、戦略目標は、すべての視点で設定され、それぞれの戦略目標同士が結びついていることを基本とします（シートのⅠ）。

ただし、財務の視点の戦略目標が、「経費削減」や「コストダウン」の場合は、例外的に顧客の視点の戦略目標がない場合があります（Ⅱ）。しかし、業務プロセスの視点の戦略目標が、財務の視点の戦略目標に直結するような顧客不在の場合（Ⅲ）や人材と変革の視点の戦略目標が、顧客の視点の戦略目標に直結するような属人型の場合（Ⅳ）は、可視化マップの各視点のタテの因果関係が成り立っていないので再検討が必要です。

また、いきなり業務プロセスの視点から戦略目標が始まっている場合も、再検討が必要です（Ⅴ）。業務プロセスの視点において、単に、しくみをつくることが課題解決になるわけではなく、そのしくみを十分に活用するための社員のスキルアップや能力の向上、すなわち人材と変革の視点との結びつきが必須となります。人材と変革の視点に結びつく戦略目標が存在してこそ、業務プロセスの視点の戦略目標が活きてきます。

他の視点の戦略目標と全く結びつかずに、戦略目標が孤立している場合も再検討が必要です（Ⅵ）。戦略目標として1つひとつの内容は、素晴らしいものかもしれませんが、これらの戦略目標を実施しても、最終的に財務の視点の成果につながるストーリーが必要になります。限られた経営資源を投入するのですから、「やらないよりはやったほうがマシ」などといった単発的な取り組みにならないように注意が必要です。

また、「可視化マップ」のそれぞれの戦略目標が連結している線（リンケージ線）に注目して見てください（Ⅶ）。1つの戦略目標からたくさんのリンケージ線が分岐していませんか。あるいは、多くの戦略目標から特定の戦略目標にリンケージ線が集中していませんか。このような場合にも、注意が必要です。

1つの戦略目標からたくさんのリンケージ線が分岐したり集中したりしているということは、その戦略自体の内容が、漠然としているということです。

たとえば、顧客の視点の戦略目標を「利用者の満足」とした場合、ほとんどの業務プロセスの視点の戦略目標は「利用者の満足」と結びつきます。これは、「利用者の満足」が顧客の視点の戦略目標としては、あまりにも漠然としすぎているということになります。

このような場合には、たとえば、「地元利用者の満足と上得意先の満足」のように利用者を具体化して、戦略目標の内容を分割してみる必要があります。可視化マップ作成の本来の目的は、戦略を社員が理解し具体的な道筋を共有することですから、どのようにでも取れる曖昧な言葉や抽象的な言葉にならないように注意する必要があります。

これまで作成した「可視化マップ」のタテの因果関係を確認するには、「可視化マップチェックシート」(**ワークシート27**)と「ビジョンマップ」(**ワークシート10**)、「戦略マップ」(**ワークシート13**)、「戦術マップ」(**ワークシート14**)を用意し、「可視化マップ」が「可視化マップチェックシート」のⅠ～Ⅶのどのパターンにあてはまるかチェックし、その確認状況を「可視化マップチェックシート」の確認(A)に残しておいてください(137ページ・図7-24参照)。

図 7-24 「可視化マップ」の形にこだわる

Ⅰ. 基本型

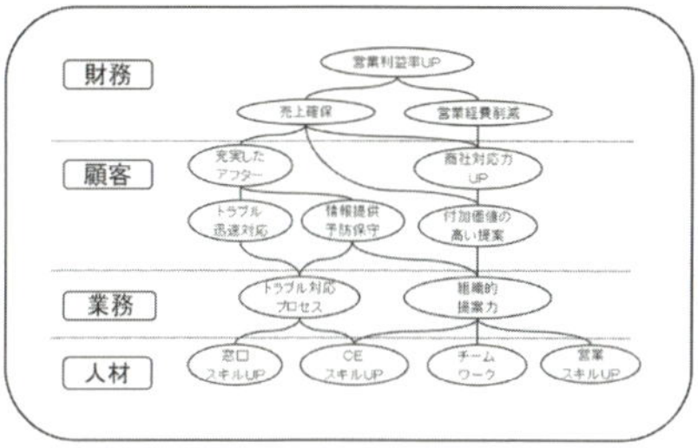

Ⅱ. コスト削減型

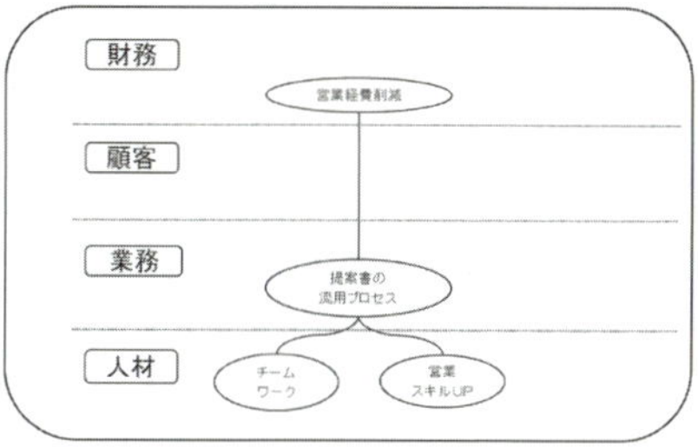

Ⅲ. 顧客不在型

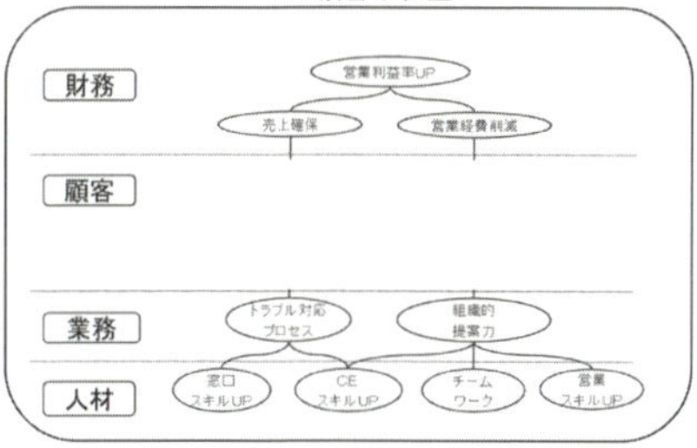

Ⅳ. 属人型

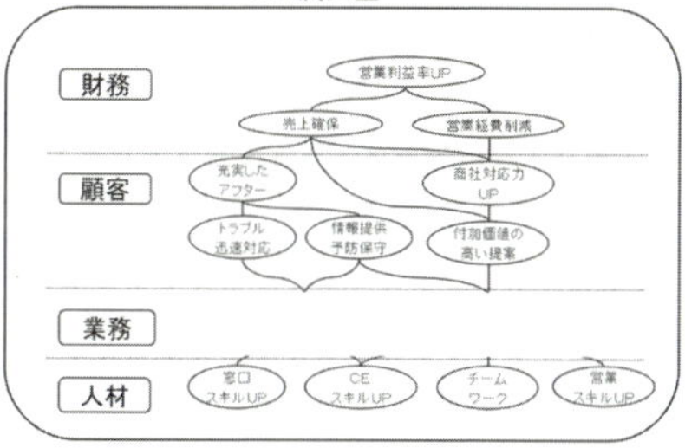

Ⅴ. 笛吹けど踊らず型

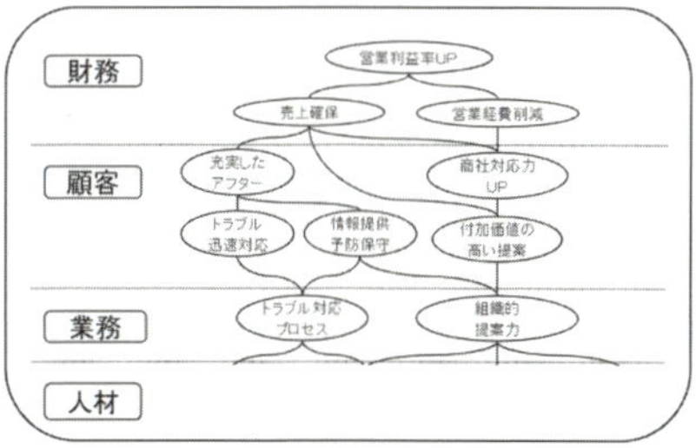

Ⅵ. 離れ小島型

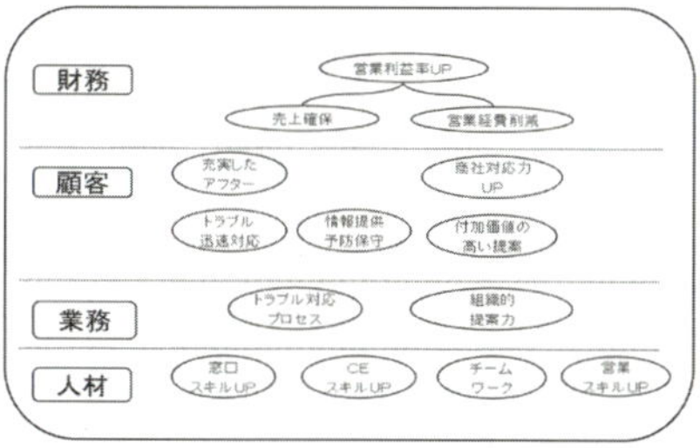

Ⅶ. 戦略目標の記述が抽象的

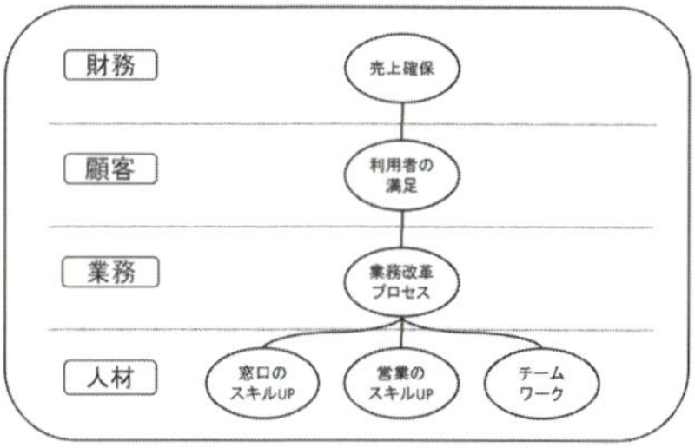

※見るからに不細工なマップは、理にかなっていません。
美しい「可視化マップ」が、描けているかどうか、ワークシート27「可視化マップチェックシート」で確認する必要があります。

※「戦術マップ」は、戦術マップの作成ポイントで説明した手順で作成すれば、自ずとタテの因果関係のあるマップとなります。
特に、「ビジョンマップ」と「戦略マップ」について、よく確認してみましょう。

第8章 Step4〈マネジメントの可視化①〉スコアカードを作成する

◆楽天イーグルスにおけるスコアカードのヨコの因果関係

戦略目標から重要成功要因（CSF：Critical Success Factor）、CSFから評価指標（結果指標と先行指標）を導き出すまでの一連の流れを、プロ野球の楽天イーグルスを例に説明します。

楽天イーグルスの球団経営の「戦術マップ」を勝手に書いてみました（140ページ・図8-01参照）。各視点の戦略目標を、財務の視点：売上アップ、顧客の視点：リーグ優勝、業務プロセスの視点：データ分析プロセス、人材と変革の視点：データ収集力とチームワークとしました。

顧客の視点の戦略目標であるリーグ優勝の成功要因（SF：Success Factor）を検討してみます。SFとは、一言で言うと戦略目標の具体的な実現方法です。たとえば、「田中将大投手の大活躍」、「山崎選手の大活躍」、「外国人選手の補強」、「監督の名采配」など、いくつか成功要因があると思います。

その中で戦略目標を実現する方法として最も重要なものを、重要成功要因（CSF）とします。ここでは、「田中将大投手の大活躍（以下、マー君の大活躍という）」をCSFとしました。さて、あなたは、「マー君が大活躍」して、楽天イーグルスのリーグ優勝がイメージできますか？

ばっちりイメージできればOKですし、イメージできなければ、SFの洗い出しから再度行ってください。

ところで「マー君が大活躍」と言っても、果たしてどの程度の活躍であれば大活躍といえるのでしょうか？ 「活躍」といった曖昧な言葉を評価するのはむずかしいですから、活躍の評価基準を決めましょう。CSF を評価するための指標を結果指標（KGI：Key Goal Indicator）といい、数値化します。

顧客の視点の CSF「マー君が大活躍」の評価指標として、勝ち星、セーブ数、勝率、防御率、投球回数など、いろいろ考えられますが、CSF との因果関係が最も強いものを KGI として選択します。ここでは、マー君の KGI を、「勝ち星」としました。さらに、「勝ち星」がいくつであれば、大活躍と判断するかを決めておきます。

ここでは、「1 シーズンで 16 勝以上すれば大活躍、11 勝から 15 勝であればまあまあの活躍、10 勝以下であれば活躍せず」と数値目標を設定しました。こうして評価指標を数値化することにより、客観的に評価することが可能となります。

顧客の視点の戦略目標は「リーグ優勝」、CSF は「マー君の大活躍」、KGI は「16 勝以上の勝ち星」に決定しました。

しかし、ここで 1 つ問題があります。マー君の勝ち星による評価は、1 シーズン終わらないと確定しないということです。この勝ち星というのは、マー君が大活躍したかどうかを判断する指標として妥当かもしれませんが、最終結果を評価する指標であるがゆえに、終わってみないとわからないという点で問題となります。

経営に置き換えると、およそ 1 年後でないと KGI の判断がつかないということでは、あまりにも遅すぎます。この点を解消するために、1 シーズンの勝ち星を 16 勝以上するためには、具体的にどうすればよいのかを、もう少し掘り下げて考えてみる必要があります。「筋トレ」、「投げ込み」、「イメージトレーニング」、「走り込み」 などなど、勝ち星を上げるために日々取り組むべきことがあるはずです。

その中で、KGI の達成に最も因果関係がありそうな指標を先行指標（KPI：

図8-01 スコアカードを作成する

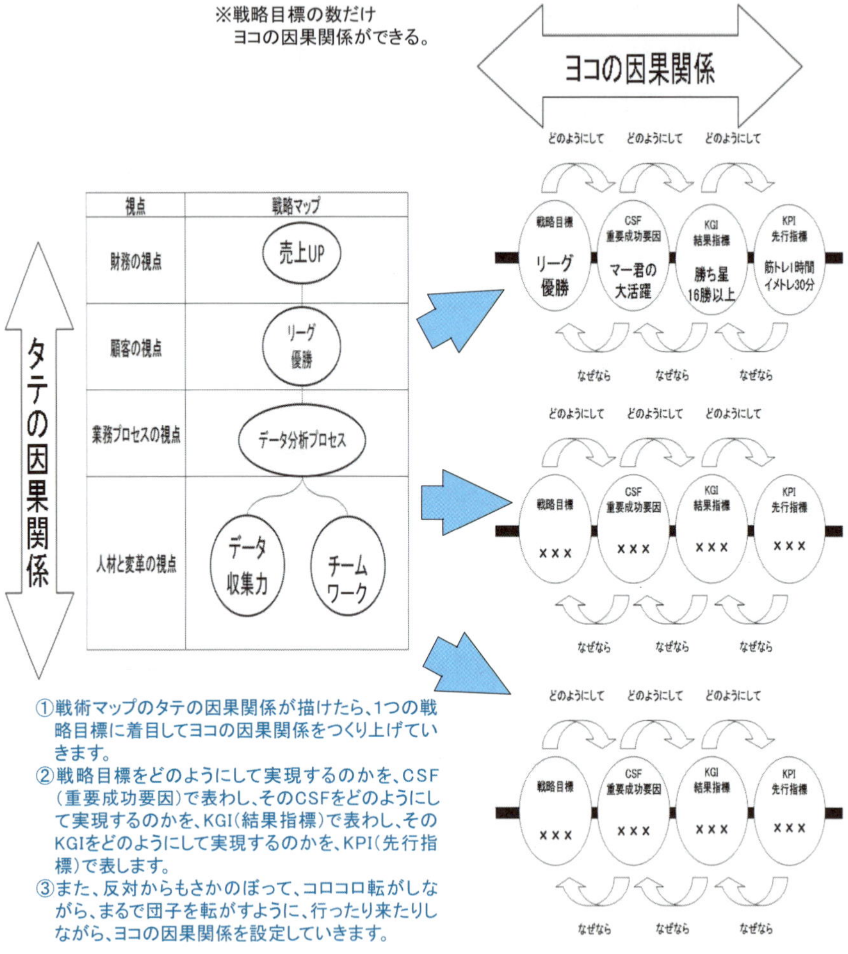
※戦略目標の数だけ
ヨコの因果関係ができる。
ヨコの因果関係
タテの因果関係
視点
戦略マップ
財務の視点
売上UP
顧客の視点
リーグ優勝
業務プロセスの視点
データ分析プロセス
人材と変革の視点
データ収集力
チームワーク
どのようにして
どのようにして
どのようにして
戦略目標
リーグ優勝
CSF
重要成功要因
マー君の大活躍
KGI
結果指標
勝ち星16勝以上
KPI
先行指標
筋トレ1時間
イメトレ30分
なぜなら
なぜなら
なぜなら
どのようにして
どのようにして
どのようにして
戦略目標
×××
CSF
重要成功要因
×××
KGI
結果指標
×××
KPI
先行指標
×××
なぜなら
なぜなら
なぜなら
どのようにして
どのようにして
どのようにして
戦略目標
×××
CSF
重要成功要因
×××
KGI
結果指標
×××
KPI
先行指標
×××
なぜなら
なぜなら
なぜなら

①戦術マップのタテの因果関係が描けたら、1つの戦略目標に着目してヨコの因果関係をつくり上げていきます。
②戦略目標をどのようにして実現するのかを、CSF（重要成功要因）で表わし、そのCSFをどのようにして実現するのかを、KGI（結果指標）で表わし、そのKGIをどのようにして実現するのかを、KPI（先行指標）で表します。
③また、反対からもさかのぼって、コロコロ転がしながら、まるで団子を転がすように、行ったり来たりしながら、ヨコの因果関係を設定していきます。

Key Performance Indicator）として設定します。ここでは、「筋トレ」と「イメージトレーニング」をKPIとして選択しました。さらにKPIの目標値をそれぞれ「毎日筋トレ1時間、イメージトレーニング30分」と数値化しました。

ここまでの関係をまとめると、戦術マップの顧客の視点の戦略目標の「リーグ優勝」のためには、CSFの「マー君の大活躍」、その評価指標としてKGIの「16勝以上の勝ち星」、そのための取り組みとしてKPIの「毎日、筋トレ1時間、イメージトレーニング30分」が必要であるという仮説を立てたことになります。

「可視化マップ」における4つの視点の各戦略目標の関係が、上から下、下から上へとタテの因果関係となっているのに対して、スコアカードの4つの視点の「戦略目標」－「重要成功要因（CSF）」－「結果指標（KGI）」－「先行指標（KPI）」の関係は、左から右、右から左へのヨコの因果関係となります。

なお、KGIに対するKPIの数についてですが、1つのKPIを実行して、KGIが達成できる（できそう）という因果関係が見えればベストです。

しかし、ベストなKPIを実現するための準備や環境構築などに多大な時間や労力、投資が必要となる場合や1つのKPIの実行では、KGIの達成が見えない場合には、16勝以上するために毎日の筋トレとイメージトレーニングとしたように、1つのKGIに対して、2つ以上のKPIを設定する場合もあります。

◆戦略目標の重要成功要因（CSF）を洗い出す

「戦術マップ」のタテの因果関係ができた段階で、しばらくタテの因果関係は忘れてください。これから各視点の戦略目標1つひとつに注目して、ヨコの因果関係を検討していきます。

◇重要成功要因（CSF）の作成手順

別冊『ワークシート集』参照ページ

・**ワークシート28**「CSF（重要成功要因）洗い出しシート」

☞ 32～33ページ

❶イエローカード（小）、水性マーカー、「CSF（重要成功要因）洗い出しシート」（**ワークシート28**）を用意します。「CSF洗い出しシート」は、（チームメンバー数＋1）×戦略目標の数（戦術マップの各視点の要素の数）を用意しておきます。

⇩

❷ 個人ワーク 財務の視点の戦略目標を1つ取り出し、「CSF洗い出しシート」の中央に、「戦略目標：○○○を実現する方法は、」というように書いてください。たとえば、財務の視点の戦略目標が「売上アップ」であれば、「売上アップを実現する方法は、」となります。

こうして書いた戦略目標の実現方法について、イエロカード（小）に書き出し、「CSF洗い出しシート」の（A）から（H）に成功要因（SF：Success Factor）として貼り付けます。

制限時間10分としますが、それよりも早く8つのアイデアが出たのであれば途中で終了しても構いません。

⇩

❸リーダーが指名した人から右回りに（A）のカードから順に発表していきます。

発表者と類似のカードがある人は、そのカードの下にカードを追加します。

（A）から（H）まで発表を繰り返します。

⇩

❹発表が終わったら、洗い出したカード（SF）から戦略目標を実現するために可能性が最も高いと思われるカード（SF）をCSFとして○印を付しておきます。

⇩

❺財務の視点の戦略目標のCSFが決定したら、顧客の視点、業務プロセスの視点、人材と変革の視点と順番に戦略目標のCSFの検討を上記手順の❷から❹に従って実施します。

※図8-02参照

図8-02　戦略目標の重要成功要因（CSF）を洗い出す

CSF：Critical Success Factor　重要成功要因
戦略目標実現のためのベストな方法

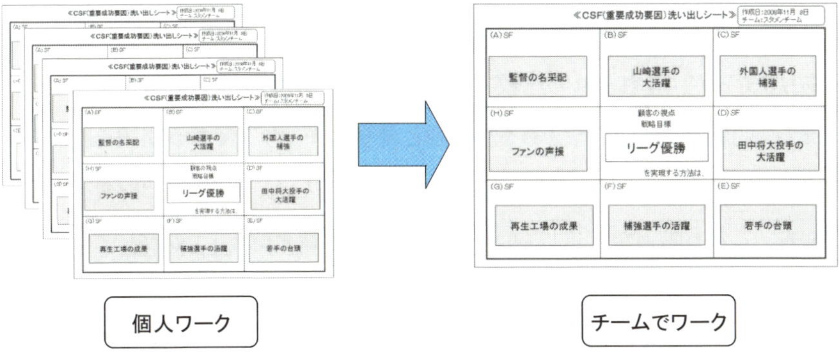

①まず、個人ワークで、各視点の戦略目標に対する実現方法を検討します。
※検討には、ワークシート28「CSF（重要成功要因）洗い出しシート」を活用します。
②基本的には、個人ワークですべての戦略目標に対する成功要因を洗い出します。しかし、時間的制約やチームメンバーが多い場合には、手分けしてCSFを洗い出すなど、工夫してください。

③個人ワークで作成したワークシート28「CSF（重要成功要因）洗い出しシート」を持ち寄り、チームにて戦略目標実現のためのベストな方法を決定します。
※個人ワークを手分けした場合でも、この作業は、チーム全体で実施してください。
④戦略目標実現のためのベストな方法が、1つに決定できれば、一番良いのですが、どうしても複数個ある場合は、止むを得ません。戦略目標1つに対して複数個のCSFのまま、先に進みます。

◆目標や基準があるから意識できる

われわれは、「君は、問題意識が足りないね」、「こんなにトラブルが多いなんて問題だな」、「目標達成できないのは、何が問題なのか」など、「問題」という言葉をよく使います。この「問題」という言葉を定義しておきましょう。

たとえば、あなたの今月の売上目標が1,000万円だったとします。その売上目標に対して、現在の売上実績が800万円だったとしたら、この場合の「問題」とは何ですか？　あなたなら、どう答えますか？

「競合他社の新製品発売が影響した」とか、「A社のクレームに手間取り、予定通りの活動ができなかった」とか、「新規開拓が思うように進まなかった」など、いろいろな答えが返ってきそうです。

可視化経営では、「問題とは、あるべき姿と現状とのギャップ」と定義します。上の質問に置き換えると、あるべき姿である売上目標1,000万円と現状の実績800万円のギャップ、すなわち「200万円の売上目標未達」が問題ということになります。あるべき姿と現状のギャップを比較するのですから、数字である必要はありませんが、それぞれの比較する尺度の単位が同じでなければなりません。

また「問題意識」とは、「あるべき姿と現状のギャップである問題を認識している」ということになりますから、あるべき姿のない人、現状の把握ができていない人、これら両方が欠落している人は、問題意識を持ちようがないということになります。

ちなみに、前述の「競合他社の新製品発売が影響した」や「A社のクレームに手間取り、予定通りにいかなかった」などは、売上目標200万円未達という問題に対する原因となります。スコアカードでは、このあるべき姿を評価指標として扱います。スコアカードの評価指標では、目標値や基準値として定量的な情報を用います（145ページ・図8-03参照）。

この「目標値」とは、目標とする値の最低値であり、前出の売上目標 1,000 万円もその 1 つで、できるだけ上回ることが求められます。一方、「基準値」とは、設定した値と同値、あるいは近似値であればよく、この値を大幅に上回ったり、下回ったりすることをよしとしない値です。

たとえば、A ランク顧客への月訪問回数 5 回を基準値とした場合に、月 1 回しか訪問できないとすれば、顧客満足の低下を招くかもしれませんし、逆に月 10 回も訪問すれば、基準値を大幅に上回って顧客満足は向上するかもしれませんが、非効率となります。

このように、一般的に基準値には下限値と上限値が存在します。可視化経営では、問題意識を持つこと＝目標値や基準値を設けること、そしてその問題認識のためには、目標値や基準値と実績値のギャップの把握を行うことを求めています。評価指標として目標値や基準値を設定し、その値を数値化して客観性を高め、関わる人すべてが問題認識を明確に持つことが可視化経営の基本と

図 8-03　目標や現状があるから問題意識が生まれる

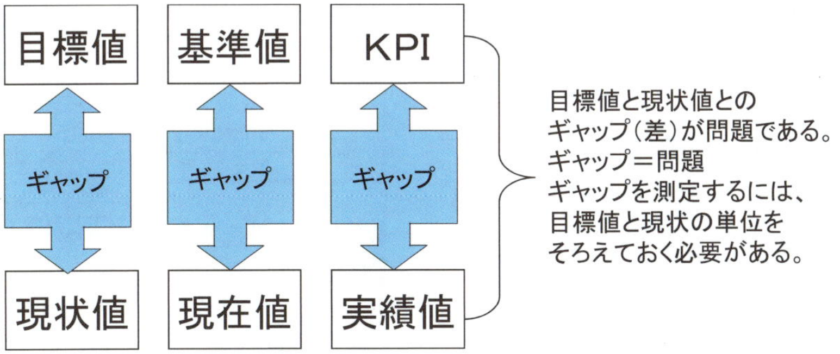
目標値
基準値
KPI
ギャップ
ギャップ
ギャップ
現状値
現在値
実績値
目標値と現状値との
ギャップ（差）が問題である。
ギャップ＝問題
ギャップを測定するには、
目標値と現状の単位を
そろえておく必要がある。

❖問題意識とは、目標値と現状値のギャップを認識すること
❖目標値を持たないと、問題意識が生まれない
❖現状値に満足している人は、問題意識が生まれない
❖もちろん目標値も現状値も認識していない人は、問題意識を持ちようがない

なります（図 8-04 参照）。

◆重要成功要因（CSF）の結果指標（KGI）を作成する

CSF が決定したならば、その CSF をきっちりと実行しているかどうかを評価するための指標を決定します。この評価指標は、CSF が実行できたかどうかという結果を判断するための指標ということから結果指標（KGI：Key Goal Indicator）と呼んでいます。

KGI は、CSF の実行度合いを評価するものですから、あるべき姿としての目標値や基準値が必要となります。

KGI の作成手順は、以下に示すように CSF の作成手順と同様です。

図 8-04　目標値と基準値とは

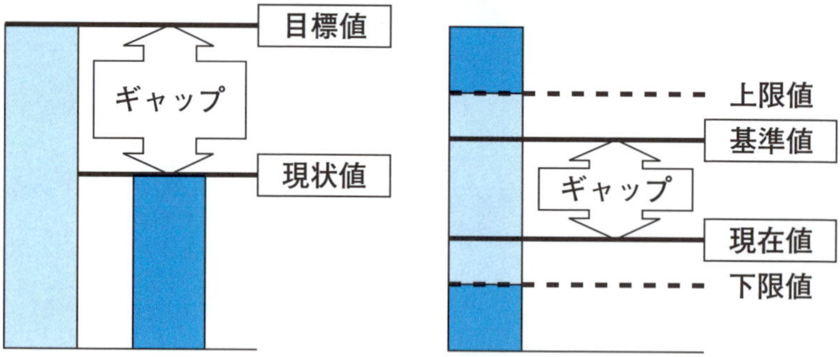

目標値とは、あるべき姿で到達すべき地点、値

基準値とは、この値に近ければ、近いほど良く、何とか超えたいと設定する値
大幅に上回ったり、下回ったりすることを良しとしない値

◇結果指標（KGI）の作成手順

別冊『ワークシート集』参照ページ

・**ワークシート29**「KGI（結果指標）洗い出しシート」☞ 34 〜 35 ページ

❶イエローカード（小）、水性マーカー、「KGI（結果指標）洗い出しシート」（**ワークシート29**）を用意します。「KGI 洗い出しシート」は、（チームメンバー数＋1）× CSF の数を用意しておきます。

⇩

❷ 個人ワーク 財務の視点の CSF を 1 つ取り出し、「KGI 洗い出しシート」の中央に、戦略目標を書き、さらに CSF の実施を確認するための評価指標を検討するのですから、「CSF：○○○を実施した証拠は、」というように書いてください。

たとえば、顧客の視点の CSF が「計画的な顧客訪問」であれば、「計画的な顧客訪問を実施した証拠は、」となります。

⇩

❸「KGI 洗い出しシート」の中央に書いた CSF の実施を確認するための評価指標について、イエロカード（小）に書き出し、「KGI 洗い出しシート」の（A）から（H）に結果指標予備軍（GI：Goal Indicator）として貼り付けます。

制限時間 10 分としますが、それよりも早く 8 つのアイデアが出たのであれば途中で終了しても構いません。

⇩

❹「KGI 洗い出しシート」の中央に戦略目標と CSF を書き、リーダーが指名した人から右回りに（A）のカードから順に発表していきます。

発表者と類似のカードがある人は、そのカードの下にカードを追加します。

(A) から (H) まで発表を繰り返します。

⇩

❺発表が終わったら、洗い出したカード (GI) から CSF の実施を確認するための評価指標として最も妥当だと思われるカード (GI) を KGI として決定し、〇印を付しておきます。

⇩

❻財務の視点の戦略目標の KGI が決定したら、顧客の視点、業務プロセスの視点、人材と変革の視点と順番に CSF の KGI の検討を上記手順の❷から❹に従って実施します。

※ 149 ページ図 8-05 参照。

図 8-05　CSF の KGI（結果指標）を洗い出す手順

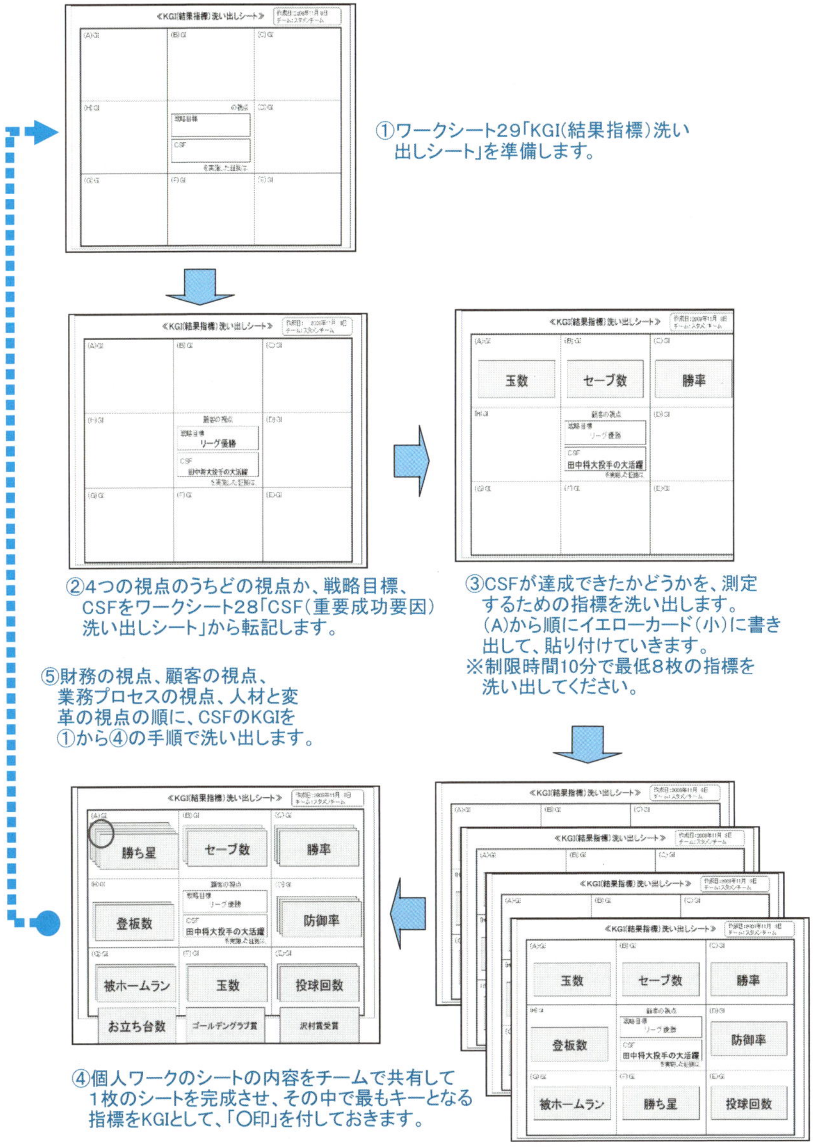

《KGI(結果指標)洗い出しシート》
①ワークシート29「KGI(結果指標)洗い出しシート」を準備します。
顧客の視点
戦略目標
リーグ優勝
CSF
田中将大投手の大活躍
②4つの視点のうちどの視点か、戦略目標、CSFをワークシート28「CSF(重要成功要因)洗い出しシート」から転記します。
玉数
セーブ数
勝率
③CSFが達成できたかどうかを、測定するための指標を洗い出します。(A)から順にイエローカード(小)に書き出して、貼り付けていきます。
※制限時間10分で最低8枚の指標を洗い出してください。
登板数
防御率
被ホームラン
勝ち星
投球回数
④個人ワークのシートの内容をチームで共有して1枚のシートを完成させ、その中で最もキーとなる指標をKGIとして、「○印」を付しておきます。
お立ち台数
ゴールデングラブ賞
沢村賞受賞
⑤財務の視点、顧客の視点、業務プロセスの視点、人材と変革の視点の順に、CSFのKGIを①から④の手順で洗い出します。

◆結果指標（KGI）の先行指標（KPI）を作成する

以上の作業でCSFとKGIが決定しました。KGIは、CSFがきっちり実行できたかを評価する指標です。KGIの目標値や基準値を達成するためには、日ごろの活動が必要となります。ここでは、KGIを達成させるために、最も効果的な日々の取り組みを検討します。この取り組みを先行指標（KPI：Key Performance Indicator）といい、KGIと同様に目標値や基準値を設定し、数値化して測定します。

KPIの作成手順も、CSFやKGIと同様です。

◇先行指標（KPI）の作成手順

別冊『ワークシート集』参照ページ

・**ワークシート30**「KPI（先行指標）洗い出しシート」

☞36～37ページ

❶イエローカード（小）、水性マーカー、「KPI（先行指標）洗い出しシート」（**ワークシート30**）を用意します。「KPI洗い出しシート」は、（チームメンバー数＋1）×KGIの数を用意しておきます。

⇩

❷ 個人ワーク 財務の視点のKGIを1つ取り出し、「KPI洗い出しシート」の中央に、戦略目標とCSFを書き、さらにKGIを達成のための日々の取り組みを検討するのですから、「KGI：○○○を達成するため日々、」というように書いてください。

たとえば、顧客の視点のKGIが「計画訪問率」であれば、「計画訪問率を達成するため日々、」となります。

KPI洗い出しシートの中央に書いたKGIの達成のための日々の取り組

みについて、イエロカード（小）に書き出し、「KPI洗い出しシート」の（A）から（H）に先行指標予備軍（PI：Performance Indicator）として貼り付けます。

制限時間10分としますが、それよりも早く8つのアイデアが出たのであれば途中終了しても構いません。

⇩

❸「KPI洗い出しシート」の中央に戦略目標とCSFとKGIを書き、リーダーが指名した人から右回りに(A）のカードから順に発表していきます。発表者と類似のカードがある人は、そのカードの下にカードを追加します。（A）から（H）まで発表を繰り返します。

⇩

❹発表が終わったら、洗い出したカード（PI）からKGIを達成させるために日々の取り組みとして最も妥当だと思われるカード（PI）をKPIとして決定します。

⇩

❺財務の視点の戦略目標のKPIが決定したら、顧客の視点、業務プロセスの視点、人材と変革の視点と順番にKGIのKPIの検討を上記手順の❷から❹に従って実施します。

※152ページ・図8-06参照

図 8-06 KGI（結果指標）のKPI（先行指標）を洗い出す手順

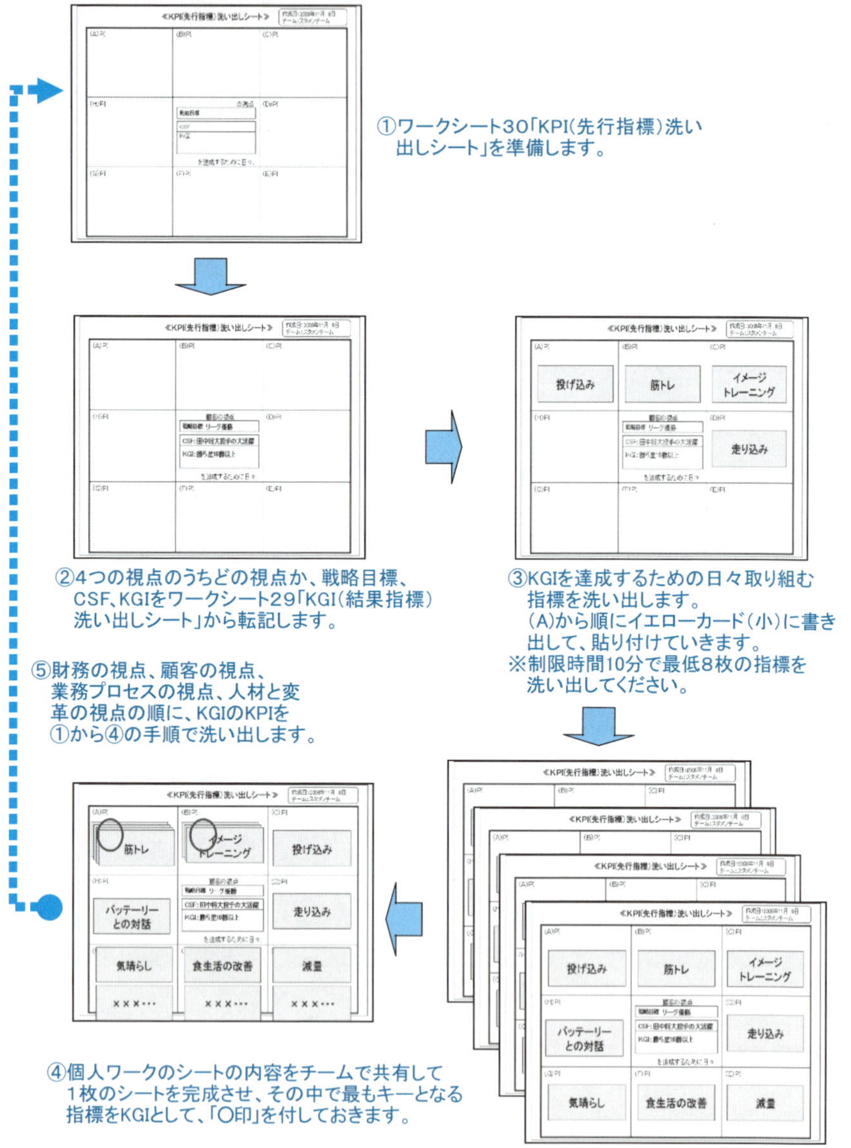
≪KPI(先行指標)洗い出しシート≫
①ワークシート30「KPI(先行指標)洗い出しシート」を準備します。
②4つの視点のうちどの視点か、戦略目標、CSF、KGIをワークシート29「KGI(結果指標)洗い出しシート」から転記します。
投げ込み
筋トレ
イメージトレーニング
走り込み
③KGIを達成するための日々取り組む指標を洗い出します。
(A)から順にイエローカード(小)に書き出して、貼り付けていきます。
※制限時間10分で最低8枚の指標を洗い出してください。
バッテリーとの対話
気晴らし
食生活の改善
減量
×××…
④個人ワークのシートの内容をチームで共有して1枚のシートを完成させ、その中で最もキーとなる指標をKGIとして、「○印」を付しておきます。
⑤財務の視点、顧客の視点、業務プロセスの視点、人材と変革の視点の順に、KGIのKPIを①から④の手順で洗い出します。

◆評価指標の作成は、グ・タ・イ・テ・キ・ニ

CSFの実施状況をモニタリングするための尺度としてKGIを説明しました。またKGIはあくまで日々の活動の積み重ねの結果であり、KGIを達成させるためには、KPIという指標が必要で、このKPIとKGIの因果関係の強さがCSFの成否にかかっていることは、先に説明した通りです。

KGIという結果指標に命をかけても仕方ありません。KGIをもたらすKPIの実施に全精力を傾ける必要があります。「戦術マップ」のヨコの因果関係を表したスコアカードの評価指標であるKPIは、以下のような6項目を意識して設定する必要があります。

❶「グ」:具体的であること

・KPIは、表現が具体的であること。

・抽象的な指標は誤解を生むので、関わる人が理解できる指標を設定すること。

❷「タ」:達成可能であること

・高い目標であればよいというものでなく、実際にKGIの達成につながる目標設定であること。

・その目標達成を通して、自己成長、自己実現につながるものであること。ただし、容易に達成できたり、創意工夫せず達成できるような低レベルな指標設定でないこと。

❸「イ」:意欲が持てること

・自らがわくわくして、意欲が持てる目標でなければ行動に結びつきませんし、自らが参画し立てた目標設定だから意欲が生まれ、行動し続けるのです。やらされ感や義務感で嫌々行わないこと。

❹「テ」：定量的であること

・指標はすべて数値化され、客観的な指標として評価できること。

・「経営を抜本的に改革しよう！」、「現場の改善を徹底しよう！」、「これまでよりも良くしよう！」などの単なるスローガンや掛け声にならないこと。

❺「キ」：期限を決めること

・達成の期限が明確であること。単なる夢であれば、期限を設定する必要はありません。評価指標は、期日を明確に設定することが前提条件となります。

❻「ニ」：日課にすること

・KGI（結果指標）を実現するための KPI（先行指標）として、常日頃から意識しておく必要があります。日課として習慣化するからこそ、身に付き、身に付くからこそ達成可能となります。

これらの頭文字をとって評価指標の検討ルールは、グ・タ・イ・テ・キ・ニであることが重要なのです。なかでも評価指標の目標値や基準値を数値化する点が、「スコアカード」の特徴的なところです。評価指標が数値化できれば、客観的な判断が可能となります。

◇「スコアカード」の作成手順

別冊『ワークシート集』参照ページ

・**ワークシート14**「戦術マップ」☞ 16 ページ

・**ワークシート28**「CSF（重要成功要因）洗い出しシート」☞ 32～33 ページ

・**ワークシート29**「KGI（結果指標）洗い出しシート」☞ 34～35 ページ

・**ワークシート30**「KPI（先行指標）洗い出しシート」
☞36～37ページ

・**ワークシート31**「スコアカード」☞38～39ページ

❶作成した「戦術マップ」（**ワークシート14**）と「CSF（重要成功要因）洗い出しシート」（**ワークシート28**）、「KGI（結果指標）洗い出しシート」（**ワークシート29**）、「KPI（先行指標）洗い出しシート」（**ワークシート30**）、スコアカード（**ワークシート31**）を用意します。

⇩

❷「戦術マップ」（**ワークシート14**）の内容を、スコアカードの戦術マップと戦略目標の欄に転記します。

⇩

❸先に作成した各視点のCSF、KGI、KPIをスコアカードの所定の欄に転記し、スコアカードが完成します。

◆結果指標（KGI）と先行指標（KPI）の例

4つの視点のKGIとKPIとしてよく出てくる指標の一例を掲載しておきます（156ページ・図8-07参照）。もちろん、それぞれの企業によって指標は千差万別です。サンプルで掲示している視点と違う視点の指標として使用する場合もあります。また、たとえば、全社なのか事業部なのか、あるいは部なのか課なのか、置かれた組織のヒエラルキーによってKGIとして使用したりKPIとして使用したりします。

ワークショップで討議しながら評価指標である結果指標（KGI）と先行指標（KPI）を、これまで説明してきた手順で洗い出せれば、問題ありません。あくまでもゼロベース思考、自らの会社のビジョンと戦略に向かって自らが評価指標

図 8-07 KGI、KPI 指標のサンプル

No.	財務の視点	顧客の視点	業務プロセスの視点	人材と変革の視点
1	売上高成長率	マーケットシェア	新製品上市件数	資格取得数
2	経常利益成長率	セグメント別マーケットシェア	新製品売上高比率	試験合格率
3	売上高総利益率	接客時間	製品開発期間	ロープレ実施率
4	売上高経常利益率	新規顧客獲得数	顧客応答時間	社員1人当たりの研修費用
5	売上高販管費率	顧客1人当たり年間売上高	接客スピード	年間研修時間
6	社員一人当たり売上高	顧客満足度	提案回数	平均欠勤率
7	総資本回転期間	クレーム発生件数	不良発生率	社員定着率
8	売掛債権回転期間	リピート購入率	歩留率	従業員満足度
9	棚卸資産回転期間	関連商品・サービス売上高	納期厳守率	特許取得数
10	契約件数	顧客紹介者数	平均リードタイム	読書数
11	フリーキャッシュフロー	電話応対時間	在庫回転率	日報登録率
12	経済付加価値(EVA)	クレーム処理時間	IT能力	競合他社レポート作成
13	固定比率	顧客1人当たりのコスト	IT能力装備率	成功事例作成
14	負債資本比率	マーケッティング費用	IT経費率	失敗事例作成
15	1株当たりの収益(EPS)	平均取引高	生産性向上率	勉強会参加率
16	従業員1人当たりの総資産	顧客来社回数	誤手配率	通信教育受講率
17	自己資本比率	返品高	提案書流用率	クレーム対応数
18	ROA	解約率	ナレッジ蓄積件数	顧客の名前を覚える
19	ROE	保守更新率	ナレッジ利用回数	マニュアル追記件数
20	純利益率	役員面談数	コメント数	IT研修への参加回数
21	流動性比率	引き合い件数	マニュアル改善提案数	学会や協会への参加
22	ROI	トラブル完了日数	業務改善提案数	顧客の名前を覚える
23	1株当たりの自己資本	チャネルからの引き合い数	製品満足度	御礼状枚数
24	1㎡当たりの売上	ヒアリング数	見積提出率	課題図書の感想文提出率
25	棚卸資産回転率	計画訪問達成率	役員面談率	御礼メール遵守率
26	当座比率	ありがとうの回数	受注率	日報コメント数
27	流動比率	当日受注対応件数	案件数	グリーンカードポイント数
28	純売上高	イベント来店客数	アポイント率	イエロカード数
29	営業利益		提案書提出率	サンクスカード枚数
30	従業員1人当たりの経費		受注期間	IT装備率

を考え、行動することに意味がありますので、くれぐれも、ここに列挙した評価指標を見ながら討議を進めることのないようにしてください。

もし評価指標で、どうしても数値化がむずかしいようであれば、図 8-08 のように、KPI の実施において、あらかじめ起こりうる状態や事象、マネジメントレベルを想定して、数量化できるレベルに置き換えて、客観的に判断できるようにしてください。

図 8-08　評価指標は数値化する

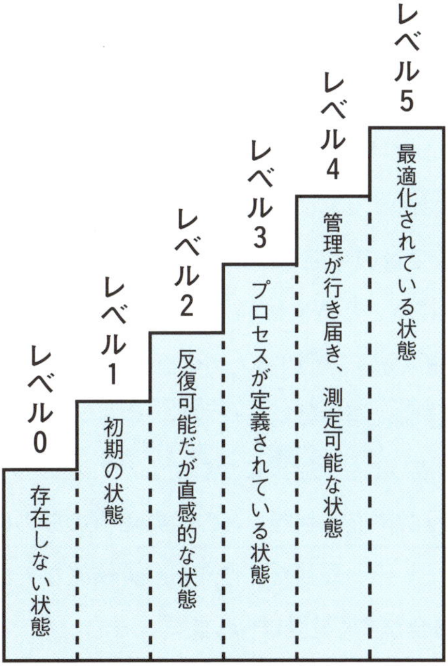
レベル0
存在しない状態
レベル1
初期の状態
レベル2
反復可能だが直感的な状態
レベル3
プロセスが定義されている状態
レベル4
管理が行き届き、測定可能な状態
レベル5
最適化されている状態

数値化するための工夫
あらかじめ、レベルを定義してみよう。

第９章　Step5〈マネジメントの可視化②〉アクションプランを決定する

◆先行指標（KPI）のアクションプランとは

第８章で各視点の戦略目標を実現するために、スコアカードを使って、「日々のKPIを実行すると、結果としてKGIが達成され、そのKGIの達成度は、CSFの実施状況を表し、CSFの実施状況は、戦略目標の達成につながる」というヨコの因果関係を構築しました。そして、そのスコアカードのKPIをどのようにして実現するかをアクションプランとして決定していきます。

アクションプランとは、あくまでも日々の行動目標であるKPIを、どのように実現するかというプランです。いきなり、KGIという結果指標のアクションプランを作成することではありません。

ところで、あなたの会社の今期（あるいは、来期）の戦略や施策は、しっかりとアクションプランに落とし込まれていますか？　これまで説明してきたKGIやKPIのような、実施状況を評価するための評価指標や目標値がありますか？

多くの場合、一生懸命に経営戦略を作成し、さらに時間をかけて具体的なアクションプランまで作成しても、結果につながるアクションプランの実施状況が把握できずに、受注社数や売上目標などの結果指標のみの確認にとどまったり、経営戦略と結果指標というお題目だけ作成し、具体的なアクションプランは現場任せだったりする場合が多く見受けられます。

これまで通り、過去の成功体験や慣例にもとづいて戦略を立てて行動するのであれば、手間をかけて「戦術マップ」やスコアカードを書いたり、アクションプランを見直したりする必要はありません。

市場環境の変化が激しくなり、これまでの成功体験や経験、カンが通用せず、戦略目標や重要成功要因は、「たぶん、こうではないか」といった仮説にならざるを得ないのが実状です。これまでの延長線上にない戦略の実行に対して、新たにアクションプランを作成し、そのプランが正しかったかどうかを評価しながら、走りながら、試行錯誤しながら戦略を実行していく、仮説→検証の経営スタイルが求められているのです。

その仮説を検証するための尺度がKGI、そのKGIを実現するための尺度がKPIなのです。仮説→検証のためのKPIですから、ゆっくりと仮説のためのアクションプランを実施しているわけにはいきません。もしKPIがKGIに影響を与えない（効果が出ない）ようであれば、朝令暮改、スピード重視、ただちにKPIの再検討を行う必要があります（図9-01参照）。

さらにスピード重視は、仮説→検証の意思決定だけではありません。アクショ

図9-01　戦略作成～アクションプランまでの一気通貫

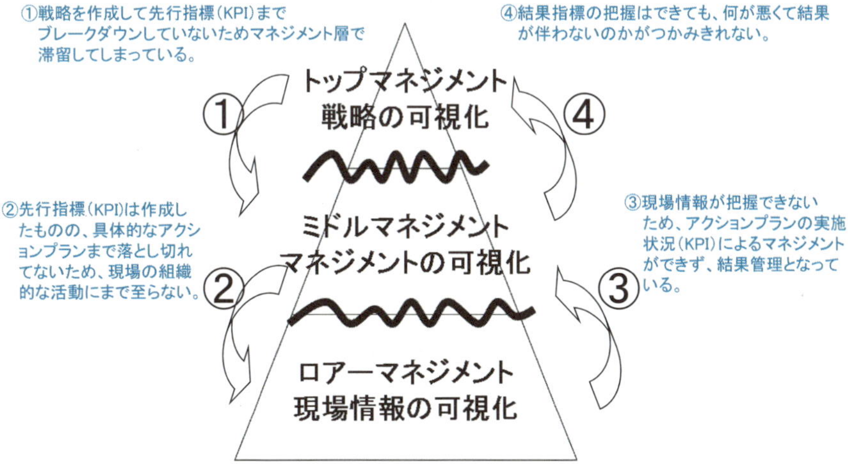
①戦略を作成して先行指標（KPI）まで
ブレークダウンしていないためマネジメント層で
滞留してしまっている。
④結果指標の把握はできても、何が悪くて結果
が伴わないのかがつかみきれない。
トップマネジメント
戦略の可視化
①
④
②先行指標（KPI）は作成し
たものの、具体的なアクシ
ョンプランまで落とし切れ
てないため、現場の組織
的な活動にまで至らない。
③現場情報が把握できない
ため、アクションプランの実施
状況（KPI）によるマネジメント
ができず、結果管理となって
いる。
ミドルマネジメント
マネジメントの可視化
②
③
ロアーマネジメント
現場情報の可視化

ンプランの準備から実施までの期間もスピード重視です。アクションプランの内容にもよりますが、通常は3ヵ月から6ヵ月以内で完結できること、それ以上時間がかかるのであれば、アクションプランを2つのフェーズに分解し、それぞれのKPIを検討する必要があります。

◆経営者の思いは、なかなか伝わらない

「戦術マップ」は、今年の戦略を具体化し“見える化”したものです。さらに、その「戦術マップ」の1つひとつの戦略目標をアクションプランにまで展開し、1枚のスコアカードとして“見える化”する作業を説明してきました。“見える化”を行う理由は、市場環境の変化に素早く対応する仮説→検証のしくみが必要ということもさることながら、そもそも戦略は現場になかなか伝わらないという現実があるからです。

あなたが経営者だとして、ご自身の会社のビジョンや戦略を社員に伝える際に、どのくらい正確に伝えられるでしょうか？　どんなに多く見積っても、考えていることの80%ぐらいしか伝わらないでしょう。

一方、社員はあなたの説明の内容を、どの程度理解できているのでしょうか？

残念ながら50%程度しか理解できていないという調査報告があります。さらに社員がこれらのビジョンや戦略を理解して、具体的な行動を起こすとなるとどうでしょうか？　追跡調査によると、経営者の話を理解し行動を起こしたのは、わずか15%に過ぎなかったそうです。

経営者の頭の中のあるべき姿を100%とすると、100%×80%×50%×15%＝6%で、経営者のビジョンや戦略が現場の社員の行動として表れるのは、わずか6%ということになります。

つまり、経営者が現場の社員100人に自分の思いを伝えても、行動に移せる

のはたった6人で、残りの94人は残念ながら経営者の思いを行動に移していないことになります。こうなると、日々社員の活動を見ている経営者としては、とてもビジョンや戦略を理解して行動しているようには見えません。

ですから経営者は、社員の顔を見るたびに、「本質がわかっていない。何度言えば、わかってもらえるのか」とか、「現場に思いを伝えても、一向に動いてくれない」と嘆き、何度も何度も同じことを言いたくなってしまうのです。

◆コミュニケーションの量と質を見直す

そこで、わずか6%しか伝わらない現状から脱出するために、社員のコミュニケーションの“量と質”を見直さなければならなくなってきます。

コミュニケーションの“量”を上げるためには、まず文字通りコミュニケーション回数を増す必要があります。一説では、1つのことを社員に伝え、理解させ、納得させ、行動を起こさせるためのコミュニケーション量は、社員数の平方根回数だけ必要だと言われています。たとえば、社員数100人の会社であれば$\sqrt{100} = 10$回、400人の会社であれば$\sqrt{400} = 20$回のコミュニケーション量が必要であるということになります。あなたの会社は、どうですか？

コミュニケーションの“量”を上げる努力を続けているので有名なのが、セブン-イレブンのFC会議です。隔週で現場の店舗で経営の指導にあたる1,200人のオペレーション・フィールド・カウンセラーが全国各地から東京本部に集まり、鈴木敏文会長の考えや経営手法、本部からの商品情報やキャンペーン情報、成功事例などを学ぶのです。交通費に年間30億円をかけても、ダイレクト・コミュニケーションを徹底し、ビジョンや価値観の統一や情報の共有を行うことが大切であることを、20年以上も実施しているところに、この会社の強さの一端をうかがうことができます。

一方、コミュニケーションの“質”を上げるために、経営者と現場がコミュニケーションを行うための共通言語が必要で、その共通言語を用いて現場が経営者と同じ目線で経営の景色や実態を眺めてみる必要があります。経営者と現場のコミュニケーションの質を向上させるための経営の共通言語が、可視化経営のフレームワークなのです。

◆「アクションプラン検討シート」の作成

「アクションプラン検討シート」（**ワークシート 32**）のチェックポイントは、5W2H＋Rの8項目です。アクションプランの実施背景を知り（① Why）、どのKPI（② What）を、どのような手順で（③ How）実施し、進捗チェックの責任者（④ Who）は、いつまでに（⑤ When）このアクションプランを準備し実行するのか、実施する部署や対象者、環境・設備（⑥ Where）などを決定する必要があります。

さらに、このアクションプランを実行するために必要なコスト（⑦ How much）と、あらかじめ想定されるリスク（⑧ Risk）や阻害要因なども洗い出しておく必要があります。アクションプランを作成してみると、人が足りない、場所・環境・設備がない、実施のためのコストがかかり過ぎるなどの経営資源の不足が明確になってきます。

このアクションプラン作成フェーズは、自社の限りある経営資源を、どこに集中投下していくかを具体的に検討することです。もし社内に必要なヒトがいなければ、カネという経営資源を払って外部からヒトを調達するか、代替できるモノ（設備）を購入し調整しなければなりません。そういう意味でアクションプランの検討は、自社の台所事情に合わせた経営資源のトレードオフを行うフェーズであり、前フェーズで作成したKPIの実現可能性の最終判断の場となります。

◇「アクションプラン検討シート」の作成手順

別冊『ワークシート集』参照ページ

・**ワークシート 31**「スコアカード」☞ 38 ～ 39 ページ

・**ワークシート 32**「アクションプラン検討シート」☞ 40 ページ

❶「アクションプラン検討シート」(**ワークシート 32**)を KPI の数の枚数、作成した「スコアカード」(**ワークシート 31**)を用意します。

⇩

❷ 1 つの KPI に対して 1 枚の「アクションプラン検討シート」を作成します。どの視点の KPI を検討するのか、視点を記入します。続いて、戦略目標、CSF、KGI とその目標値・基準値、KPI とその目標値・基準値を「スコアカード」から転記します。

⇩

❸ KPI を実施するための具体的なアクションプランの概要を記入します。「対象者」の欄は、この KPI を実施する予定の部署、役職、対象者を記入します。

⇩

❹ KPI を実施するための準備作業を洗い出します。
アクションプランのスケジューリングを行います。
着手開始日～終了予定日を決めます。

⇩

❺ ❷から❹までの内容を、アクション・アイテムの (A) ～ (J) に記入します。フェーズ欄には、アクションプラン実施までの準備フェーズの場合は、計画の P (Plan)、実施フェーズの場合は、実施の D (Do)、実施状況の確認フェーズの場合には、評価の C (Check)、アクションプラン自体

の見直し・改善フェーズの場合は、改善のA(Action)を記入します。

⇩

❻以下の欄を記入します。

・図・添付資料……アクション・アイテムを補足するための図表や添付資料があれば、その別紙№とタイトルを記入します。

・予想されるリスクと対策……アクション・アイテムを実施する際に想定されるリスク、懸念事項などを洗い出し、さらにそれらの対策があれば記入します。

・フェーズ責任者、参加者……先に記入したアクション・アイテム(A)から(J)のフェーズ欄のP(計画)、D(実施)、C(評価)、A(改善)の各フェーズの責任者と参加者を決定し記入します。この部分が明確にならないとアクションプランが、絵に描いた餅になってしまいます。

・経営資源……アクションプランを実施するにあたり、必要となる経営資源を列記します。特に、推進に必要な4つのwareである人材(Human-ware)、設備(Hard-ware)、ITソフト(Soft-ware)、しくみ(System-ware)などの新たな投資が発生するものは、記入します。

・費用……上記経営資源の中の費用発生部分の概算価格を記入します。

ここまでが、アクションプラン検討シートの検討部分の作成となります。

⇩

❼ ❷から❻の要領で、「スコアカード」のKPIのすべての「アクションプラン検討シート」を作成します。

※165ページ・図9-02参照。

図 9-02 「アクションプラン検討シート」の作成手順

対象部署:　全社

楽天イーグルスのスコアカード

			CSF	KGI		KPI	
視点	戦略マップ	戦略目標	重要成功要因	結果指標	目標値・基準値	先行指標	目標値・基準値
財務の視点	売上UP	売上UP	既存顧客のリピート	ホームゲームの売上	昨年対比20%増		
顧客の視点	リーグ優勝	リーグ優勝	マー君の大活躍	勝ち星	16勝	筋トレ	毎日1時間
						イメージトレーニング	毎日30分間
業務プロセスの視点	データ分析プロセス	データ分析プロセス	×××	×××	×××	×××	×××
人材と変革の視点	データ収集力 / チームワーク	データ収集力	×××	×××	×××	×××	×××
		チームワーク	×××	×××	×××	×××	×××

ワークシート31「スコアカード」を参考にして、ワークシート32「アクションプラン検討シート」にスコアカード情報を転記します。

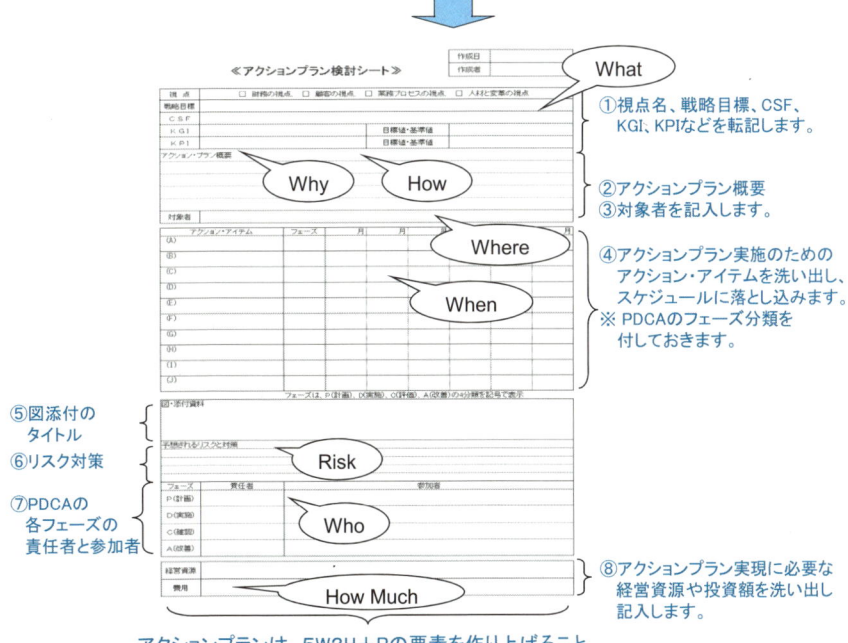

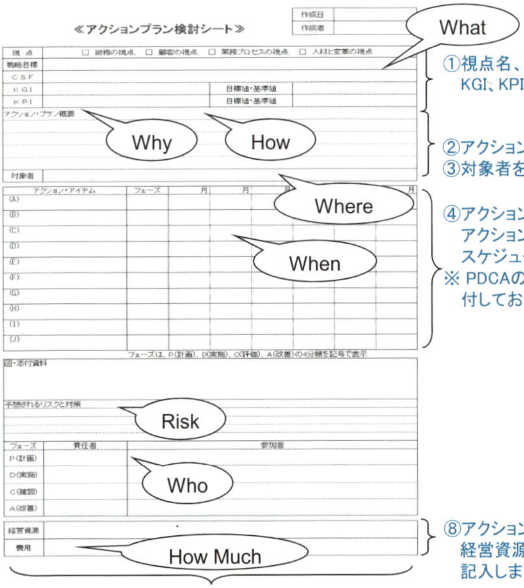
≪アクションプラン検討シート≫
作成日
作成者
視点　□ 財務の視点　□ 顧客の視点　□ 業務プロセスの視点　□ 人材と変革の視点
戦略目標
CSF
KGI
KPI
目標値・基準値
目標値・基準値
アクション・プラン概要
対象者
アクション・アイテム
フェーズ
月
(A)
(B)
(C)
(D)
(E)
(F)
(G)
(H)
(I)
(J)
フェーズは、P(計画)、D(実施)、C(評価)、A(改善)の4分類を記号で表示
図・添付資料
予想されるリスクと対策
フェーズ
責任者
参加者
P(計画)
D(実施)
C(確認)
A(改善)
経営資源
費用
What
Why
How
Where
When
Risk
Who
How Much

①視点名、戦略目標、CSF、KGI、KPIなどを転記します。

②アクションプラン概要
③対象者を記入します。

④アクションプラン実施のためのアクション・アイテムを洗い出し、スケジュールに落とし込みます。
※ PDCAのフェーズ分類を付しておきます。

⑤図添付のタイトル

⑥リスク対策

⑦PDCAの各フェーズの責任者と参加者

⑧アクションプラン実現に必要な経営資源や投資額を洗い出し記入します。

アクションプランは、5W2H＋Rの要素を作り上げること
※KPIの数だけ「アクションプラン検討シート」を作成します。

第10章 Step6〈現場情報の可視化①〉モニタリングシステムをつくる

◆結果指標（KGI）と先行指標（KPI）のモニタリング先の設計

ワークショップスタイルで Step1 から Step5 までの作業を行い、ビジョンと戦略を実現するための「可視化マップ」と「スコアカード」が、ようやく完成しました。

このステップでは、作成した「スコアカード」の内容を現場で実施して、その実施状況を“見える化”するためのしくみを構築していきます。KGI や KPI を逐次把握することを「モニタリング」といい、モニタリングするための運用ルールやしくみを含めて「モニタリングシステム」といいます。

まず、モニタリングする KGI と KPI を、どこから収集してくるのかを調査し、どうやって収集するのかを設計しなければなりません。

◇モニタリング収集先の設計手順

別冊『ワークシート集』参照ページ

・**ワークシート 31**「スコアカード」☞ 38 ～ 39 ページ

・**ワークシート 33**「モニタリング情報設計シート」☞ 42 ～ 43 ページ

❶「モニタリング情報設計シート」（**ワークシート 33**）を用意し、「スコアカード」（**ワークシート 31**）の各視点の KPI、目標値・基準値、単位の各項目と KGI、目標値・基準値、単位の各項目を転記します。

⇩

❷既存の基幹系システムや情報系システムにKPI、KGIと同一のデータあるいはそのベースとなる明細データが蓄積されていないか調査します。システム名を所定の欄に記入し、既存をチェックします。

また、既存の基幹系システムや情報系システムにKPI、KGIのデータ項目として新たに追加できないか調査します。追加可能なシステム名を所定の欄に記入し、追加をチェックします。

⇩

❸その他、ヒアリングや手作業などデータの入手経路を検討し、所定の欄に記入します。

⇩

❹最後に各現場情報の収集周期（日次、週次、月次など）と収集タイミング（収集時間）、収集方式（手作業、CSV連携、自動更新など）を決定します。

⇩

❺各KPI、KGIの実績値を収集するための適任者を、情報収集担当者として決定し記入します。

⇩

❻すべてのKPI、KGIの実績値の収集先を調査して完成となります。

※168ページ・図10-01参照

KPIやKGI自体が戦略によって変化するので、これらの指標をモニタリングするためだけに新たなシステム投資が発生しないように注意しなければなりません。ケースバイケースですが、KGIなどの月1回程度の収集であれば、手作業

図 10-01 「モニタリング情報設計シート」の作成手順

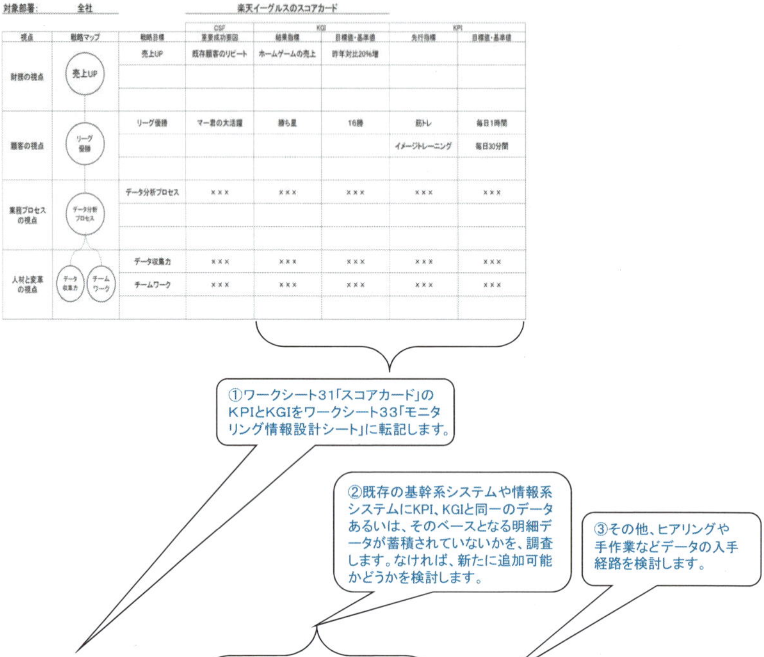
対象部署: 全社
楽天イーグルスのスコアカード
CSF
KGI
KPI
視点
戦略マップ
戦略目標
重要成功要因
結果指標
目標値・基準値
先行指標
目標値・基準値
財務の視点
売上UP
売上UP
既存顧客のリピート
ホームゲームの売上
昨年対比20%増
顧客の視点
リーグ優勝
リーグ優勝
マー君の大活躍
勝ち星
16勝
筋トレ
毎日1時間
イメージトレーニング
毎日30分間
業務プロセスの視点
データ分析プロセス
データ分析プロセス
×××
人材と変革の視点
データ収集力
チームワーク
データ収集力
チームワーク
×××
①ワークシート31「スコアカード」のKPIとKGIをワークシート33「モニタリング情報設計シート」に転記します。
②既存の基幹系システムや情報系システムにKPI、KGIと同一のデータあるいは、そのベースとなる明細データが蓄積されていないかを、調査します。なければ、新たに追加可能かどうかを検討します。
③その他、ヒアリングや手作業などデータの入手経路を検討します。

ワークシート33

《モニタリング情報設計シート》

視点	KPI			情報収集担当者	既存と追加の区別	基幹系システム	情報系システム(IT日報など)	その他・手作業など	情報収集周期・タイミング	情報収集方式
	先行指標	目標値・基準値	単位						月次・週次・日次(時間)	手作業・CSV連携・自動更新
財務					既存 ・ 追加					
顧客					既存 ・ 追加					
業務プロセス					既存 ・ 追加					
人材と変革					既存 ・ 追加					

視点	KGI			情報収集担当者	既存と追加の区別	基幹系システム	情報系システム(IT日報など)	その他・手作業など	情報収集周期・タイミング	情報収集方式
	結果指標	目標値・基準値	単位						月次・週次・日次(時間)	手作業・CSV連携・自動更新
財務					既存 ・ 追加					
顧客					既存 ・ 追加					
業務プロセス					既存 ・ 追加					
人材と変革					既存 ・ 追加					

⑤情報収集の担当者の設定

④情報の収集タイミングとその収集方法を調査します。

で対応することも検討すべきです。しかし、財務の視点などの売上金額や利益額など、戦略にかかわらず固定的に必要な指標を毎回手作業で収集することは非効率ですから、基幹業務の見直しの際にシステム化することも併せて検討してください。

◆「スコアカード・モニタリングシート」の作成

ここでは、「モニタリング情報設計シート」を基に、「スコアカード・モニタリングシート」を作成します。これは、「スコアカード」にある KGI と KPI をモニタリングした数値データを実際に記録する記入シートです。

◇「スコアカード・モニタリングシート」の作成手順

別冊『ワークシート集』参照ページ

・**ワークシート 32**「アクションプラン検討シート」☞ 40 ページ

・**ワークシート 33**「モニタリング情報設計シート」☞ 42 ～ 43 ページ

・**ワークシート 34**「スコアカード・モニタリングシート」
☞ 44 ～ 45 ページ

❶作成した「アクションプラン検討シート」（**ワークシート 32**）と「スコアカード・モニタリングシート」（**ワークシート 34**）を用意します。

⇩

❷上段に KPI、目標値・基準値、単位、情報収集担当者、下段に KGI、目標値、情報収集担当者を「アクションプラン検討シート」からの内容を転記します。これで、「スコアカード・モニタリングシート」の事前準備完了です。

⇩

❸「モニタリング情報設計シート」（**ワークシート 33**）で設計した情報収

集先から、KPIおよびKGIを設定した周期で現場から情報を収集し記入します。

⇩

❹KPIの実績値の記入は、実績値の所定の日付（週、旬、月など）欄に記入します。

目標値や基準値と実績値を比較し、達成率の欄にパーセント表示します。達成率によってセル自体の色を変更するように（EXCELの条件付き書式の設定機能）設定しておくことで、達成度合いがセルの色でパッと一目でわかるようにしておいてください。たとえば、目標値と実績値の関係の場合、達成率＜80%の場合は、達成率のセルの色を赤色。80%≦達成率＜100%の場合は、達成率のセルの色を黄色。100%≦達成率の場合は、達成率のセルの色を青色などと設定するのです。

⇩

❺KGIの実績値記入にあたっては、実績値の所定の日付（月、四半期、半期など）欄に記入します。

目標値や基準値と実績値を比較し、達成率の欄にパーセント表示します。KPIと同様に達成率によってセル自体の色を変更するように設定しておきます。

⇩

❻上段のKPIは、あらかじめ決められた毎日、週、旬、月などのモニタリングの周期に従い、そして下段のKGIも、あらかじめ決められた月、四半期、半期、年などのモニタリング周期に従って記入していきます。

※171ページ・図10-02参照

まずは、このような手順で「スコアカード・モニタリングシート」をEXCELで作成してモニタリングしてみましょう。

◆モニタリングのチェックポイント

このように作成したスコアカード（**ワークシート31**）のKPIは、CSFの実現、ひいては戦略目標の実現のために仮説した指標ですから、しっかり検証していく必要があります。検証のチェックポイントは、以下の3点です。

Ⅰ．KPIで目標値や基準値を達成していない項目がないか？

Ⅱ．KPIの達成がKGIの達成に結びついてない項目がないか？

Ⅲ．KPIが達成しなくてもKGIの達成が見られ、KPIとKGIの因果関係が見

図10-02 「スコアカード・モニタリングシート」の記入イメージ

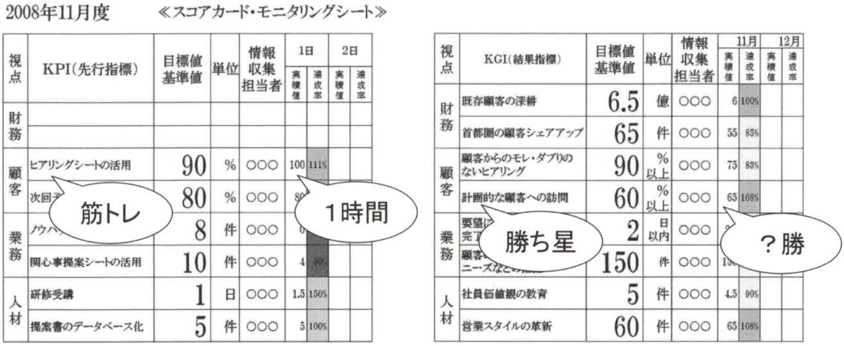
2008年11月度　≪スコアカード・モニタリングシート≫

視点	KPI(先行指標)	目標値基準値	単位	情報収集担当者	1日 実績値	1日 達成率	2日 実績値	2日 達成率
財務								
顧客	ヒアリングシートの活用	90	%	○○○	100	111%		
	[illegible]	80	%	○○○	[illegible]	[illegible]	[illegible]	[illegible]
業務	[illegible]	8	件	○○○	[illegible]	[illegible]	[illegible]	[illegible]
	関心事提案シートの活用	10	件	○○○	4	50%		
人材	研修受講	1	日	○○○	1.5	150%		
	提案書のデータベース化	5	件	○○○	5	100%		

視点	KGI(結果指標)	目標値基準値	単位	情報収集担当者	11月 実績値	11月 達成率	12月 実績値	12月 達成率
財務	既存顧客の深耕	6.5	億	○○○	6	100%		
	首都圏の顧客シェアアップ	65	件	○○○	55	85%		
顧客	顧客からのモレ・ダブりのないヒアリング	90	%以上	○○○	75	83%		
	計画的な顧客への訪問	60	%以上	○○○	65	108%		
業務	[illegible]	2	日以内	○○○	[illegible]	[illegible]	[illegible]	[illegible]
	[illegible]	150	件	○○○	[illegible]	[illegible]	[illegible]	[illegible]
人材	社員価値観の教育	5	件	○○○	4.5	90%		
	営業スタイルの革新	60	件	○○○	65	108%		

出せない項目はないか。

検証をよりわかりやすくするために、「スコアカード・モニタリングシート」（**ワークシート 34**）を作成して、毎日、毎週、毎月と、KPI のモニタリング頻度に従ってチェックします。さらに、これら KPI の積み重ねの結果として、四半期や、半期ごとの KGI に結びついたかどうかを検証します。スコアカード作成時点では、KPI を達成し続ければ、結果として KGI も達成できると仮説したわけですが、蓋を開けてみると KPI を達成しても、KGI を達成しないことが発生してきます。

また、決めた KPI すら満足に達成できない場合もあります。このようなモニタリングにおける目標値や基準値と実績値とのギャップ＝問題については、以下の 3 つの点から原因を洗い出してみます。

①仮説である KPI を実施するためのアクションプランに、無理がなかったか？

②仮説である KPI 自体の数値設定が、妥当であったか？

③ KPI 自体が、KGI を達成する指標として適切であったか？

もし、対策を講ずるのであれば、①アクションプランの見直し⇒② KPI の数値の再設定⇒③ KPI の見直し、という手順になります。ここが、KPI と KGI の仮説→実施→検証の繰り返しとなります。

アクションプランを実施している現場では、KPI を達成できない、KPI を達成しても KGI を達成できないという状況が続くと、苦し紛れに KGI を達成しやすい指標に変えてしまうことがあります。

しかし、KGI のハードルを下げたとしても、KGI と因果関係にある CSF が達成されず、CSF が達成されなければ、結果的に戦略目標が達成しないのですから、KGI の本来の位置づけを見失わないようにしなければなりません。

このように、「戦術マップ」の実施期間（四半期や半期）の途中で KGI の達成のために KPI の見直しを行うことはありますが、一般的に KGI の変更は行いません。

もし、KGI を変更するのであれば、KGI の数値だけを小手先で調整しようとせずに「戦術マップ」の戦略目標や CSF の見直しまでさかのぼって検討する必要があります。

可視化経営を実践するには、「戦術マップ」のシナリオがスコアカードで仮説した目標値や基準値どおりに実施できたかどうか、仮説→実施→検証をスピーディに回していくことが問われることになります（図 10-03 参照）。

図 10-03　スコアカードの KPI 見直し手順

Ⅰ．KPIで目標値や基準値を達成していない項目がないか？
Ⅱ．KPIの達成がKGIの達成に結びついてない項目がないか？
Ⅲ．KPIが達成しなくてもKGIの達成が見られ、KPIとKGIの因果関係が見出せない項目はないか？

Ⅰ．Ⅱ．Ⅲのモニタリング		①、②、③の評価・検討		
KPI（先行指標）	KGI（結果指標）	見直し順序1番	見直し順序2番	見直し順序3番
達成しない（×）	達成しない（×）	アクションプランの見直し	KPI増減と、それにともなうアクションプランの見直し	KPI自体の変更と、それにともなうアクションプランの見直し
達成しない（×）	達成（○）	アクションプランの見直し	KPI増減と、それにともなうアクションプランの見直し	KPI自体の変更と、それにともなうアクションプランの見直し
達成（○）	達成しない（×）	KPI増減と、それにともなうアクションプランの見直し	KPI自体の変更と、それにともなうアクションプランの見直し	
達成（○）	達成（○）	定期的にモニタリングしてKPIの実施がKGI達成に結びつくか確認する		

① 仮説であるKPIを実施するためのアクションプランに、無理がなかったか？
② 仮説であるKPI自体の数値設定が、妥当であったか？
③ KPI自体が、KGIを達成する指標として適切であったか？

※毎日のKPIの達成が、KGIの達成に結びつくかどうかを、モニタリングする必要があります。
KPIとKGIがともに達成しても、常にKGIが達成する保証はありません。市場環境の変化によりKPIの実施が阻まれたり、KGIの達成度合いが低下する場合があります。
定期的にモニタリングする必要があります。

◆現場情報収集システムを構築する

モニタリング情報の収集先は、評価指標の内容によって変わりますので一概にいえません。しかし、これまでの筆者の経験から、KGIは、財務会計、生産、販売、仕入、在庫、人事・給与やこれらを統合したERPシステムの実績明細データとそのサマリーデータを使用することで、おおよそ対応することができます。また、KPIの場合は、ERPシステムと日報、週報、月報や会議資料などの見込み情報から情報収集することが多くなります（176～177ページ・図10-04参照）。

「可視化マップ」の4つの視点ごとに見ると、以下のようになります。

❶ 財務の視点

財務の視点で設定したKPIに対する実績値は、ERPシステムである基幹系システムから収集する場合が圧倒的です。これら基幹系システムに蓄積された情報は、これまでの現場活動の結果や現状を表した数値情報が大半ですから、比較的容易に収集できます。

基幹系システムの請求書の締処理、月次決算処理、実地棚卸による調整処理、勤怠入力などの定常業務の処理後に確定した数値情報を評価指標に反映させる必要があります。ですから財務の視点でのモニタリングの際には、情報の収集先を選定することよりもモニタリング情報を収集するタイミングがポイントになります。

❷ 顧客の視点

顧客の視点の評価指標の代表的なものとして、契約解約率、顧客1人当たりの買上金額、顧客再購入率、納期遵守率、新規獲得顧客数、返品率、在庫切れ率などがあります。これらの実績値は、基幹系システムから情報収集することが可能です。

しかし、紹介件数、来店回数、トップ訪問回数、クレーム件数、クレーム対応日数、情報提供件数、提案書提出件数、顧客ランク別月計画訪問回数、新規商品開発件数などの実績値は、基幹系システムから情報収集することがむずかしいため、店舗日報、営業日報、開発者やスタッフ、メンテナンス部門などの業務日報などから情報収集する必要があります。

逆に、基幹系システムから情報収集できそうもない KPI を設定した場合には、あらかじめこれらの評価指標を日報の入力項目として、盛り込んでおく必要があります。

また、顧客満足点数、ヘルプデスクに対する顧客満足度、他部門からの満足度、覆面調査による評価などの情報収集は、顧客に直接面談したり、郵送・電話・WEB・メール・FAX などを利用して情報収集する必要があります。

さらに、業種によっては電話対応スピード、電話待ち時間などを基幹系システムである CTI を使って情報収集したり、ホームページアクセス数、ホームページ新規アクセス数、ホームページ再訪率などは、WEB アクセス診断ツールを使ったりして情報収集することもあります。

❸ 業務プロセスの視点

業務プロセスの視点の評価指標は、一般的に財務の視点の戦略目標である、売上拡大とコスト削減のいずれかに連動します。

1つめの売上拡大パターンは、顧客の視点を経由して業務プロセスの視点で、たとえば提案書流用率、問合せ対応日数、事業化率、新製品開発件数、ストアカバレッジ、デモ回数、役員面談数、顧客対応時間、リードタイムなどの業務プロセス改革（BPR：Business Process Reengineering）を行う指標に連携します。

2つめのコスト削減パターンは、顧客の視点を経由せずに財務の視点から直

図10-04　可視化経営の全体イメージ

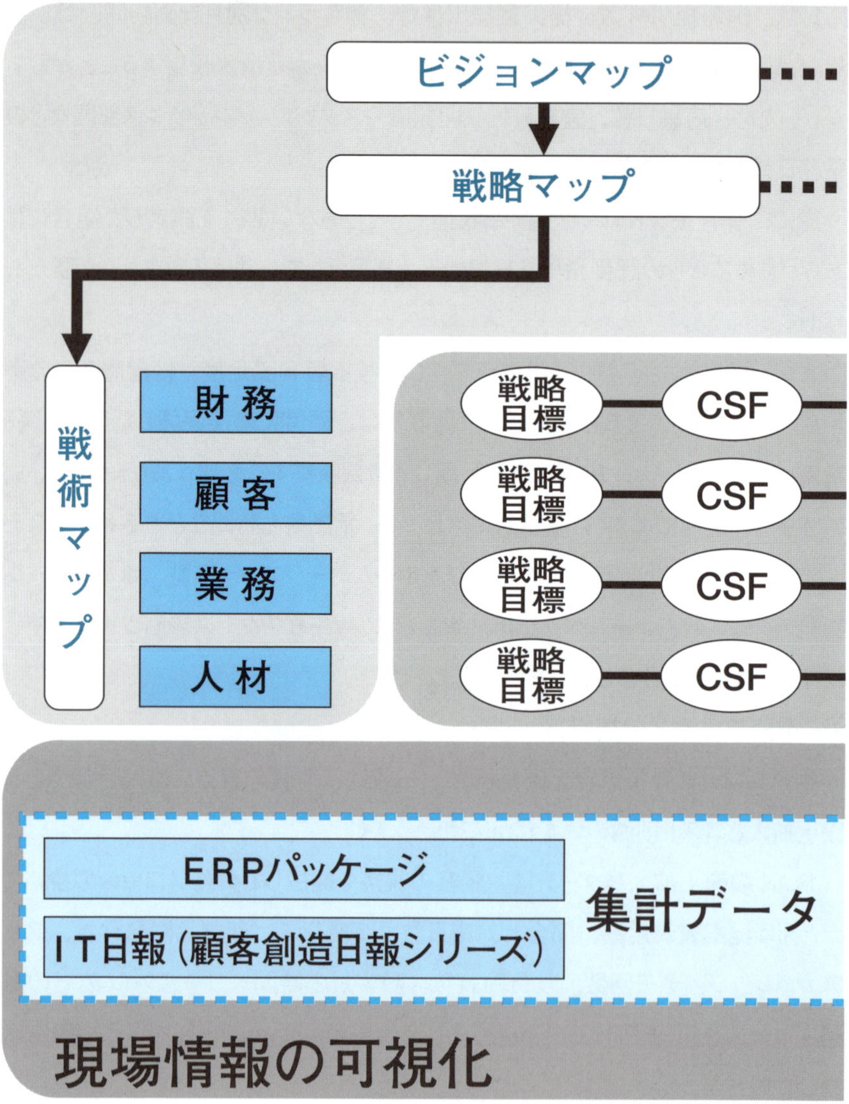
ビジョンマップ
戦略マップ
戦術マップ
財務
顧客
業務
人材
戦略目標
CSF
戦略目標
CSF
戦略目標
CSF
戦略目標
CSF
ERPパッケージ
IT日報（顧客創造日報シリーズ）
集計データ
現場情報の可視化

現場情報収集は、多くの場合IT日報やERPパッケージから収集可能

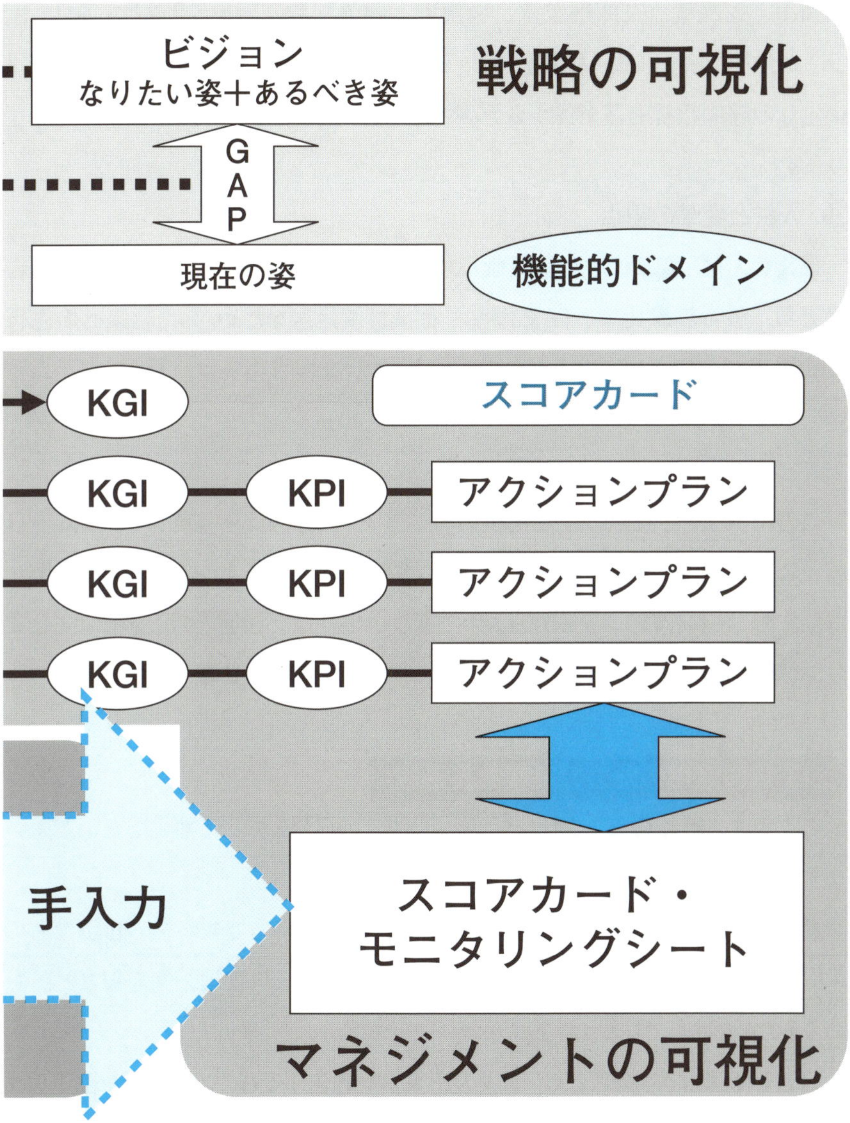
ビジョン
なりたい姿＋あるべき姿
戦略の可視化
GAP
現在の姿
機能的ドメイン
KGI
スコアカード
KGI
KPI
アクションプラン
KGI
KPI
アクションプラン
KGI
KPI
アクションプラン
手入力
スコアカード・
モニタリングシート
マネジメントの可視化

接、業務プロセスの視点に連携する場合が多く、製造現場での部品の共有化率、歩留率、返品率、在庫削減率、稼働率、物流回数、荷役ミスなど、ムリ、ムラ、ムダの排除や削減、標準化やルールづくりのための評価指標が多くなります。いずれの評価指標も基幹系システムや日報システムからの情報収集が中心となります。

❹ 人材と変革の視点

最後の人材と変革の視点の評価指標は、研修会参加率、特許件数、資格合格者数、教育訓練比率、IT 装備率、従業員満足度などといった将来への先行投資要素が強いために、これらの評価指標の情報収集先は、日報システムが中心となります。

このように、各視点の評価指標のモニタリング方法は、基幹系システム、日報システムなどの情報系システムを中心に効率的に行えるように設計する必要があります。これらのシステムから入手できない場合は、顧客との面談によるヒアリング調査や DM・メールによるアンケートなどの検討も必要となります。

◆IT 日報活用のための日報成長過程

ここでは、戦略のモニタリングツールとしての日報について説明したいと思います。

皆さんは「日報」というと、どんなイメージをお持ちですか？　面倒なもの、手間なもの、行動管理ツール、事後報告、スケジュール管理、備忘録など、おおよそこんな感じでしょうか？

日報とは読んで字のごとく、日々の出来事を報告するもので、上司が部下の 1 日の行動を把握するツールと定義するのが一般的です。

もし、あなたの会社の日報がこのレベルだとすると、これまで説明してきた現場情報収集システムの収集先として、日報は不十分です。

「このレベル……」と言いましたが、以下に述べるように、日報には4段階の成長過程があり、企業の経営の成熟度が上がっていくのに呼応して日報が成長していくのです（180～181ページ・図10-05参照）。裏を返すと、日報をうまく活用する、すなわち日報の成長過程の段階を登ることが、経営の成熟度を上げていくことにつながります。

❶ 報告書レベル

第1段階とは、皆さんがおおよそ描くイメージの日報で、事後の報告書レベルの日報です。この日報は、行動管理を主眼としていますので、どうしても本人の行動報告が中心となります。ですから、日報システムで人材と変革の視点の評価指標として情報収集することは可能かもしれませんが、顧客の視点や業務プロセスの視点などの組織的な活動における評価指標としての活用には不向きとなります。

❷ 連絡書レベル

この日報システムの活用度をもう少し上げて、第2段階に進めてみましょう。このレベルでは、日報を上司と部下との双方向のコミュニケーションツールとして活用していきます。そのためには、本人を組織的に支援するしくみが必要となってきます。

たとえば、上司が日報にコメントやアドバイスを入れることで、部下への指導育成日報として活用するのです。上司と部下という関係だけでなく、先輩や同僚を含めた部門での支援体制を構築することで、日報を報告書から連絡書にすることになります。そうすることにより、現場情報を部門で組織的に活用することができ、業務プロセスの視点の評価指標の一部として利用することが可能とな

図10-05　日報の成長過程と経営の成長過程の関係

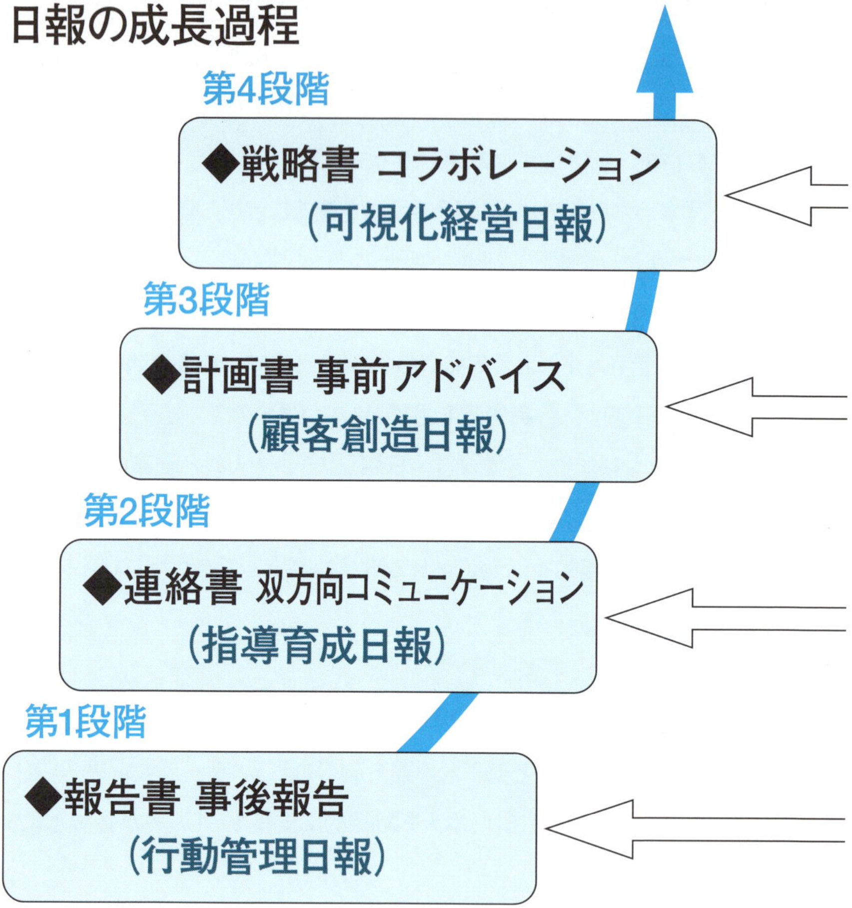
日報の成長過程
第4段階
◆戦略書 コラボレーション
（可視化経営日報）
第3段階
◆計画書 事前アドバイス
（顧客創造日報）
第2段階
◆連絡書 双方向コミュニケーション
（指導育成日報）
第1段階
◆報告書 事後報告
（行動管理日報）

経営の成長過程

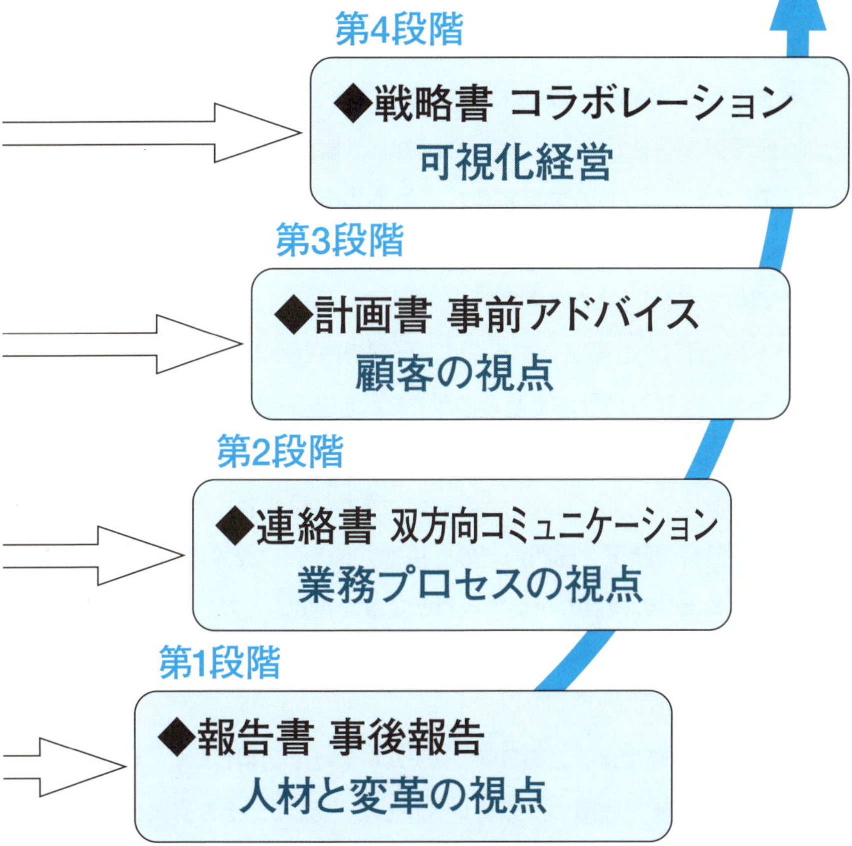
第4段階
◆戦略書 コラボレーション
可視化経営
第3段階
◆計画書 事前アドバイス
顧客の視点
第2段階
◆連絡書 双方向コミュニケーション
業務プロセスの視点
第1段階
◆報告書 事後報告
人材と変革の視点

※日報には、日報の成長過程があり、企業の成熟度に伴い、日報の活用レベルが上がっていきます。
また、各段階での活用で収集できる現場情報は、可視化経営のフレームワークで作成した、可視化マップの各視点に結びつきます。
戦略の実現は、日報の活用、マネジメントのレベルにも表れてきます。

ります。

❸ 計画書レベル

さらに日報を第3段階に成長させていきましょう。このレベルでは、日報をこれまでの事後の報告書から事前の計画書に運用を変えていきます。

これまで上司や先輩からのアドバイスは、事後報告であるが故に“後手後手”という悪循環モードでした。ここから脱却し、事前に上司や先輩からのアドバイス、そしてチームからの支援を得て、“先手先手”という善循環モードに変革していくのです。本人にとっても事前のアドバイスですから、次の活動が変化し、成果も期待できるようになります。

このように日報を計画書にするには、日報の内容をこれまでの本人の行動中心の報告から、顧客の反応や競合の動きなどを中心とした内容に変える必要があります。そして、本人が顧客の反応や競合情報から判断して、この商談をどう推察するのか、この先どうしていきたいのかを「次回予定」として記述するのです。顧客や競合の状況、部門内での支援やアドバイスなどの情報を、顧客の視点、業務プロセスの視点の一部、人材と変革の視点などの評価指標として活用することができます。

❹ 戦略書レベル

最後の第4段階では、この日報システムを全社で活用します。もちろん日報の記述内容は、第3段階の計画書レベルです。そして、その蓄積した情報を全社で活用するのです。

部署横断的なアドバイスや支援体制、蓄積情報を経験知の疑似体験として活用していくのです。日報の成長過程の最終段階である部署横断的な全社での日報システムの取り組みは、スコアカードの評価指標の財務の視点、顧客の視点、業務プロセスの視点、人材と変革の視点のすべての視点をカバーすることになります。

最終的に可視化経営では、この第４段階の日報活用をあるべき姿としています。そして、このような運用レベルの日報を「可視化経営日報」と呼んでいます。

このように評価指標のモニタリング先の物理的な設計だけでなく、どのような目的や現場の活動スタイル、企業風土で現場の情報を収集するかといった点も確認しておく必要があります。また、「IT 日報」の活用度合いを、第１段階の報告書、第２段階の連絡書、第３段階の計画書、第４段階の戦略書と上げていくことで、可視化経営を実践していくことになります。

第11章 Step7〈現場情報の可視化②〉経営コクピットを完成させる

◆カギを握るPDCAサイクルの回転スピード

Step1からStep5までは、経営戦略プランの策定フェーズについてでした。そしてStep6では、策定したプランを具体的に遂行した状況をモニタリングするための設計を行いました。このStep7では、Step6で検討した現場情報の収集システムを効率的に行うためのインフラについて検討します。

経営戦略は、ビジョンと戦略を基に「可視化マップ」とスコアカードを描く戦略策定フェーズと評価指標を実現するための具体的なアクションプランの立案（P：計画）、アクションプランの実施（D：実施）、アクションプランの評価（C：チェック）、アクションプランの改善（A：アクション）というPDCAサイクルを回していく経営戦略遂行フェーズからなります。

これまでの戦略が通用せず、手探り状態の場合には、戦略の仮説→検証が必要であると説明してきました。仮説→検証スタイルで経営戦略を進めていくには、経営戦略遂行フェーズのPDCAサイクルの回転スピードを上げることが重要となります。このPDCAサイクルがうまく回らない多くの場合は、アクションプランの仮説（P）と実施（D）に対して、検証のためのモニタリング（C）の情報収集に手間がかかり、スピーディな意思決定ができない点があげられます。

戦略という仮説が正しかったかどうかをモニタリングし、検証するために必要な現場情報の収集が、PDCAサイクルの回転スピードの差となって現れてくるのです。この仮説―実施―検証―改善という一連のマネジメントを高速回転していくためには、次のような条件が必要となってきます。

①現場の情報収集スピードがボトルネックとなり、仮説→検証スピードを落とすことのないように、モニタリングしたいアクションプランの実施状況であるKPIやその因果関係にあるKGIの実績値が効率的に収集できるようなITシステムを構築し活用すること。

②収集された情報を必要な人が自らの意思でわざわざ見に行かなくても、必要な時に必要な場所で必要な情報を見ることができること。

③その提供された情報が、KPIやKGIである評価指標の目標値や基準値に対してどういう状態にあるかパッとわかること。

④評価指標と実績値のギャップである問題が、どうして発生したかの原因究明の手掛かりが提供できること。

◆「経営コンパスコープ」とは

以上の条件を備えたツールが、経営情報Cockpit「経営コンパスコープ（経営CompasScope）」なのです。これは、【経営羅針盤ー Compass：盤の中央に磁針を装置し、方位を測る器械】＋【経営視認器ー Scope：望遠鏡】の造語で、わかりやすい海図（スコアカード）を描き、現場の情報をつかみ、財務情報、販売実績データやIT日報を複合して、経営の実態を“見える化”し、正しい意思決定と素早いアクションを実現するためのものです。

「経営コンパスコープ」は、情報を見やすくするためのグラフ表示ソフトや企業データを分析するBI（Business Intelligence）ツール、データを1ヵ所に集めるだけの企業情報ポータル（EIP：Enterprise Information Portal）などとは一線を画しています。

戦略を遂行するうえで必要な財務データ、顧客情報、社員活動情報などを統合し、設定した基準値に対するギャップをグラフィカルに表示することで、企業の意思決定を支援する経営判断支援ツールです。戦略に基づく評価指標と実績を横棒グラフ、縦棒グラフ、漏斗グラフ、円グラフ、経営天気、メーター、信号などのグラフパーツで設定可能な“見える化”ツールです（187ページ・図11-01参照）。

この「経営コンパスコープ」を活用することにより、以下のような効果が期待できます。

①経営状況をひと目で把握することができる。

②全社員が舵を取る意識を持つようになる。

③素早い意思決定、アクションが可能になる。

④自社に合わせた情報加工と表示により仮説→検証の高速回転が可能になる。

⑤財務データだけでなく現場情報や結果に至るまでのプロセスが“見える化”する。

◆「経営コンパスコープ」の機能とグラフパターン

毎朝、自社のポータルを立ち上げれば、「経営コンパスコープ」が表示されるので、いやおうにでもKPIやKGIを“見える化”し、自社のビジョンと戦略を実現するための具体的な取り組みを身近に感じることができます。

「経営コンパスコープ」は、188ページ・図11-02に示した機能を提供します。

もう少し詳しく説明すると、表示画面には、飛行機のコクピットのようなたくさんの計器類がレイアウトされています。可視化マップの財務の視点、顧客の視点、業務プロセスの視点、人材と変革の視点などの視点やその他の視点を加えて自由にレイアウトして表示することができます。また、表示にあたっては、

図 11-01　経営コックピット：経営 CompasScope とは

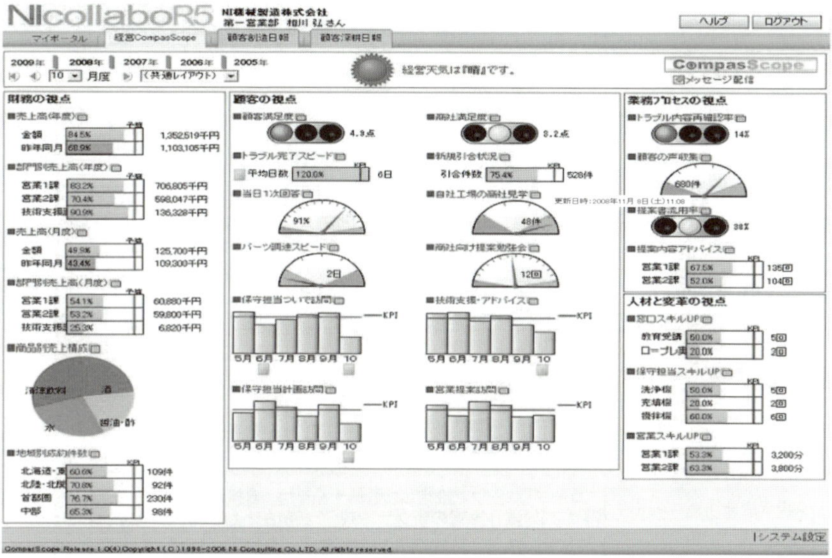

※ある製造メーカーの 経営CompasScope画面

コクピット経営の期待効果

① 経営状況をひと目で把握することが可能

「パッと見ただけで」複数の情報を把握、経営状況の異変、現場の動向や変化、
クレーム発生状況などを察知することができます。

② 全社員が舵を取る意識を持てる

経営者や幹部のための限定的なツールではなく、全社員が自社の舵を取る意識で
仕事に取り組むことが可能な経営改革ツールです。

③ 素早い意思決定・アクションが可能

予算や目標、設定した基準値を超えると信号が変わったり、イエローカードが出て、
経営者や管理者に警告します。スピーディーな問題発見で、素早いアクションを生みます。

④ 自社に合わせた情報加工と表示により仮説→検証の高速回転が可能

表示形態・表示情報は、スコープ・パーツの中から自由に選択可能。
自社に必要な情報を自由にレイアウトでき、独自の意思決定支援ルールが構築できます。

⑤ 財務データだけでなく現場情報や結果に至るまでのプロセスを“見える化”する

経営情報ポータル「NIコラボ」、現場情報収集システム として、ERPパッケージやIT
日報などと連動することで、現場から吸い上げたタイムリーな情報を見える化できます。

図 11-02 経営コックピット：経営 CompasScope 機能一覧

機能名	説 明
スコープ・パーツ設定機能	経営状況、営業活動状況を表す指標がグラフやメーターで表示することができます。 指標の設定は、システム設定で任意に行うことができます。
スコープ・パーツレイアウト機能	設定したスコープ・パーツは、自由にレイアウトし、ユーザが見やすい形に変更することができます。
イエローカード機能	あらかじめ設定した基準を下回ったり、超過した場合には、イエローカードが表示されて警告が与えられ、さらにひどい場合にはレッドカードが表示されます。
ハッピーメッセージ機能	新規受注や目標達成時に「受注おめでとう」などのメッセージを自動で配信することができます。
メッセージ配信機能	在庫数やキャンペーン進捗状況など、全員に通知したいメッセージを書き込むと画面を開いた時に画面表示することができます。
メーター表示機能	スコープ・パーツで設定した数値データは、操縦席のメーターのように表示させることができます。
グラフ表示機能	スコープ・パーツで設定した数値データは、縦横の棒グラフ、左右バランスの帯グラフ、漏斗形式の帯グラフなどで表示させることができます。
KPI設定機能	各グラフには、あらかじめ設定したKPI（キー・パフォーマンス・インジケータ）を表示させることができ、各指標の進捗状況が一目で把握できます。
目標値設定機能	各グラフには、あらかじめ設定した目標値を表示させることができます。
経営天気表示機能	イエローカード、レッドカードの警告状況からその日の「経営天気」を判定し、晴れ、曇り、雨、大雨などの絵が表示されます。
信号サイン表示機能	スコープ・パーツで設定した数値データは、信号の青、黄、赤のインジケータ表示させることができます。

9 種類のグラフパターンの中から選択して表示することができます。

グラフパターンと利用シーンは、190 ページ・図 11-03 に示す通りです。これらの中で使用頻度が高い、次の評価指標は、テンプレートとして標準で用意されています。

①財務の視点：売上金額実績、売上推移、受注金額実績、受注推移、受注傾向（平均単価、商談期間、商談回数）など。

②顧客の視点：クレーム件数、クレーム状況、要望件数、新規案件状況、見積提出状況など。

③業務プロセスの視点：活動目的別件数、重点顧客別訪問件数、顧客ランク別訪問件数、受注率、失注率、最新受注情報、案件受失注割合、受失注要因、案件進捗など。

④人材と変革の視点：次回予定入力率、日報提出率、コメント入力率など。

◆単なる“見える化”ではなく、「視・観・察」で意思決定

単に評価指標の目標値や基準値と実績値をポータルに表示して、何がわかるのでしょうか？　目標値と現状値の差があれば、その差が問題ですから、素早く問題認識を持つことができるようになります。

たとえば、営業マン A 君の物件の受注までの商談プロセスが、アポイント ⇒ 初回訪問 ⇒ デモ ⇒ 提案 ⇒ 見積 ⇒ 役員面談 ⇒ 稟議 ⇒ 受注、だったとします。そして、A 君に課せられた目標値は、役員面談を月 9 件実施することだったとします。

A 君の先々月の実績値は 9 件と目標値をクリアしました。しかし、その後は、先月 5 件、今月 4 件と目標値を下回る結果となりました。ここ 3 ヵ月間の平均は 6 件ということになり、9 件の目標値を大きく下回ったことになります。

図 11-03 グラフパターンの概要

パターン	概　要	グラフ
横棒A	通常の横棒グラフ 当月の受注予算に対する実績を部門ごとに表示（部門別受注実績）したい場合などに使用します。	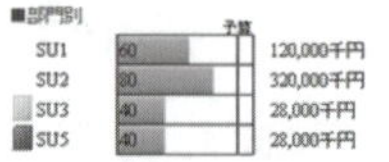■部門別 予算 SU1 60 120,000千円 SU2 80 320,000千円 SU3 40 28,000千円 SU5 40 28,000千円
横棒B	2段表示固定の横棒グラフ 目標値と実績値の達成度を、当月と前年同月の受注予算対実績を比較（受注実績）したい場合などに使用します。	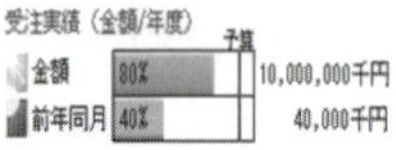受注実績（金額/年度） 予算 金額 80% 10,000,000千円 前年同月 40% 40,000千円
横棒C	2つのデータ割合を表す横棒グラフ 指定した案件分類の受注と失注の割合など、2つの要素の割合をを比較（案件受失注）したい場合などに使用します。	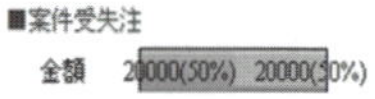■案件受失注 金額 20000(50%) 20000(50%)
縦棒	通常の縦棒グラフ 指定した案件分類の指定した期間の月別受注金額と利益を表示（6ヶ月受注推移）したい場合に使用します。	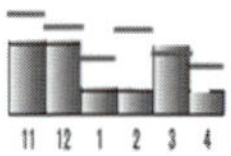11 12 1 2 3 4
漏斗	横棒グラフをセンタリング表示 指定した期間に発生した全案件の合計金額の横棒グラフを案件の受注確度ごとに横棒グラフで表示して状態が漏斗で絞り込まれて行くよう（案件受注精度）見える化したい場合に使用します。	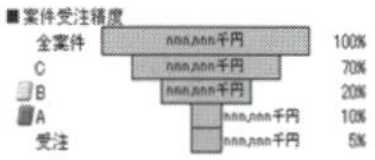■案件受注精度 全案件 nnn,nnn千円 100% C nnn,nnn千円 70% B nnn,nnn千円 20% A nnn,nnn千円 10% 受注 nnn,nnn千円 5%
メーター	メーター形式のグラフ 基準値に対して警告値を表すレッドゾーンと基準値に対して安全値を表すグリーンゾーンを設定して、実績件数をメーター形式で表示（要望発生件数、クレーム発生件数）したい場合に使用します。	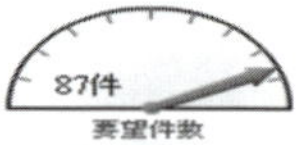87件 要望件数
信号	赤・青・黄色の信号機形式のグラフ 赤、青、黄色それぞれのシグナルを表示する条件を設定して、該当する実績値を信号表示（受注率アラートや失注率アラート）したい場合に使用します。	受注率
円グラフ	円グラフによる構成比 指定した期間における商談目的別（定期訪問、新規訪問、クレーム対応、納品など自由に設定可）の構成比や重要商談の割合を表示（商談目的構成比）したい場合に使用します。	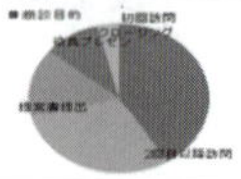
経営天気	経営の状態を5種類の天気マークで表示 経営状況をスコープパーツで発生した警告を基に判断し、「晴」、「晴れときどき曇り」、「曇り」、「雨」、「大雨」の5つの天気に置き換えて見える化します。	

ここ2ヵ月A君は、役員面談の目標値をクリアしてないというギャップ＝問題を抱えていることは一目瞭然です。

しかし、この実績データから未達の原因は、全く見えてきません。問題を引き起こしている原因が特定できるから対策が打てるわけですが、原因を探るために、A君やその上司、あるいは同僚、場合によっては、お客様に確認する必要も出てきそうです。要は、単に目標値を数値化して問題意識を持つだけでは、原因は究明できませんし、対策を打つことなど到底できません。

少々話は、飛躍しますが…。その点において参考になるのが、2500年前の中国春秋時代の孔子の『論語』の次の一節です。

「子《し》曰《いわ》く、其《そ》の以《な》す所《ところ》を視《み》、其《そ》の由《よ》る所《ところ》を観《み》、其《そ》の安《やす》んずる所《ところ》を察《さっ》すれば、人《ひと》焉《いずく》んぞ廋《かく》さんや、人《ひと》焉《いずく》んぞ廋《かく》さんや」（「視・観・察」の教え）

この意味は、まず人物や物事を評価するには、その行為をありのままに見ることが必要であると、孔子は説いています。これが「視」で、ここでは評価指標を現場から収集して見るということになります。

ただし表面的な行為だけで、その人物や物事を判断するのは早計で、その行為に至った過去の経緯を見ることが必要だといっています。これが「観」で、ここでは一昨年、昨年、先月などの過去のデータや他部門や他社との関係を比較して見るということになります。

そして最後に、その人物や物事の意図や動機・背景、目的を考えて見ることが必要だといっています。これが「察」で、IT日報の履歴情報がこの役目を果たしてくれます。

そのためには、178ページ以降で説明した日報の成長過程の第3段階のような営業担当者の推察や次回予定などの考えと顧客や競合のニュアンス情報を日報に盛り込むことが必要となってきます。

「経営コンパスコープ」は、評価指標を１画面でパッと確認できるように、ポータル画面に自由にレイアウトでき（これが孔子の「視」にあたる）、タブとプルダウンメニューで過去の評価指標や他部門の評価指標との比較ができ（これが孔子の「観」にあたる）、それぞれの評価指標には、その指標に関連する履歴情報や詳細データへのリンク（これが孔子の「察」にあたる）が貼られています。

ただ単に、評価指標の目標値と現状値のギャップを“見える化”するだけでなく、このように目標値と現状値のギャップの原因を究明するために「視・観・察」と段階的に情報を“見える化”する、意思決定支援ツールである必要があります（193ページ・図11-04参照）。

◆「経営コンパスコープ」を実際に使ってみよう

「経営コンパスコープ」を実感するための体験サイトを公開しています。詳しくは、下記アドレスにアクセスしてください。

http://www.ni-consul.co.jp/workbook/

・ユーザ名：kashika（半角）

・パスワード：1108（半角）

※本サービスは予告なく変更または停止する場合がありますので、ご了承ください。

図 11-04 経営 CompassScope の「視・観・察」イメージ

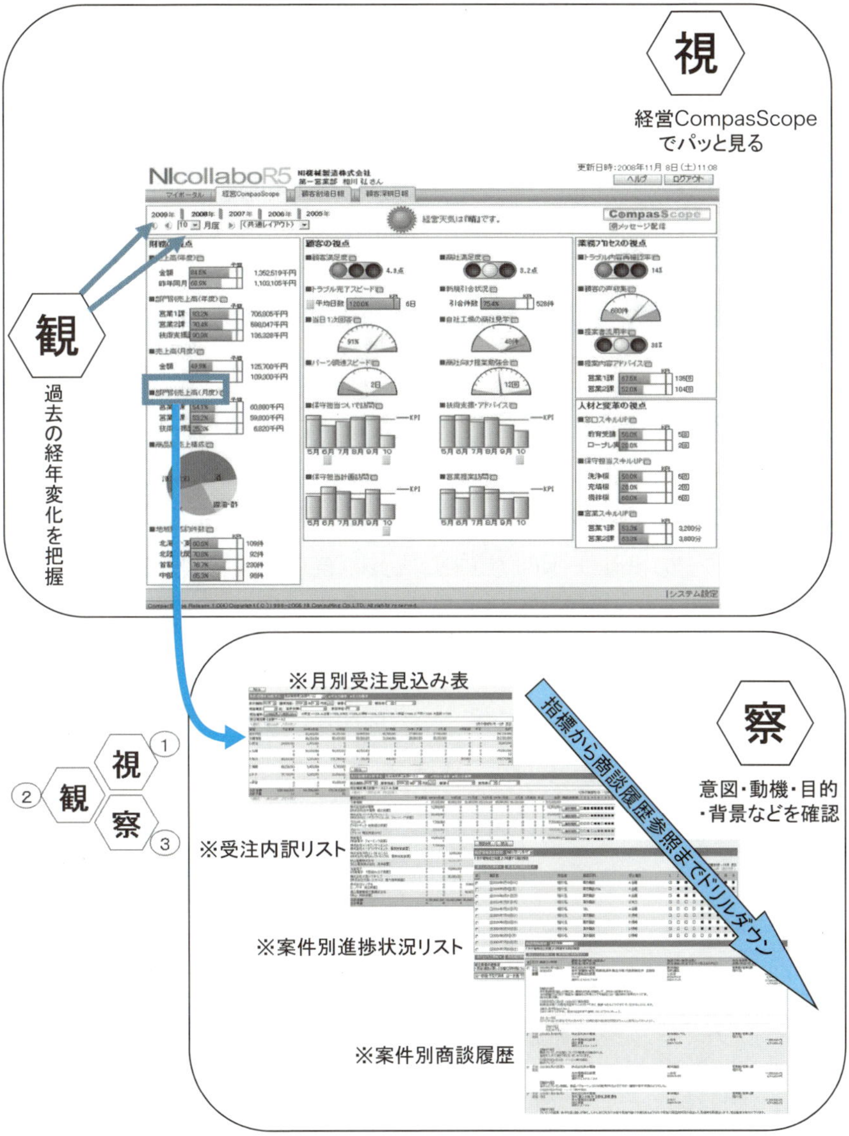

◇「経営コンパスコープ」による“見える化”の設計手順

別冊『ワークシート集』参照ページ

・**ワークシート33**「モニタリング情報設計シート」☞42～43ページ参照

・**ワークシート34**「スコアカード・モニタリングシート」

☞44～45ページ参照

・**ワークシート35**「経営コンパスコープ設定シート」

☞46～47ページ参照

❶作成した「モニタリング情報設計シート」（**ワークシート33**）、「スコアカード・モニタリングシート」（**ワークシート34**）と、「経営コンパスコープ設定シート」（**ワークシート35**）を準備します。

⇩

❷「経営コンパスコープ設定シート」の財務、顧客、業務プロセス、人材と変革のどの視点か、KGIかKPIかの別、評価指標名、目標値・基準値、単位、データ収集期間、対象部署・チームの各項目を、「スコアカード・モニタリングシート」から転記します。

⇩

❸グラフの表示形式を、横棒A、横棒B、横棒C、縦棒、漏斗、メーター、記号、円グラフ、テキストの9パターンから選びます。

⇩

❹評価指標で参考となるテンプレートがあれば、そのテンプレート名を記入します。財務の視点9個、顧客の視点5個、営業プロセスの視点11個、人材と変革の視点3個、その他22個の合計50個のテンプレートが用意されています（196～201ページ・図11-05～07参照）。

⇩

❺「モニタリング情報設計シート」の現場情報収集システムでIT日報から情報収集できるように設計した場合は、「経営コンパスコープ」に直接連携することができます。

「モニタリング情報設計シート」の現場情報収集システムで基幹業務システムや手作業などで情報収集するように設計した場合は、「経営コンパスコープ」にバッチ処理で連携することになります。

テンプレートのレイアウトに従ってCSV取り込みを行います。取り込みは、指定のフォルダにCSVファイルを設定することで「経営コンパスコープ」を表す際に自動的に取り込むことも可能です。

⇩

❻さらに「視・観・察」の商談履歴に書かれている顧客のニュアンス、競合の情報や推察、次回予定や上司や同僚、他部門からのアドバイスやコメントなどの「察」である定性情報や評価指標の実績値をより具体的に説明している情報のリンク先（IT日報やその他の資料のURL）を指定します。

⇩

❼最後に毎日閲覧するポータル画面にレイアウトします。レイアウトは、最大横3列で左が財務の視点、中央に顧客の視点と業務プロセスの視点を配置し、右に人材と変革の視点をレイアウトしてみます。

それぞれの評価指標の数や表示するグラフの形式で占める領域が違ってきますので、この作業は、実際に画面を見ながら調整してください。

※詳細は、「経営コンパスコープ」のシステム管理者導入操作マニュアル、ユーザ操作マニュアルを参照してください。

図 11-05 経営 CompasScope テンプレート (1)

■財務の視点

評価指標	グラフパターン	グラフ	概要
売上金額実績（年度）	横棒 B	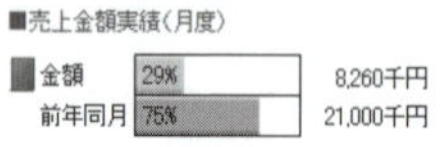■売上金額実績（月度） 金額 29% 8,260千円 前年同月 75% 21,000千円	売上金額の年度累積と前年同月末時点（下段グラフ）との比較表示をします。
売上金額実績（月度）	横棒 B	■売上金額実績（年度） 金額 16% 90,850千円 前年同月 89% 498,000千円	売上金額の当月と、前年同月末時点（下段グラフ）との比較表示をします。
部門別売上金額実績	横棒 A	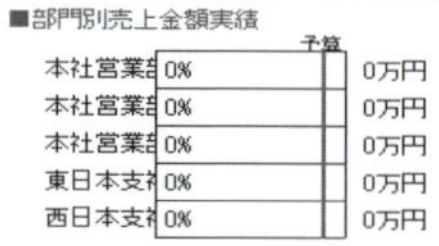■部門別売上金額実績 予算 本社営業 0% 0万円 本社営業 0% 0万円 本社営業 0% 0万円 東日本支 0% 0万円 西日本支 0% 0万円	部門別に当月の売上金額を比較表示します。
6ヶ月売上推移	縦棒	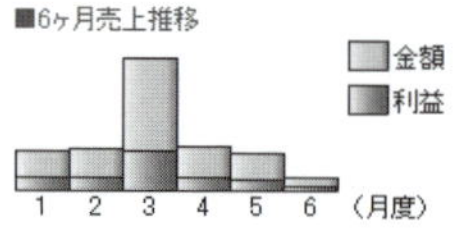■6ヶ月売上推移 金額 利益 1 2 3 4 5 6 （月度）	基準月から直近 6 ヶ月の月別売上推移（金額・利益）を表示します。
受注金額実績（月度）	横棒 B	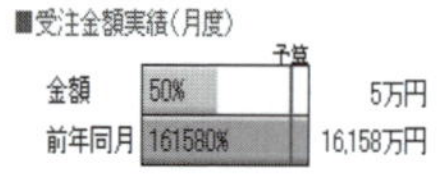■受注金額実績（月度） 予算 金額 50% 5万円 前年同月 161580% 16,158万円	案件受注金額の当月と、前年同月末時点（下段グラフ）との比較表示をします。
受注金額実績（年度）	横棒 B	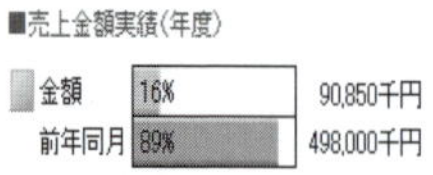■売上金額実績（年度） 金額 16% 90,850千円 前年同月 89% 498,000千円	案件受注金額の当月と、前年同月末時点（下段グラフ）との比較表示をします。
部門別受注金額実績	横棒 A	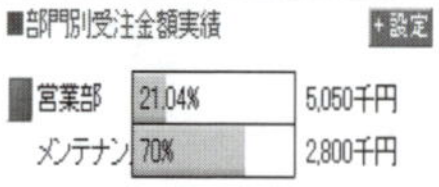■部門別受注金額実績 +設定 営業部 21.04% 5,050千円 メンテナン 70% 2,800千円	部門別に当月の受注金額を比較表示します。
6ヶ月受注推移	縦棒	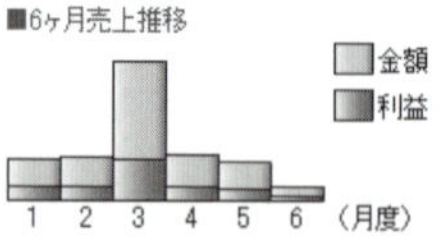■6ヶ月売上推移 金額 利益 1 2 3 4 5 6 （月度）	基準月から直近 6 ヶ月の月別受注推移（金額・利益）を表示します。
受注傾向	横棒 A	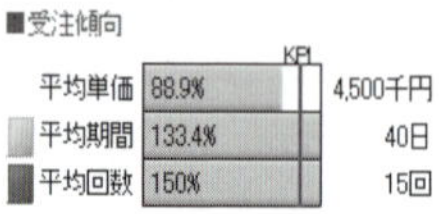■受注傾向 KPI 平均単価 88.9% 4,500千円 平均期間 133.4% 40日 平均回数 150% 15回	受注案件の基準月度合計比較表示をします。

■顧客の視点

評価指標	グラフパターン	グラフ	概要
クレーム件数	メーター	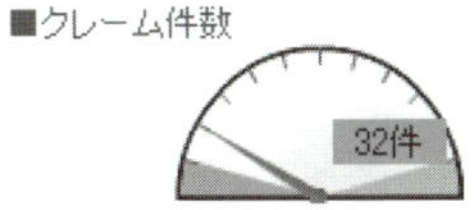■クレーム件数 32件	基準月から直近 3 ヶ月の顧客の声のデータ表示を表示します。
クレーム状況	横棒 A	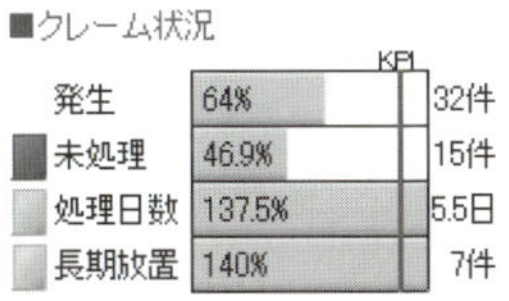■クレーム状況 KPI 発生 64% 32件 未処理 46.9% 15件 処理日数 137.5% 5.5日 長期放置 140% 7件	基準月から直近 3 ヶ月の顧客の声の KPI（基準値）、顧客の声の情報をもとに達成度合いをグラフ表示します。
要望件数	メーター	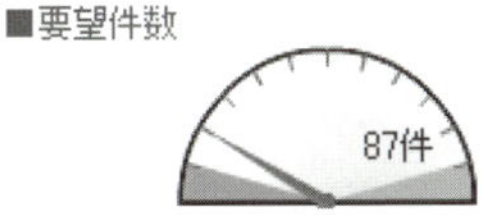■要望件数 87件	基準月から直近 3 ヶ月の顧客の声のデータ表示を表示します。
新規案件状況	横棒 A	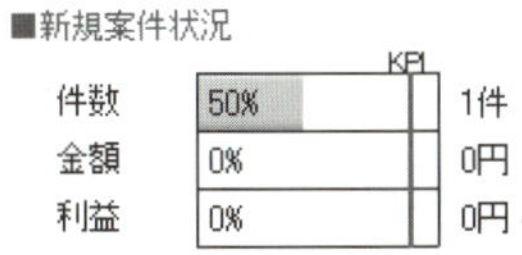■新規案件状況 KPI 件数 50% 1件 金額 0% 0円 利益 0% 0円	基準月から直近 3 ヶ月の新規引合案件のデータを表示します。
見積提出状況	横棒 A	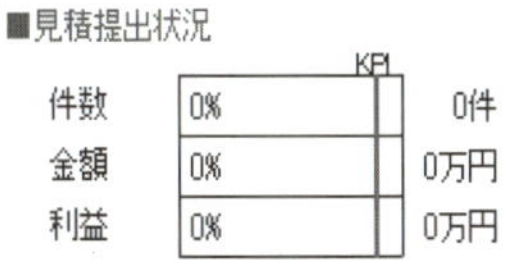■見積提出状況 KPI 件数 0% 0件 金額 0% 0万円 利益 0% 0万円	基準月から直近 3 ヶ月の見積件数のデータを表示します。

図 11-06　経営 CompasScope テンプレート (2)

■営業部門の業務プロセスの視点①

評価指標	グラフパターン	グラフ	概要
商談目的別	円グラフ	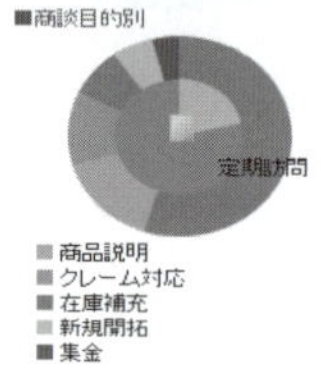■商談目的別 定期訪問 商品説明 クレーム対応 在庫補充 新規開拓 集金	基準月から直近 3 ヶ月の商談より商談目的別の構成比(外周)、ならびにKFS 商談目的群との構成比率(内周)を円グラフで表示します。
重点顧客別訪問件数	横棒 A	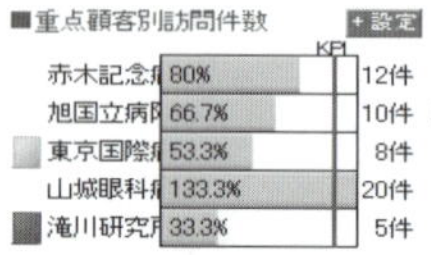■重点顧客別訪問件数 +設定 KPI 赤木記念病 80% 12件 旭国立病院 66.7% 10件 東京国際病 53.3% 8件 山城眼科病 133.3% 20件 滝川研究所 33.3% 5件	基準月から直近 1 ヶ月の商談における特定顧客の訪問件数を表示します。 KPI は基準訪問回数。
顧客ランク別訪問件数	横棒 A	■顧客ランク別訪問件数 KPI A 105% 95件 新規 60% 24件	基準月から直近 1 ヶ月の商談における顧客ランクの訪問件数を表示します。 KPI は基準訪問回数。
受注率	信号	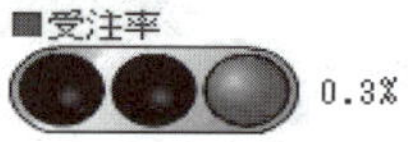■受注率 0.3%	基準月から直近 3 ヶ月に発生した案件情報の受注確度(受注)の情報をもとに割合を信号機で表示します。
失注率	信号	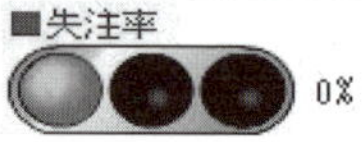■失注率 0%	基準月から直近 3 ヶ月に発生した案件情報の受注確度(失注)の情報をもとに割合を信号機で表示します。
最新受注情報	テキスト	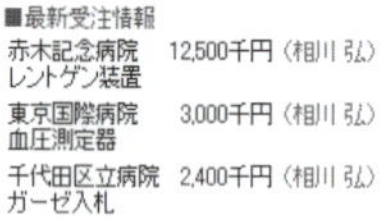■最新受注情報 赤木記念病院 12,500千円〈相川 弘〉 レントゲン装置 東京国際病院 3,000千円〈相川 弘〉 血圧測定器 千代田区立病院 2,400千円〈相川 弘〉 ガーゼ入札	受注に属する確度の案件情報をより最新情報の受注情報をテキスト表示します。
案件受失注割合	横棒 C	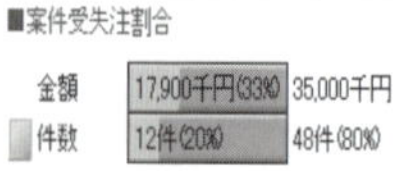■案件受失注割合 金額 17,900千円(33%) 35,000千円 件数 12件(20%) 48件(80%)	基準月から直近 3 ヶ月の受失注案件における金額・件数割合(㊧受注)を表示します。
受失注要因TOP3	横棒 A	■受失注要因TOP3 受注要因TOP3 価格 28件 人脈 12件 商品力 8件 失注要因TOP3	基準月から直近 3 ヶ月の受失注案件における受失注要因 TOP3 を表示します。

■営業部門の業務プロセスの視点②

評価指標	グラフパターン	グラフ	概要
案件 受注件数精度	漏斗	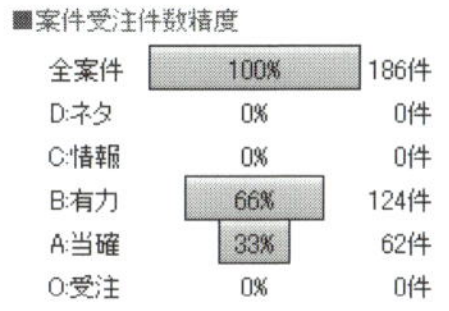 ■案件受注件数精度 全案件 100% 186件 D:ネタ 0% 0件 C:情報 0% 0件 B:有力 66% 124件 A:当確 33% 62件 O:受注 0% 0件	基準月から直近 3 ヶ月の新規案件情報をもとに確度ごとに割合をグラフ表示します。
案件進捗	横棒 A	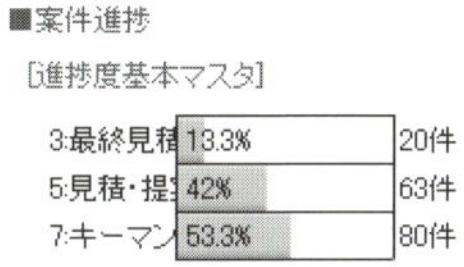 ■案件進捗 [進捗度基本マスタ] 3:最終見積 13.3% 20件 5:見積・提 42% 63件 7:キーマン 53.3% 80件	基準月から直近 3 ヶ月の新規案件情報の進捗状況の情報をもとに進捗度ごとに割合をグラフ表示します。
重要 進捗度モレ	横棒 A	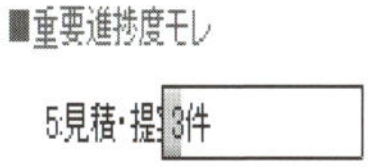 ■重要進捗度モレ 5:見積・提 3件	基準月から直近 3 ヶ月の新規案件情報の進捗状況の情報をもとに重要進捗度ごとに割合をグラフ表示します。

■人材と変革の視点

評価指標	グラフパターン	グラフ	概要
次回予定 入力率	横棒 A	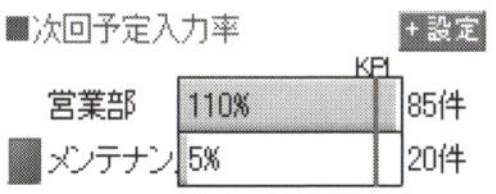 ■次回予定入力率 +設定 KPI 営業部 110% 85件 メンテナン 5% 20件	基準月から直近 3 ヶ月の商談情報に対する次回予定入力率を表示します。
日報提出率	横棒 A	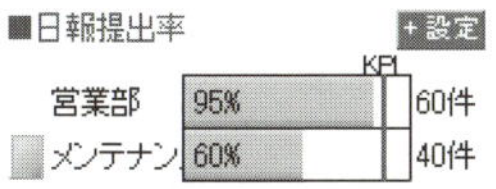 ■日報提出率 +設定 KPI 営業部 95% 60件 メンテナン 60% 40件	基準月から直近 3 ヶ月の部門別日報提出件数を表示します。
コメント入力率	横棒 A	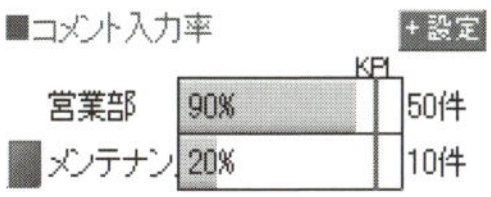 ■コメント入力率 +設定 KPI 営業部 90% 50件 メンテナン 20% 10件	基準月から直近 3 ヶ月の日報に対する部門別コメント件数を表示します。

図11-07 経営CompasScopeテンプレート(3)

■その他①

評価指標	グラフ
受注利益実績(年度)	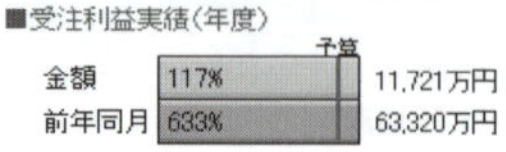■受注利益実績(年度) 予算 金額 117% 11,721万円 前年同月 633% 63,320万円
受注利益実績(月度)	■受注利益実績(月度) 予算 金額 124% 12,400千円 前年同月 1088% 108,800千円
売上利益実績(年度)	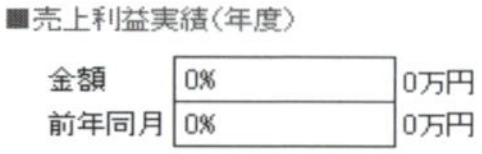■売上利益実績(年度) 金額 0% 0万円 前年同月 0% 0万円
売上利益実績(月度)	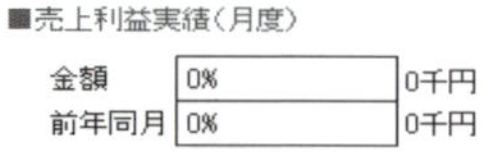■売上利益実績(月度) 金額 0% 0千円 前年同月 0% 0千円
部門別受注利益実績	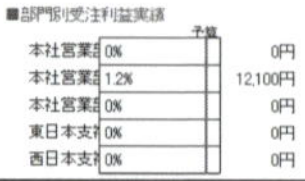■部門別受注利益実績 予算 本社営業 0% 0円 本社営業 1.2% 12,100円 本社営業 0% 0円 東日本支 0% 0円 西日本支 0% 0円
部門別売上利益実績	■部門別売上利益実績 予算 本社営業 0% 0万円 本社営業 0% 0万円 本社営業 0% 0万円 東日本支 0% 0万円 西日本支 0% 0万円
受注金額実績(年度/日割)	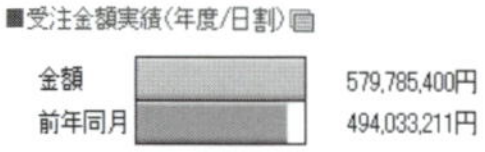■受注金額実績(年度/日割) 金額 579,785,400円 前年同月 494,033,211円
受注利益実績(年度/日割)	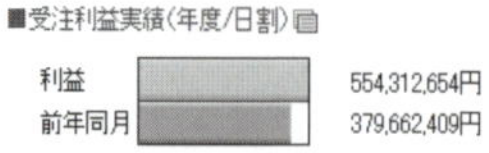■受注利益実績(年度/日割) 利益 554,312,654円 前年同月 379,662,409円
受注金額実績(月度/日割)	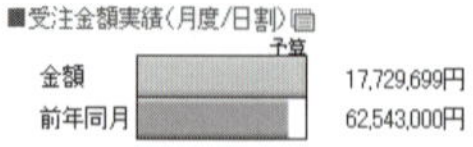■受注金額実績(月度/日割) 予算 金額 17,729,699円 前年同月 62,543,000円
受注利益実績(月度/日割)	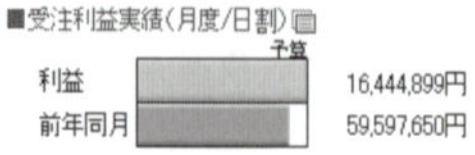■受注利益実績(月度/日割) 予算 利益 16,444,899円 前年同月 59,597,650円
売上金額実績(年度/日割)	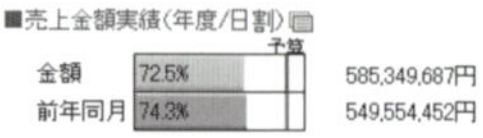■売上金額実績(年度/日割) 予算 金額 72.5% 585,349,687円 前年同月 74.3% 549,554,452円

■その他②

評価指標	グラフ
売上利益実績(年度／日割)	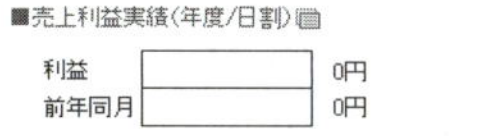■売上利益実績(年度/日割) 利益 0円 前年同月 0円
売上金額実績(月度／日割)	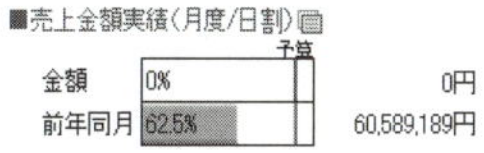■売上金額実績(月度/日割) 予算 金額 0% 0円 前年同月 62.5% 60,589,189円
売上利益実績(月度／日割)	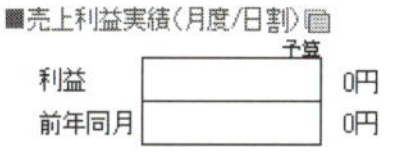■売上利益実績(月度/日割) 予算 利益 0円 前年同月 0円
部門別受注金額実績(日割)	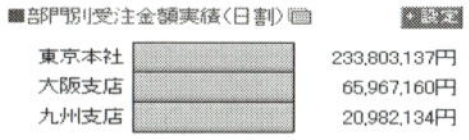■部門別受注金額実績(日割) +設定 東京本社 233,803,137円 大阪支店 65,967,160円 九州支店 20,982,134円
部門別受注利益実績(日割)	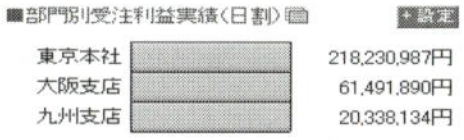■部門別受注利益実績(日割) +設定 東京本社 218,230,987円 大阪支店 61,491,890円 九州支店 20,338,134円
部門別売上金額実績(日割)	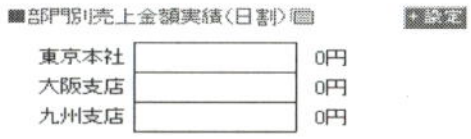■部門別売上金額実績(日割) +設定 東京本社 0円 大阪支店 0円 九州支店 0円
部門別売上利益実績(日割)	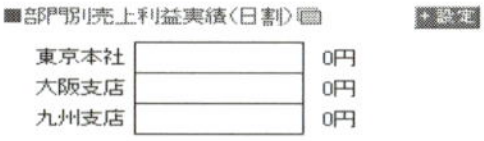■部門別売上利益実績(日割) +設定 東京本社 0円 大阪支店 0円 九州支店 0円
重点業種別訪問件数	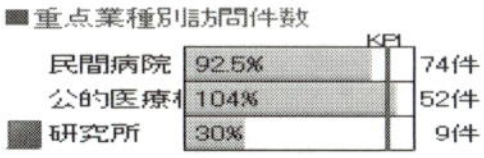■重点業種別訪問件数 KPI 民間病院 92.5% 74件 公的医療机 104% 52件 研究所 30% 9件
案件受注件数精度	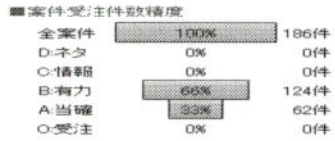■案件受注件数精度 全案件 100% 186件 D:ネタ 0% 0件 C:情報 0% 0件 B:有力 66% 124件 A:当確 33% 62件 O:受注 0% 0件
顧客要望収集	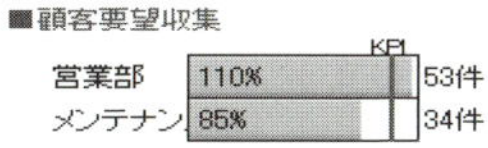■顧客要望収集 KPI 営業部 110% 53件 メンテナン 85% 34件
教育受講回数	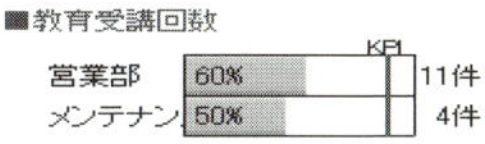■教育受講回数 KPI 営業部 60% 11件 メンテナン 50% 4件

◆現場の“見える化”に必要な価値観とは

企業とは、全社員が経営理念を共有し、ビジョンの実現を目指して活動する組織体です。各々が購買、製造、物流、営業、サービス、開発、総務、経理など役割分担して、各々の業務プロセスを行っています。業務プロセス全体を十分に機能させ、顧客価値を向上させることで、企業の財務面も安定していきます。

どの部門も、日ごろ分業体制で各々の業務を行っているため、ややもすると、自部門の最適化が最終目的となりやすい点に注意を払い、他部門との調整をはかり、組織としての全体最適を忘れないようにしなければなりません。

言い換えると、企業における全体最適とは、部門の立場や部門のセクショナリズムを超えて、顧客への価値提供を目標とした部門間が、お互いの状況を“見える化”し、足りないところを補完しながら全社の業務プロセスを機能させるということです。

ここまで可視化経営では、「可視化マップ」のタテの因果関係、「スコアカード」のヨコの因果関係、そして「ビジョンマップ」、「戦略マップ」、「戦術マップ」それぞれのマップの関係を、時間軸の因果関係と説明してきました。

そして、自部門の「戦術マップ」と他部門の「戦術マップ」に対して、上位部門の「戦術マップ」を参考にしながら全社最適になっているかを確認していきます。この部門間の関係を可視化経営では、「左右の因果関係」といっています。

また自部門の「戦術マップ」が、上位部門や下位部門の「戦術マップ」と整合が取れていなければなりません。ちなみにこの関係を可視化経営では、「上下の因果関係」といっています。

「可視化マップ」には、タテ、ヨコ、時間軸、左右、上下の5つの因果関係があるということになります。これらの5つの因果関係を強固なものにすることが、可視化経営のポイントになります（図 11-08 参照）。

図 11-08　可視化マップの因果関係

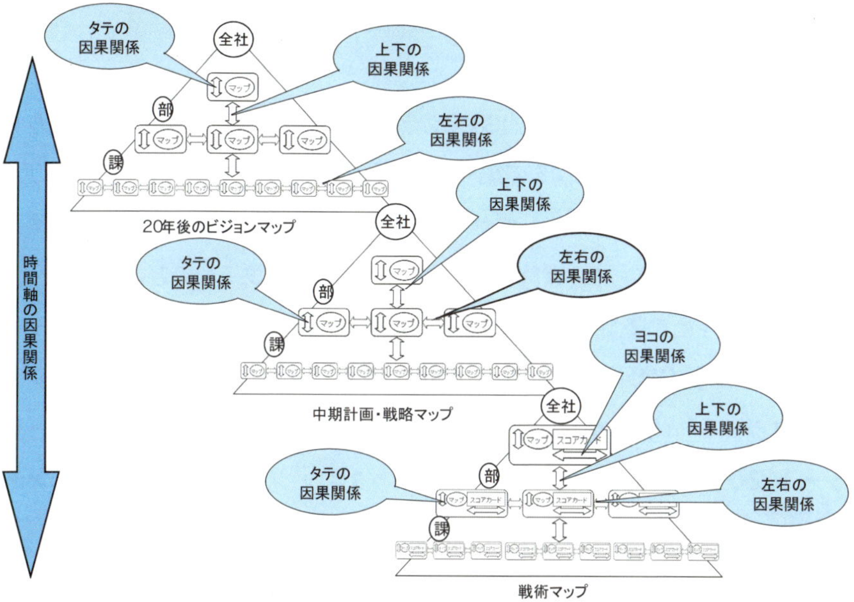

①時間軸の因果関係
20年後のビジョンマップ⇒中期計画としての戦略マップ⇒戦術マップと、目指す将来ビジョンからの逆算の関係。

②タテの因果関係
可視化マップの財務、顧客、業務プロセス、人材と変革の各視点の戦略目標間の関係。

③ヨコの因果関係
戦術マップをスコアカード展開した、戦略目標-CSF-KGI-KPIの関係。

④上下の関係
組織のヒエラルキーに従って、上位組織と下位組織との可視化マップのヌケ、モレ、ダブりなどのない全体最適の関係。

⑤左右の関係
組織のヨコの部門との協調、ヌケ、モレ、ダブリなどのない最適化を考慮した関係。

第12章 可視化経営の策定に取り組んだ2つの実践事例

本書の最後に、実際に可視化経営の策定フェーズに取り組んだ卸売業のH社とメーカーのS社の事例をご紹介します。可視化経営フレームワークは、2社ともに初めての取り組みでしたが、回を重ねるごとにワークショップの討議も白熱し、その甲斐あって、戦略策定プロジェクトは実りあるものとなりました。

それぞれ各社の概略の後に、「経営理念・サブステートメント展開シート」(**ワークシート02**)、「自社の使命設定シート」(**ワークシート03**)、「ビジョン設定シート」(**ワークシート07**)、「TOWSマトリックスシート」(**ワークシート20**)、「戦術マップ」(**ワークシート14**)、スコアカード(**ワークシート31**)、経営コンパスコープ画面を掲載しましたので、参考にしてください。

◆卸売業H社の可視化経営実践事例

H社は、30年前に家庭金物・荒物、住居収納用品の総合商社として開業しました。取扱品目は、台所用品、調理用品、園芸用品、住宅収納用品、インテリア用品と幅広く、約200社のメーカーから仕入れを行っています。現在の従業員は約60名。年商は5年前の30億円をピークに現在の25億円と漸減傾向にあります。

これまで、ある特定エリアの小売店を、大小にかかわらずワンストップ対応することで業績を拡大してきました。しかし、取引先数が小さい金物店を含めると100社となり、手間がかかる割に売上が伸長しなくなりました。こうした状況から脱するために、10 年前に現在の主要取引先であるホームセンター、食品スーパー、ドラッグストア、スーパーセンター、ディスカウントストア、専門小売店などを中心にして得意先を約 50 社に絞り込みました。

顧客ニーズの変化による業態化の加速、大手メーカーの取引先選別、大手小売店の PB 商品化、メーカーとの直取引（卸の中抜き）への拍車など、H 社を取り巻く環境はますます厳しくなってきています。

このような状況下おいて、H 社のみならず、卸売業は確実にその生存領域を失いつつあります。H 社として、従来型の営業スタイルからの脱却を図り、リテールサポート力の充実により、顧客から更なる信頼を勝ち得るために顧客価値創造型の提案営業が組織的に行える企業に変革することを標榜しています。

図 12-01　H 社のワークシート 02　「経営理念・サブステートメント展開シート」

作成日：2008 年11月 8日
作成者：○○ △△

❖経営理念・サブステートメント展開シート

(A) 経営理念に該当する、タイトルをここに記入してください。

基本理念

(B) 経営理念の内容を、ここに記入してください。

私たちは、新しいライフスタイルを提案し、人々の生活環境の向上に貢献します。

No.	メインステートメント		サブステートメント	
①	私たち	とは	非営業部門を含めた、当社の全社員（パートさんも含む）	のことである。
②	新しいライフスタイル		21世紀の共通認識である、Ⅰ．少子高齢化、Ⅱ．モノ余り、Ⅲ．環境への配慮、（省エネ、リサイクル、汚染対策、オーガニック、天然素材など）の3つ	
③	提案		3つのテーマを、利便、デザイン、色、製品のラインナップなどをトータルコーディネートする	
④	人々の生活環境の向上		安心・安全な製品を、適正価格で安定的に供給し、生活に潤いや癒しを提供する	
⑤				
⑥				
⑦				

※経営理念の内容を、メインステートメントとしてセンテンスに分解して、具体化をサブステートメントとして記述してみよう。

図 12-02　H社のワークシート03 「自社の使命設定シート」

作成日：　2008年 11月　8日
作成者：　〇〇　△△

≪自社の使命設定シート≫

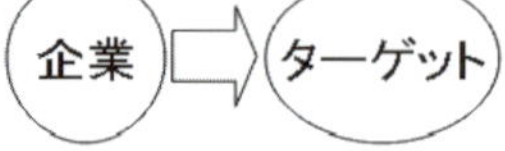

□使命の定義

要素Ⅰ．誰に利益を提供するのか

要素Ⅱ．何を持って利益を提供するのか

要素Ⅲ．どのようにして利益を提供するのか

《 私達の使命 》

(A)　生活者のライフスタイル・ライフステージ等を背景にした潜在ニーズを探求し、知恵を絞って行動することで
お客様に最適・最善の商品をタイムリーに安定的に提供することで社会に貢献します。

要素Ⅰ．誰に：　小売店を経由して最終消費者に

要素Ⅱ．何を：　お客様に最適・最善の商品をタイムリーに安定的に提供する

要素Ⅲ．どのようにして：生活者のライフスタイル・ライフステージ等を背景にした潜在ニーズを探求

※私達の使命を(A)に記入し、その使命を3つの要素で定義してみよう。

図 12-03　H 社のワークシート 07　「ビジョン設定シート」

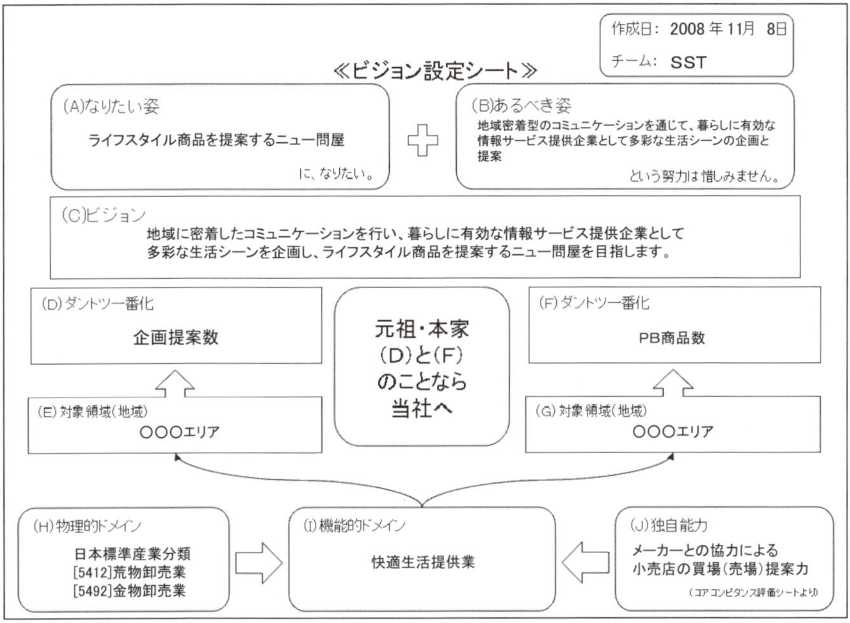
作成日：2008 年 11月　8日
チーム：SST
≪ビジョン設定シート≫
(A)なりたい姿
ライフスタイル商品を提案するニュー問屋
に、なりたい。
(B)あるべき姿
地域密着型のコミュニケーションを通じて、暮らしに有効な情報サービス提供企業として多彩な生活シーンの企画と提案
という努力は惜しみません。
(C)ビジョン
地域に密着したコミュニケーションを行い、暮らしに有効な情報サービス提供企業として多彩な生活シーンを企画し、ライフスタイル商品を提案するニュー問屋を目指します。
(D)ダントツ一番化
企画提案数
元祖・本家
(D)と(F)
のことなら
当社へ
(F)ダントツ一番化
PB商品数
(E)対象領域(地域)
○○○エリア
(G)対象領域(地域)
○○○エリア
(H)物理的ドメイン
日本標準産業分類
[5412]荒物卸売業
[5492]金物卸売業
(I)機能的ドメイン
快適生活提供業
(J)独自能力
メーカーとの協力による
小売店の買場(売場)提案力
(コアコンピタンス評価シートより)

図 12-04 H 社のワークシート 20 「TOWS マトリックスシート」

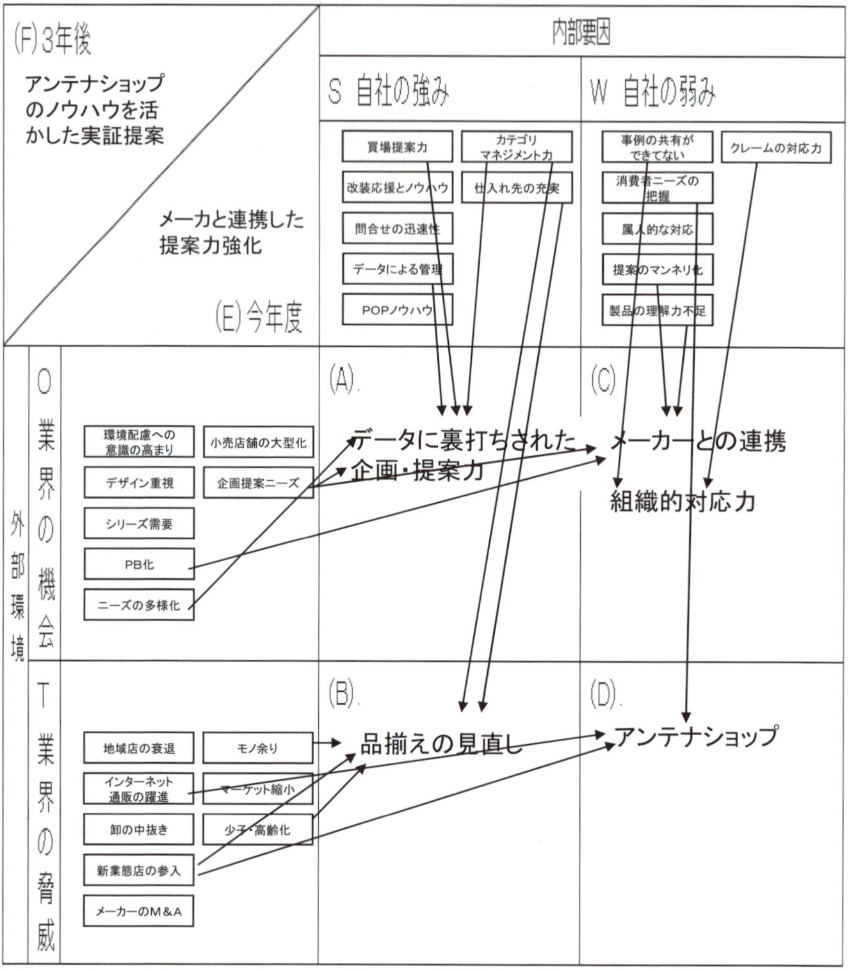
(F)3年後
アンテナショップのノウハウを活かした実証提案
メーカと連携した提案力強化
(E)今年度
内部要因
S 自社の強み
買場提案力
カテゴリマネジメント力
改装応援とノウハウ
仕入れ先の充実
問合せの迅速性
データによる管理
POPノウハウ
W 自社の弱み
事例の共有ができてない
クレームの対応力
消費者ニーズの把握
属人的な対応
提案のマンネリ化
製品の理解力不足
外部環境
O 業界の機会
環境配慮への意識の高まり
小売店舗の大型化
デザイン重視
企画提案ニーズ
シリーズ需要
PB化
ニーズの多様化
T 業界の脅威
地域店の衰退
モノ余り
インターネット通販の躍進
マーケット縮小
卸の中抜き
少子・高齢化
新業態店の参入
メーカーのM&A
(A).
データに裏打ちされた企画・提案力
(C).
メーカーとの連携
組織的対応力
(B).
品揃えの見直し
(D).
アンテナショップ

図 12-05　H 社のワークシート 14　「戦術マップ」

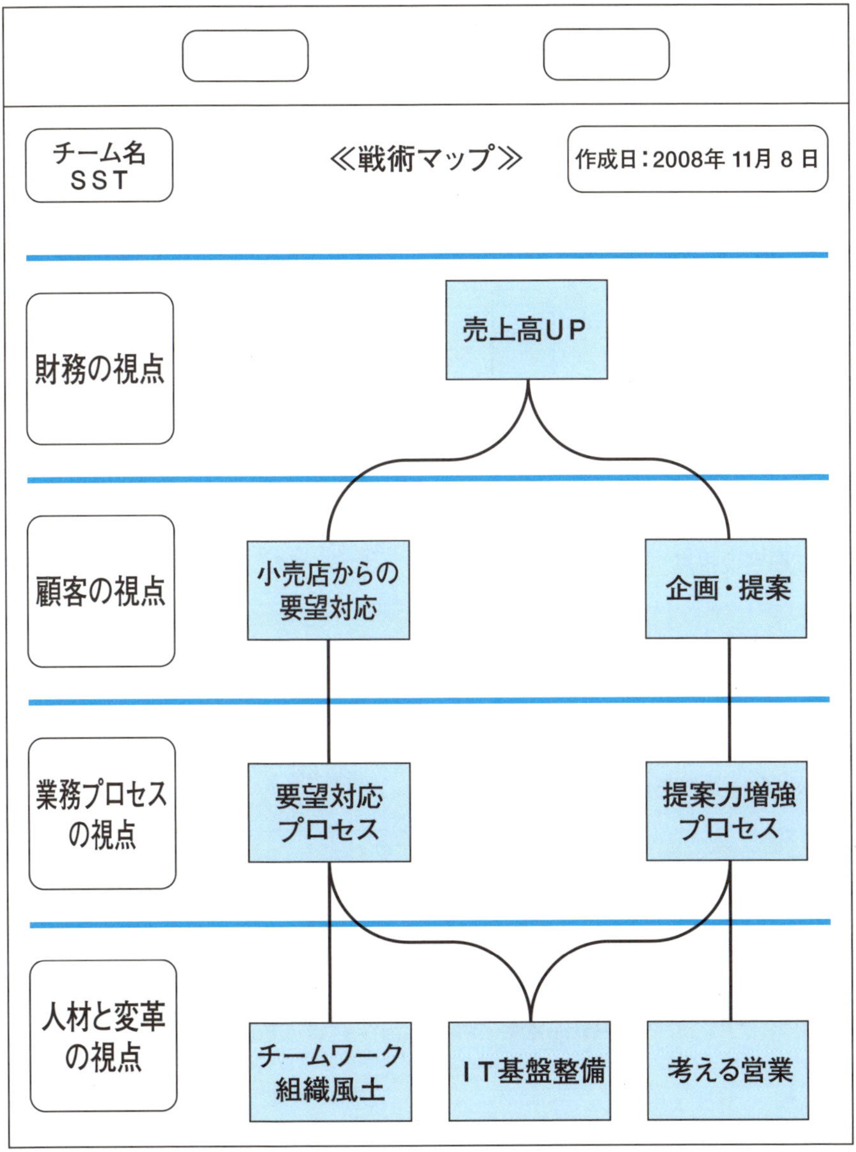
チーム名
SST
≪戦術マップ≫
作成日：2008年 11月 8 日
財務の視点
売上高UP
顧客の視点
小売店からの
要望対応
企画・提案
業務プロセス
の視点
要望対応
プロセス
提案力増強
プロセス
人材と変革
の視点
チームワーク
組織風土
IT基盤整備
考える営業

図 12-06　H 社のワークシート 31　「スコアカード」

≪スコアカード≫

対象部署：　営業部

視点	戦略マップ	戦略目標	ＣＳＦ 重要成功要因
財務の視点	売上高ＵＰ	売上高	ＰＢ商品拡販
顧客の視点	小売店からの要望対応 企画・提案	小売店からの要望対応	商品の要望やクレームの蓄積
		企画・提案	メーカとの連携
業務プロセスの視点	要望対応プロセス 提案力増強プロセス	要望対応プロセス	迅速性
		提案力増強プロセス	提案書の標準化
人材と変革の視点	チームワーク組織風土 ＩＴ基盤整備 考える営業	チームワーク組織風土	営業,事務,物流部門のコミュニケーション
		ＩＴ基盤整備	情報共有の習慣化
		考える営業	事例作成

作成日：2008年11月8日
チーム：SST

営　業　部　のスコアカード

KGI		KPI	
結果指標	目標値・基準値	先行指標	目標値・基準値
企画提案による売上増	3億円		
クレーム・要望件数	月20件以上	メーカー同行	月2日以上
メーカ共同企画数	月4件以上	メーカー勉強会	月2回
メーカーへのフィードバック日数	5日以内	現場レポート当日作成率	当日80％以上 翌日100％
提案書の流用率	60％以上	提案書提出数	月3件以上
二次クレーム率	3％以下	同行体験	四半期1部署
日報の入力率	80％以上	上司コメント率	90％以上
事例提出数	月3件以上	メーカー提案書入手数	月5件以上

図 12-07　H 社の経営コンパスコープ・トップ画面

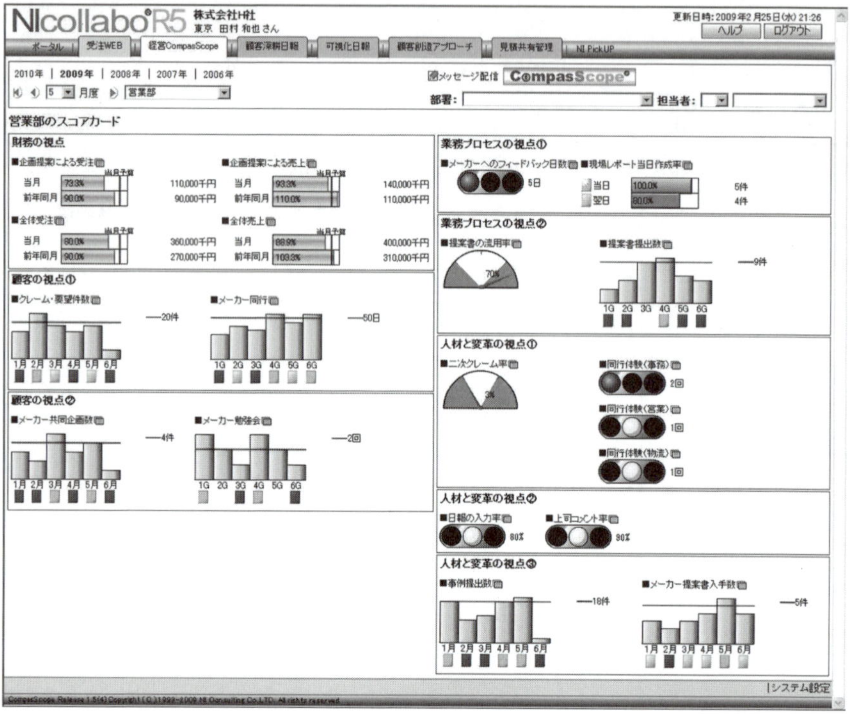

◆メーカーS社の可視化経営実践事例

S社は、間もなく創業50年目を迎える、従業員80名、年商40億円の飲料機械メーカーです。ここ数年は、栄養飲料、機能性ドリンク、野菜・フルーツジュース、お茶、ミネラルウォーター、フレーバーウォーターなどの健康志向飲料市場の堅調な推移に伴い、生産ラインの増設や見直しなどの特需が発生しました。また、新規商談の多くが、HACCP（危害分析・重要管理点）手法の徹底による製造過程の管理やトレーサビリティに端を発するものでした。

ターゲット顧客は、老舗中小企業から大手企業や新規参入企業に移り、最近はますます大手企業の寡占化傾向にあります。そして顧客は、製品の機能的な要望への対応はもちろんのこと、提案先の抱える個別要件をいかに理解し、解決するかといった問題解決型の対応力が求められるようになってきています。

S社では、現在の社長が2代目社長として就任して20年が経過しました。これまで、中堅・中小企業のボトラーや清酒、味噌、醤油などのメーカーを中心に、社長自らがトップセールスマンとして顧客開拓を進めてきました。

そして、選抜された10名が2チームに分かれて、可視化経営のフレームワークにもとづいたワークショップスタイルで取り組みました。

①顧客への対応の精度を上げ、さらに顧客に指名してもらえる企業となる。

②営業活動を抜本的に見直し、意思決定の迅速化、業務効率UPにより収益性向上を図る。

③IT導入を企業風土変革のトリガーとして、社員の意識・行動・経営の変革を行う。

④営業部門で収集したマーケット情報や顧客情報、メンテナンス部門での修理対応履歴やトラブル・クレーム情報などを、次の活動や製品改良に活かせる基盤整備を行う。

図12-08 S社のワークシート02「経営理念・サブステートメント展開シート」

作成日：2008年11月 8日
作成者：○○ △△

❖経営理念・サブステートメント展開シート

(A)経営理念に該当する、タイトルをここに記入してください。

経営理念

(B)経営理念の内容を、ここに記入してください。

明日を開発・創造する技術開発志向企業

～変革期こそ技術開発 信頼できる技術～

<table>
<tr><th>No.</th><th>メインステートメント</th><td rowspan="8">とは</td><th>サブステートメント</th><td rowspan="8">のことである。</td></tr>
<tr><td>①</td><td>明日を開発・創造する</td><td>同業他社に先駆けて、新たな製品、新たな生産ライン、新たなビジネスモデルに挑戦する</td></tr>
<tr><td>②</td><td>技術開発志向企業</td><td>売上額や社員数の大きさでなく、常に製品の改善、改良を第一にお客様の課題解決にあたる</td></tr>
<tr><td>③</td><td>変革期こそ技術開発</td><td>創業から常に変革期ととらえ、変化することに躊躇しない。過去の成功体験を打ち破る思考</td></tr>
<tr><td>④</td><td>信頼できる技術</td><td>特許に裏打ちされた技術で、顧客の信頼とロイヤリティ</td></tr>
<tr><td>⑤</td><td></td><td></td></tr>
<tr><td>⑥</td><td></td><td></td></tr>
<tr><td>⑦</td><td></td><td></td></tr>
</table>

※経営理念の内容を、メインステートメントとしてセンテンスに分解して、具体化をサブステートメントとして記述してみよう。

図 12-09　S 社のワークシート 03 「自社の使命設定シート」

作成日：　2008年 11月　8日
作成者：　○○　△△

≪自社の使命設定シート≫

企業 ⇒ ターゲット

□使命の定義

要素Ⅰ．誰に利益を提供するのか

要素Ⅱ．何を持って利益を提供するのか

要素Ⅲ．どのようにして利益を提供するのか

《 私達の使命 》

(A)　ボトラーの課題に対して、我々少数精鋭の技術集団が、ハード、ソフト、システムの提案と提供を通じて、お客様が厳しい市場環境を勝ち抜いていただく事を、支援します。

要素Ⅰ．誰に：　中堅・中小企業のボトラー

要素Ⅱ．何を：　ターゲットのボトラーが、厳しい市場環境を勝ち抜いていただく改善策を

要素Ⅲ．どのようにして：ハード、ソフト、システムの提案と提供を通じて

※私達の使命を(A)に記入し、その使命を3つの要素で定義してみよう。

図12-10　S社のワークシート07「ビジョン設定シート」

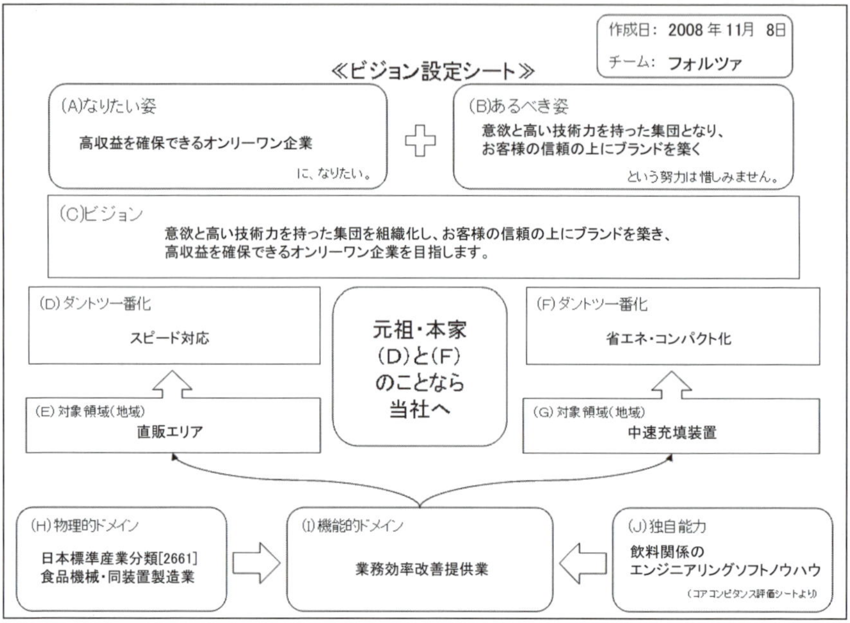
作成日：2008年11月 8日
チーム：フォルツァ
≪ビジョン設定シート≫
(A)なりたい姿
高収益を確保できるオンリーワン企業
に、なりたい。
(B)あるべき姿
意欲と高い技術力を持った集団となり、
お客様の信頼の上にブランドを築く
という努力は惜しみません。
(C)ビジョン
意欲と高い技術力を持った集団を組織化し、お客様の信頼の上にブランドを築き、
高収益を確保できるオンリーワン企業を目指します。
(D)ダントツ一番化
スピード対応
元祖・本家
(D)と(F)
のことなら
当社へ
(F)ダントツ一番化
省エネ・コンパクト化
(E)対象領域(地域)
直販エリア
(G)対象領域(地域)
中速充填装置
(H)物理的ドメイン
日本標準産業分類[2661]
食品機械・同装置製造業
(I)機能的ドメイン
業務効率改善提供業
(J)独自能力
飲料関係の
エンジニアリングソフトノウハウ
(コアコンピタンス評価シートより)

図 12-11　S社のワークシート20「TOWSマトリックスシート」

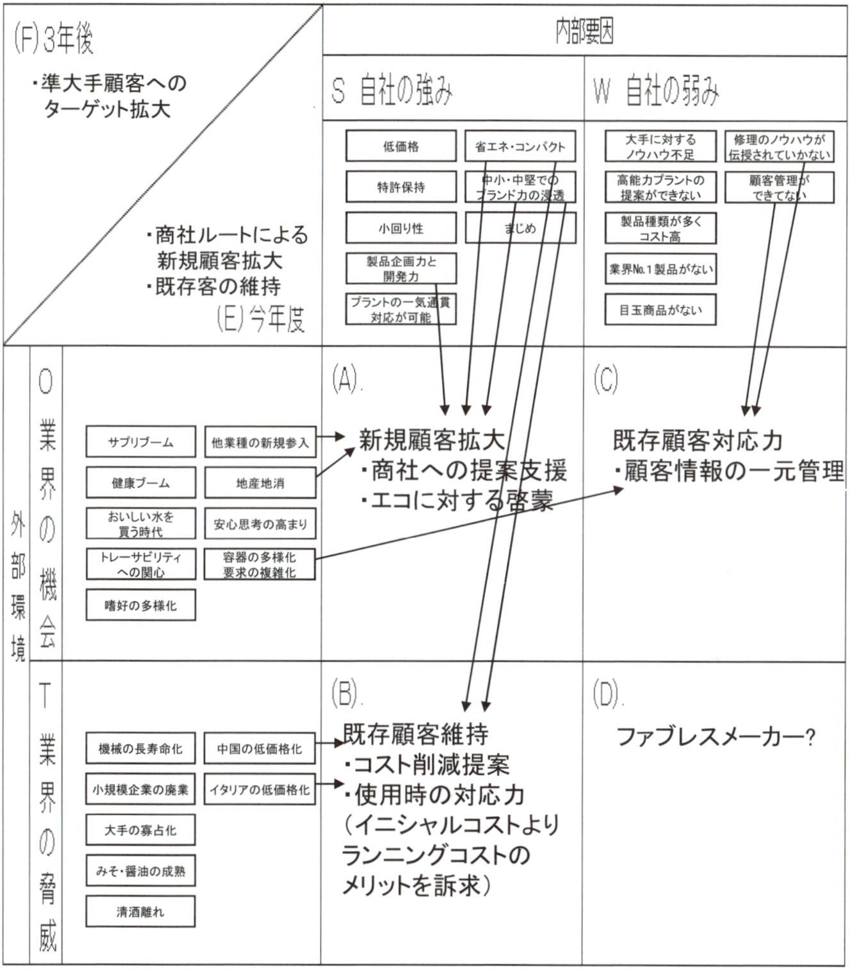
(F)3年後
・準大手顧客への
ターゲット拡大
・商社ルートによる
新規顧客拡大
・既存客の維持
(E)今年度
内部要因
S 自社の強み
低価格
省エネ・コンパクト
特許保持
中小・中堅でのブランド力の浸透
小回り性
まじめ
製品企画力と開発力
プラントの一気通貫対応が可能
W 自社の弱み
大手に対するノウハウ不足
修理のノウハウが伝授されていかない
高能力プラントの提案ができない
顧客管理ができてない
製品種類が多くコスト高
業界No.1製品がない
目玉商品がない
外部環境
O 業界の機会
サプリブーム
他業種の新規参入
健康ブーム
地産地消
おいしい水を買う時代
安心思考の高まり
トレーサビリティへの関心
容器の多様化要求の複雑化
嗜好の多様化
T 業界の脅威
機械の長寿命化
中国の低価格化
小規模企業の廃業
イタリアの低価格化
大手の寡占化
みそ・醤油の成熟
清酒離れ
(A).
新規顧客拡大
・商社への提案支援
・エコに対する啓蒙
(C)
既存顧客対応力
・顧客情報の一元管理
(B).
既存顧客維持
・コスト削減提案
・使用時の対応力
(イニシャルコストより
ランニングコストの
メリットを訴求)
(D).
ファブレスメーカー?

図12-12　S社のワークシート14　「戦術マップ」

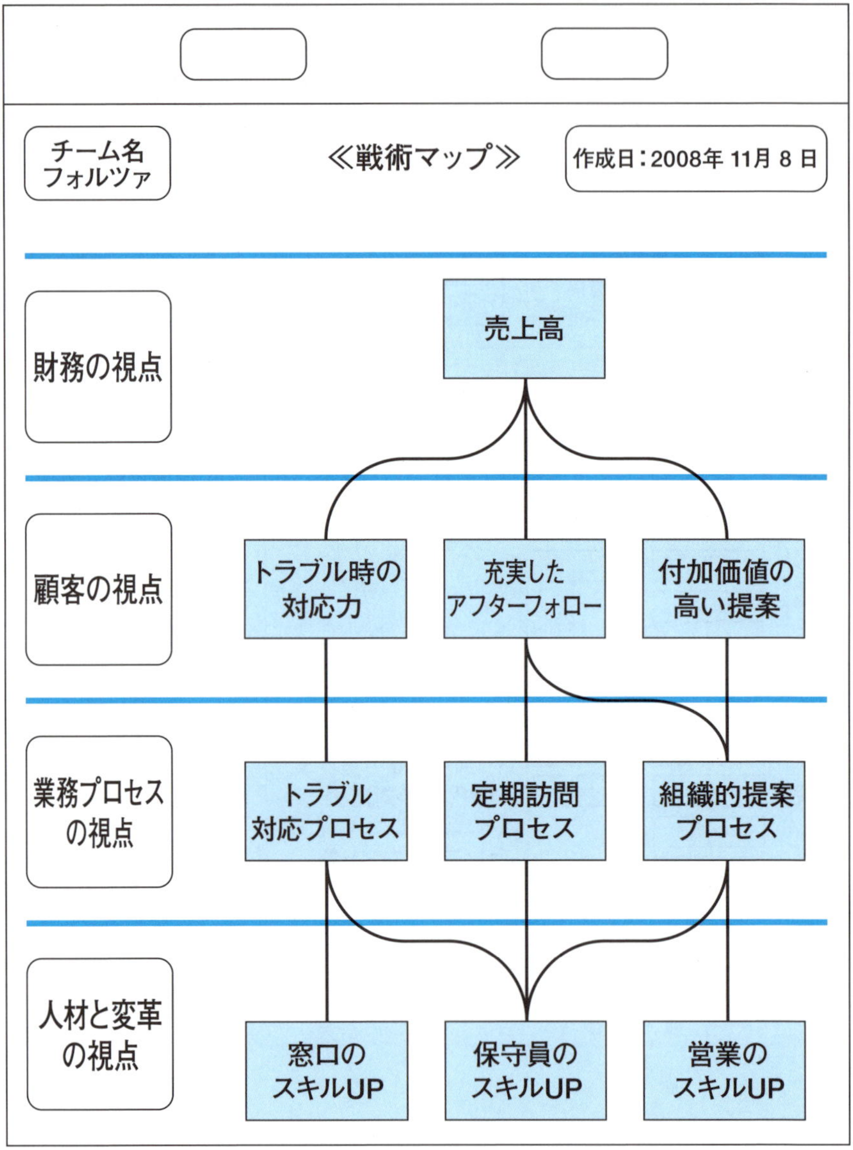
チーム名
フォルツァ
≪戦術マップ≫
作成日：2008年 11月 8 日
財務の視点
売上高
顧客の視点
トラブル時の対応力
充実したアフターフォロー
付加価値の高い提案
業務プロセスの視点
トラブル対応プロセス
定期訪問プロセス
組織的提案プロセス
人材と変革の視点
窓口のスキルUP
保守員のスキルUP
営業のスキルUP

MEMO

図 12-13　S 社のワークシート 31　「スコアカード」

≪スコアカード≫

対象部署：　**営業本部**

視　　点	戦略マップ	戦略目標	CSF 重要成功要因
財務の視点	売上高	売上高	保守員の営業化 商社の活用
顧客の視点	トラブル時の対応力／充実したアフターフォロー／付加価値の高い提案	トラブル時の 対応力	対応スピード
		充実した アフターフォロー	予防保守
		付加価値の 高い提案	他地域での事例
業務プロセスの視点	トラブル対応プロセス／定期訪問プロセス／組織的提案プロセス	トラブル 対応プロセス	標準化
		定期訪問 プロセス	計画の定着
		組織的提案 プロセス	上司レビュー
人材と変革の視点	窓口のスキルUP／保守員のスキルUP／営業のスキルUP	窓口の スキルアップ	トラブル発生時の 対応力
		保守員の スキルアップ	育成計画の共有
		営業の スキルアップ	OJT

作成日：2008年11月8日
チーム：フォルツァ

営業本部 のスコアカード

KGI		KPI	
結果指標	目標値・基準値	先行指標	目標値・基準値
既存追加売上 新規売上	1．2億円 3．6億円		
完了までの日数	4日以内	パーツ調達日数	2日以内
消耗パーツの 事前交換率	50％以上	保守員の ついで訪問	1日1件以上
提案書での事例 記載率	60％以上	事例作成件数	月2件以上
プロセス改善 提案件数	月1件以上	プロセス向上 委員会の開催	月1回以上
訪問計画 実施率	60％以上	長期未訪問 顧客の把握	毎週1回
提案レビュー率	80％以上	提案書提出件数	月5件以上
トラブル状況 確認シート記入率	90％以上	シートに対する 上司アドバイス率	100％
CDPシート PDCAレビュー	四半期に1回	社内テスト合格	四半期に1回
役員による 育成同行の実施率	月3件以上	日報提出率	80％以上

図 12-14　S 社の経営コンパスコープ・トップ画面

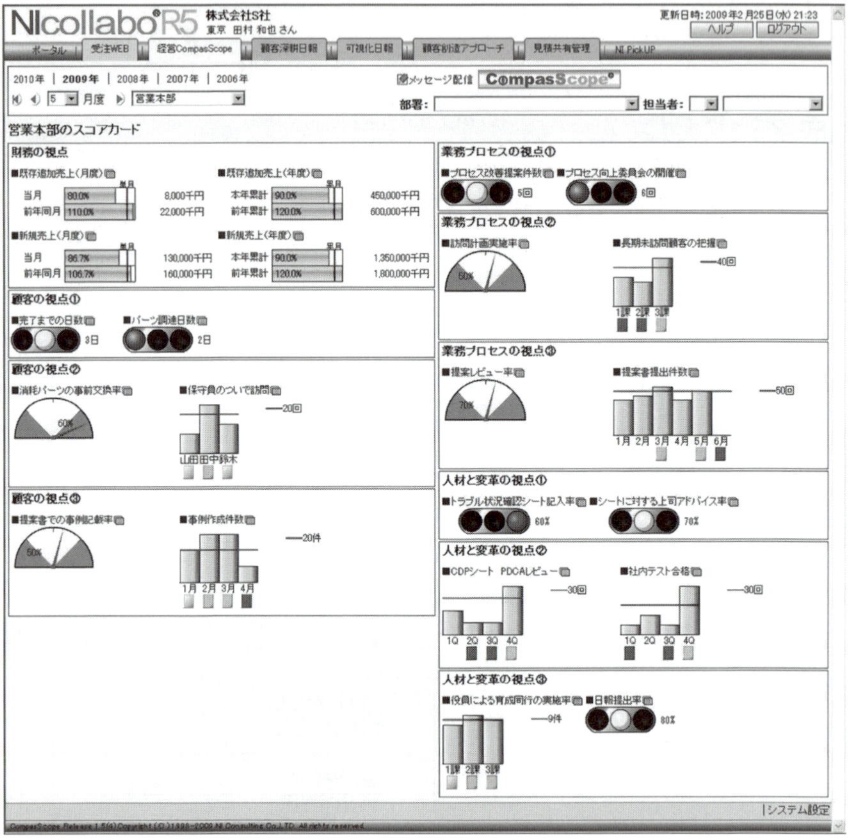

参考文献

・『戦略バランスト・スコアカード（THE STRATEGY-FOCUSED ORGANIZATION）』
ロバート・S・キャプラン、デビット・P・ノートン著 / 櫻井通晴監訳 / 東洋経済新報社刊

・『バランス・スコアカード構築〜基礎から運用までのパーフェクトガイド〜』
吉川武男著 / 生産性出版刊

・『すべての「見える化」で会社は変わる〜可視化経営システムづくりのステップ〜』
長尾一洋著 / 実務教育出版刊

・『可視化経営〜経営のコクピットを機能強化せよ〜』
長尾一洋、本道純一著 / 中央経済社刊

・『共生の経営診断〜脱成長のパラダイム〜』
三上富三郎著 / 同友館刊

・『ファシリテーション型リーダーの時代（THE Facilitator Excellence Handbook）』
フラン・リース著 / 黒田由貴子訳 / プレジデント社刊

著者

本道純一（ほんどう じゅんいち）
株式会社ＮＩコンサルティング　取締役副社長
中小企業診断士、ＩＴコーディネータ
東京理科大学理学部卒業。住宅販売、家電販社、大手メーカー系ソフトウェア会社で営業の第一線を20年経験。その経験を生かして、平成９年からＳＦＡパッケージの企画・開発・販売の責任者として従事しながら、特に中堅・中小企業に対してバランス・スコアカードを活用した経営革新・戦略策定、人材育成・増力化、営業革新などのコンサルティングを実践。
平成17年からNIコンサルティングに転じ、可視化経営コンサルティングを実践している。可視化経営を具現化するＶＭＳ（Visibility Management System：可視化経営システム）の中核であるSFAパッケージ「Sales Force Assistant シリーズ」の導入企業数は、すでに4700社を超える。
【著書】
『図解ビジュアル 経営の「見える化」』（実務教育出版）
『可視化経営～経営のコクピットを機能強化せよ』（中央経済社　共著）
『営業支援・顧客維持システム～知恵で売るナレッジマネジメント』（中央経済社　共著）
【連絡先】
株式会社 NIコンサルティング
本社　東京都港区港南2-16-1
TEL　0120-019-316　　URL　http://www.ni-consul.co.jp/

すべての「見える化」実現ワークブック

2009年　3月　30日　初版第1刷発行
2017年　11月　15日　第3版第3刷発行

著　者　本道純一
発行者　小山隆之
発行所　株式会社　実務教育出版
東京都新宿区新宿1-1-12 〒163-8671
☎ (03) 3355-1951（販売）
(03) 3355-1812（編集）
振替：00160-0-78270
DTP　株式会社 エスアンドピー
印刷　株式会社 日本制作センター
製本　ブックアート

ISBN 978-4-7889-0771-3 C2034

すべての「見える化」実現ワークブック

ワークシート集

※このワークシート集は，取り外してご使用ください。

このワークシート集はダウンロードできます。

■ 読者特典ダウンロード対応

下記アドレスにアクセスしてください。

http://www.ni-consul.co.jp/workbook/

・ユーザ名：kashika（半角）

・パスワード：1108（半角）

※ 本サービスは予告なく変更または停止する場合がありますので、ご了承ください。

◆ワークシート集・目次◆

ワークシート01　経営理念確認シート

≪経営理念確認シート≫

作成日：
作成者：

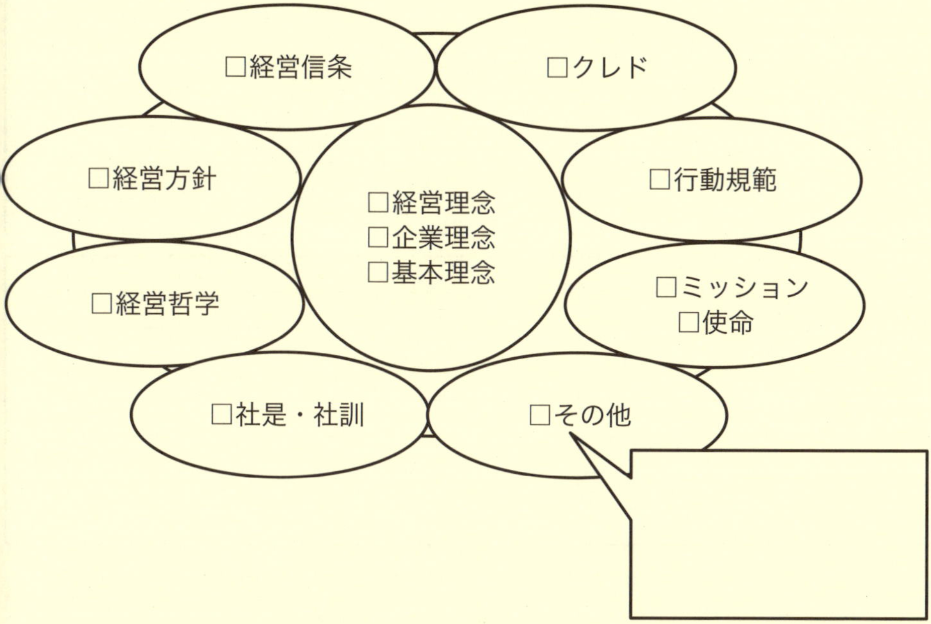

※あなたの会社の経営理念に該当する表現に☑（チェック）してください。

ワークシート 02　経営理念・サブステートメント展開シート

≪経営理念・サブステートメント展開シート≫

作成日：	
作成者：	

（A）	経営理念に該当するタイトルをここに入力してください。
（B）	経営理念の内容をここに入力してください。

<table>
<tr><th>No.</th><th>メインステートメント</th><th></th><th>サブステートメント</th><th></th></tr>
<tr><td>①</td><td></td><td rowspan="7">とは</td><td></td><td rowspan="7">のことである。</td></tr>
<tr><td>②</td><td></td><td></td></tr>
<tr><td>③</td><td></td><td></td></tr>
<tr><td>④</td><td></td><td></td></tr>
<tr><td>⑤</td><td></td><td></td></tr>
<tr><td>⑥</td><td></td><td></td></tr>
<tr><td>⑦</td><td></td><td></td></tr>
</table>

※経営理念の内容を、メインステートメントとしてセンテンスに分解して、サブステートメントに具体化して記述してみよう。

ワークシート 03　自社の使命設定シート

作成日：
作成者：

≪自社の使命設定シート≫

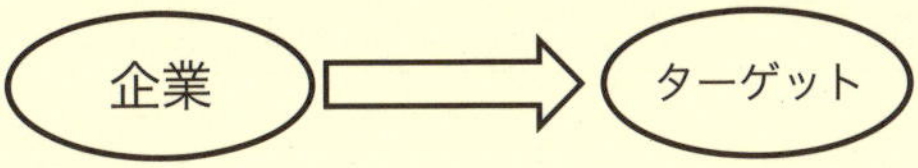

□使命の定義

要素Ⅰ．誰に利益を提供するのか

要素Ⅱ．何を持って利益を提供するのか

要素Ⅲ．どのようにして利益を提供するのか

≪私達の使命≫

（A）

- -

- -

要素Ⅰ．誰に：

要素Ⅱ．何を：

要素Ⅲ．どのようにして：

※私達の使命を（A）に記入し、その使命を３つの要素で定義してみよう。

ワークシート 04　人生目標設定シート

≪人生目標設定シート≫

年齢　　歳

作成日：
作成者：

カテゴリ	視点	なりたい姿	いつまでに 年齢
仕事	収入		
	仕事		
	地位		
	会社の規模		
	部下の数		
	営業エリア		
	扱い商品		
個人	生き方		
	健康		
	習慣		
	趣味		
	体験		
	知識		
	資格		
	人格		
	友人		
	支援者		
	同志		
	出会い		
家族	両親		
	配偶者		
	子供		
	マイホーム		
欲しいもの	車		
	時計		
	宝石		
	洋服		
	別荘		
	ヨット		
やってみたいこと	旅行		
	スポーツ		
	自由に振舞う		
	自叙伝		
	出版		
その他			

※すべての項目を埋める必要はありません。足りないカテゴリ、視点があれば自由に追加してください。

ワークシート 05　ライフカレンダー

≪LIFE CALENDAR≫

作成日：　　　年　　月　　日

作成者：

	本人			1月	2月	3月	4月	5月	6月	7月	8月	9月	10月	11月	12月
2009	歳	歳	歳												
2010	歳	歳	歳												
2011	歳	歳	歳												
2012	歳	歳	歳												
2013	歳	歳	歳												
2014	歳	歳	歳												
2015	歳	歳	歳												
2016	歳	歳	歳												
2017	歳	歳	歳												
2018	歳	歳	歳												
2019	歳	歳	歳												
2020	歳	歳	歳												
2021	歳	歳	歳												
2022	歳	歳	歳												
2023	歳	歳	歳												
2024	歳	歳	歳												
2025	歳	歳	歳												
2026	歳	歳	歳												
2027	歳	歳	歳												
2028	歳	歳	歳												
2029	歳	歳	歳												
2030	歳	歳	歳												
2031	歳	歳	歳												
2032	歳	歳	歳												
2033	歳	歳	歳												
2034	歳	歳	歳												
2035	歳	歳	歳												
2036	歳	歳	歳												
2037	歳	歳	歳												
2038	歳	歳	歳												

ワークシート 06　なりたい姿洗い出しシート

チーム

≪なりたい姿洗い出しシート≫

作成日：

※イーゼルパッドに作成

ワークシート07　ビジョン設定シート

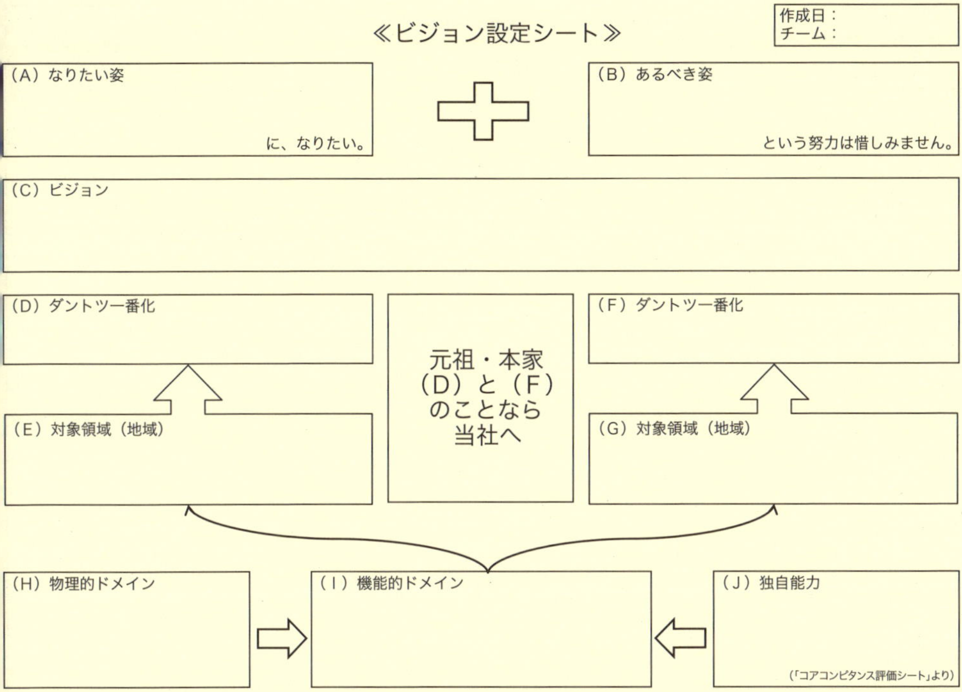
≪ビジョン設定シート≫
作成日：
チーム：
（A）なりたい姿
に、なりたい。
（B）あるべき姿
という努力は惜しみません。
（C）ビジョン
（D）ダントツ一番化
元祖・本家
（D）と（F）
のことなら
当社へ
（F）ダントツ一番化
（E）対象領域（地域）
（G）対象領域（地域）
（H）物理的ドメイン
（I）機能的ドメイン
（J）独自能力
（「コアコンピタンス評価シート」より）

ワークシート08　あるべき姿抽出シート

≪あるべき姿抽出シート≫

作成日：
チーム：
作成者：

なりたい姿（A）						
あるべき姿（B）	1回目					
	2回目					
	3回目					
	4回目					
	5回目					
	6回目					

ワークシート09　コアコンピタンス評価シート

作成日：
チーム：

≪コアコンピタンス評価シート≫

			競合他社（空欄に実名を記入）					
No.	独自能力	自社	A社	B社	C社	D社	重要度係数	3年後の方向性
1								
2								
3								
4								
5								
6								
7								
	単純合計							
	重要度合計							

※自社と競合上位4社の独自能力の優劣を、最大5点として相対的に評価します。
※重要度係数の合計が100になるように独自能力の構成比を配分します。
※3年後の方向性を『→、↑、↓』で表します。

ワークシート10　ビジョンマップ

チーム

作成日：

≪ビジョンマップ≫

財務の視点

顧客の視点

業務プロセスの視点

人材と変革の視点

※イーゼルパッドに作成

ワークシート11　ビジョンマップ準備シート

≪ビジョンマップ準備シート≫

作成日：
作成者：

視点	ビジョンの切り口		キーワード
財務の視点	売上		
	利益率		
	利益		
顧客の視点	顧客のニーズ	①	
		②	
		③	
	その他	①	
		②	
		③	
業務プロセスの視点	バリューチェーン		

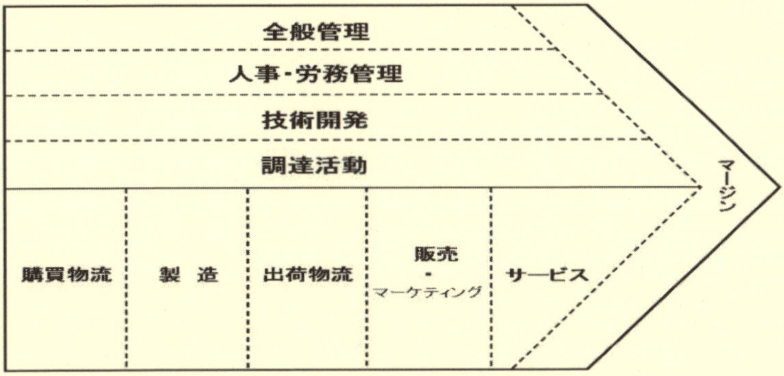

視点	ビジョンの切り口		キーワード
業務プロセスの視点	パートナーシップ	チャネル	
		アライアンス先	
	その他	①	
		②	
		③	
人材と変革の視点	人材	人員数	
		拠点数	
	スキル・ノウハウ	①	
		②	
		③	
	企業風土		
	設備		
	その他	①	
		②	
		③	

※すべての項目を埋める必要はありません。足りないカテゴリ、視点があれば自由に追加してください。

ワークシート12　戦略マップ展開シート

≪戦略マップ展開シート≫

作成日：
チーム：

	今年（来年）	3年～5年後	10年後	15年後	20年後
人材と変革					
業務プロセス					
顧客					
財務					

ワークシート13　戦略マップ

チーム

≪戦略マップ≫

作成日：

財務の視点

顧客の視点

業務プロセス
の視点

人材と変革
の視点

※イーゼルパッドに作成

ワークシート 14　戦術マップ

チーム

作成日：

≪戦術マップ≫

財務の視点

顧客の視点

業務プロセスの視点

人材と変革の視点

※イーゼルパッドに作成

ワークシート 15　カード BS 法実施記録

作成日：
チーム　：

≪カードＢＳ法実施記録≫

テーマ：

回数	区分	年月日	開始時間		終了時間	最高カード枚数	最高カード枚数者の氏名	総枚数
１回目	発想タイム		：		：			
	発表タイム		：	～	：			
2回目	発想タイム		：		：			
	発表タイム		：		：			
合計								

※発想タイムは、各回5分以内とする。発表タイムは、２０分以内でテンポよく実施しましょう。

ワークシート 16　SWOT 分析シート

チーム

作成日：

≪SWOT分析シート≫

業界共通の機会（O）…チャンス
①

業界共通の脅威（T）…ピンチ
②

※イーゼルパッドに作成

チーム

作成日：

≪SWOT分析シート≫

自社の強み（S）

③

自社の弱み（W）

④

※イーゼルパッドに作成

ワークシート17　マクロ環境チェックシート

作成日：
チーム：

≪マクロ環境チェックシート≫

分類	要素	現在	将来（3年後）の位置づけ
政治 Political	国会		
	政党		
	選挙		
	内閣		
	行政		
	外交		
	地方自治		
	国政情勢		
経済 Economic	財政政策		
	景気動向		
	産業動向		
	貿易動向		
	その他		
社会・文化 Sociological	衣食住生活の変化		
	消費者の購買行動の変化		
	労働の変化		
	教育		
	レジャー・趣味		
	健康・美容		
	福祉		
	芸術・スポーツ		
科学・技術 Technological	IT関連技術		
	ロボット		
	バイオテクノロジー		
	エネルギー、新素材		
	宇宙開発、海洋開発、気象観測技術など		
人口動態 Demographic	総人口の変化		
	年齢3区分別人口		
	出生率の変化		
	団塊の世代と団塊ジュニア世代		
自然環境 Natural	地球温暖化		
	大気汚染、土壌汚染、水質汚染		
	ごみ処理		
	産業廃棄物		

※外部環境分析の切り口のヌケやモレ防止用のチェックシートとして利用します。
※外部環境分析に使用した要素は、現在の欄に☑（チェックマーク）しておく程度でよい。
※将来の位置づけは、各要素がこれからどのように変化するか想定してみます。『↑、→、↓』で表示。

ワークシート 18　ミクロ環境チェックシート

作成日：
チーム：

≪ミクロ環境チェックシート≫

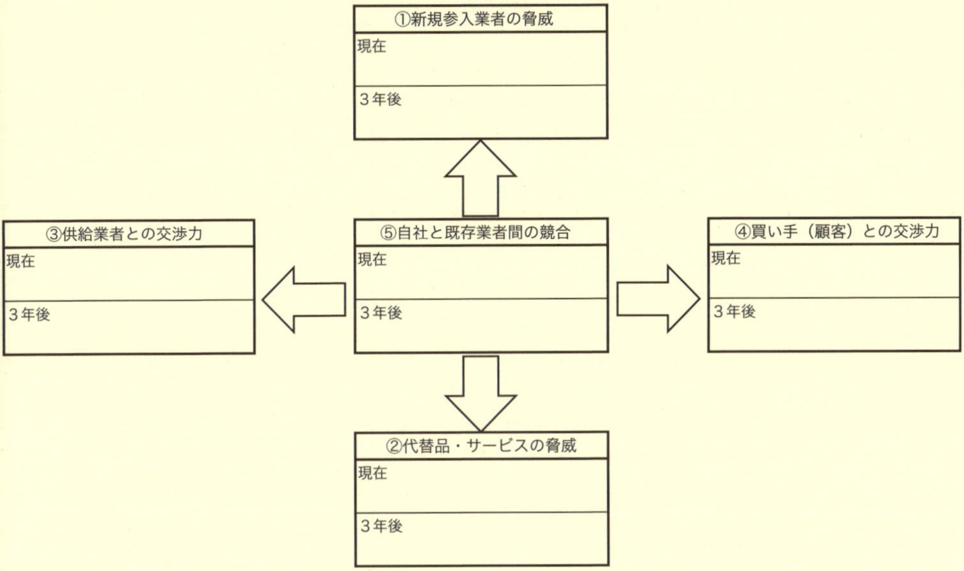
①新規参入業者の脅威
現在
３年後
③供給業者との交渉力
現在
３年後
⑤自社と既存業者間の競合
現在
３年後
④買い手（顧客）との交渉力
現在
３年後
②代替品・サービスの脅威
現在
３年後

ワークシート19　強み・弱みチェックシート

作成日：
チーム：

≪強み・弱みチェックシート≫

分類	要素	現在	将来（3年後）の位置づけ
ヒト	利害関係者		
	組織・人事力		
	マネジメント力		
	リーダシップ		
	営業力		
	開発力		
	オペレーション力		
	ノウハウ・スキル		
モノ	設備、機械、工場		
	商品・サービス		
	品質		
カネ	資金力		
	収益性		
	安全性		
	成長性		
	生産性		
時間	スピード		
	納期		
	タイミング		
情報	ネットワーク		
	ITインフラ		
	ナレッジ		
企業文化	ブランドイメージ		
	伝統		
	モラール		
	信用		
戦略			
業績			

※内部要因分析の切り口のヌケやモレ防止用のチェックシートとして利用します。
※内部要因分析に使用した要素は、現在の欄に☑（チェックマーク）しておく程度でよい。
※将来の位置づけは、各要素がこれからどのように変化するか想定してみます。『↑、→、↓』で表示。

ワークシート20　TOWSマトリックスシート

チーム

作成日：

≪ＴＯＷＳマトリックスシート≫

（F）３年後 ／ （E）今年度			内部要因	
			（S）自社の強み	（W）自社の弱み
外部環境	（O）業界の機会		（A）	（C）
	（T）業界の脅威		（B）	（D）

※イーゼルパッドに作成

ワークシート21　変動損益計算書

作成日：
チーム：

≪変動損益計算書≫

単位：百万円

ベース	売上高	0.0	変動比率	変動比率＝変動費÷売上高
	変動費	0.0		
	限界利益	0.0		
	固定費	0.0	経常利益率	
	経常利益	0.0		

		1年目	2年目	3年目	
Ⅰ.従来の売上予測	売上の変化率（±%）	0.0%	0.0%	0.0%	前年対比、減少の場合は、マイナス入力。
	売上高	0.0	0.0	0.0	
	変動比率の変化率（±%）	0.0%	0.0%	0.0%	前年対比、減少の場合は、マイナス入力。
	変動費	0.0	0.0	0.0	
	限界利益	0.0	0.0	0.0	限界利益＝売上高－変動費
	固定費の増加率（±%）	0.0%	0.0%	0.0%	前年対比、減少の場合は、マイナス入力。
	固定費	0.0	0.0	0.0	
	経常利益	0.0	0.0	0.0	
	経常利益率				
Ⅱ.戦略による改善	変動費の改善率	0%	0%	0%	当年の変動費の改善率を入力。
	変動費の改善金額	0.0	0.0	0.0	
	固定費の改善率	0%	0%	0%	当年の固定費の改善率を入力。
	固定費の改善金額	0.0	0.0	0.0	
Ⅲ.戦略による追加	売上高	0.0	0.0	0.0	期待する売上増加額を入力。
	経常利益率	0.0%	0.0%	0.0%	期待する経常利益率（経常利益÷売上高）を入力。
	経常利益	0	0	0	
	変動費				当年の変動比率で変動費を逆算。
	固定費				固定費＝売上高－変動費－経常利益
合計	売上高	0	0	0	Ⅰ＋Ⅲ
	変動費	0	0	0	Ⅰ－Ⅱ＋Ⅲ
	限界利益	0	0	0	限界利益＝売上高－変動費
	固定費	0	0	0	Ⅰ－Ⅱ＋Ⅲ
	経常利益	0	0	0	経常利益＝売上高－変動費－固定費
	経常利益率				経常利益率＝経常利益÷売上高

※変動費：売上に伴って変動する費用（商品仕入、材料費、燃料費、運送・配達費、梱包費、外注加工費など）
※固定費：売上が変動しても増減しない費用（家賃、給料、広告費、減価償却費、リース料など）

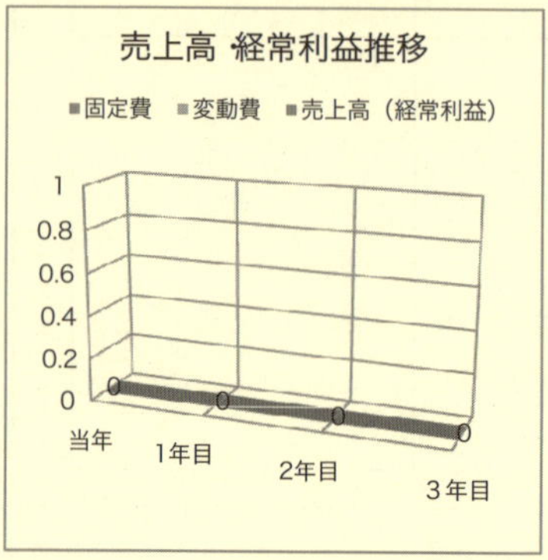

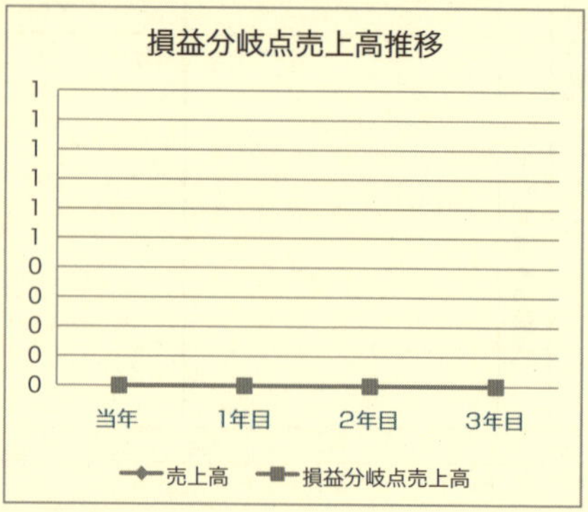

ワークシート 22　顧客の視点の戦略目標シート

チーム

作成日：

≪顧客の視点の戦略目標シート≫

顧客とは、

※イーゼルパッドに作成

ワークシート 23　戦略目標優先順位決定シート

チーム

作成日：

≪戦略目標優先順位決定シート≫

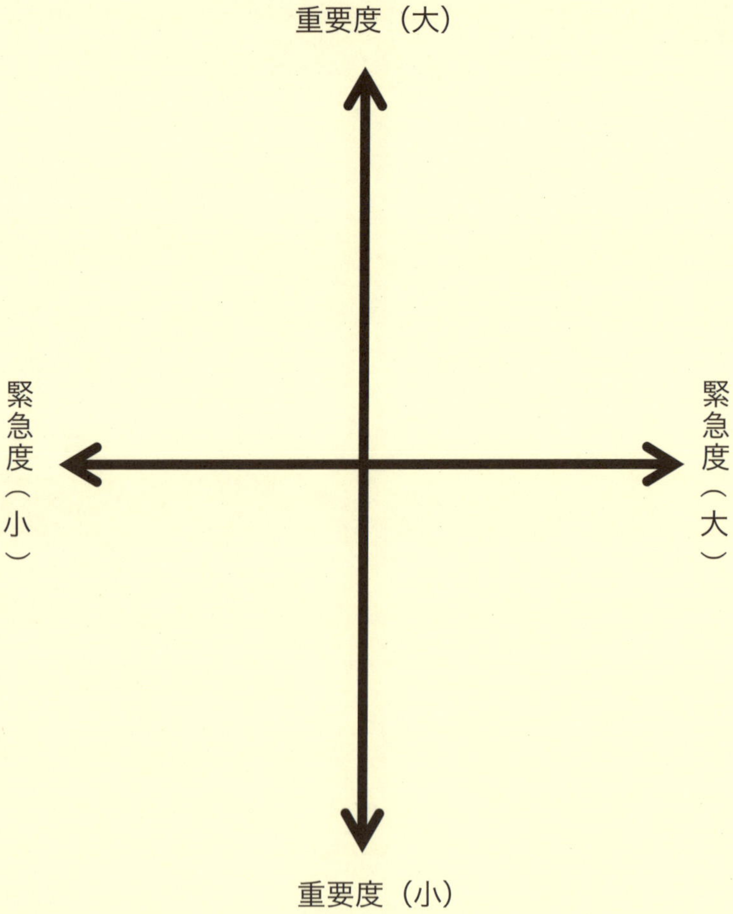

※イーゼルパッドに作成

ワークシート24　業務プロセスマップ

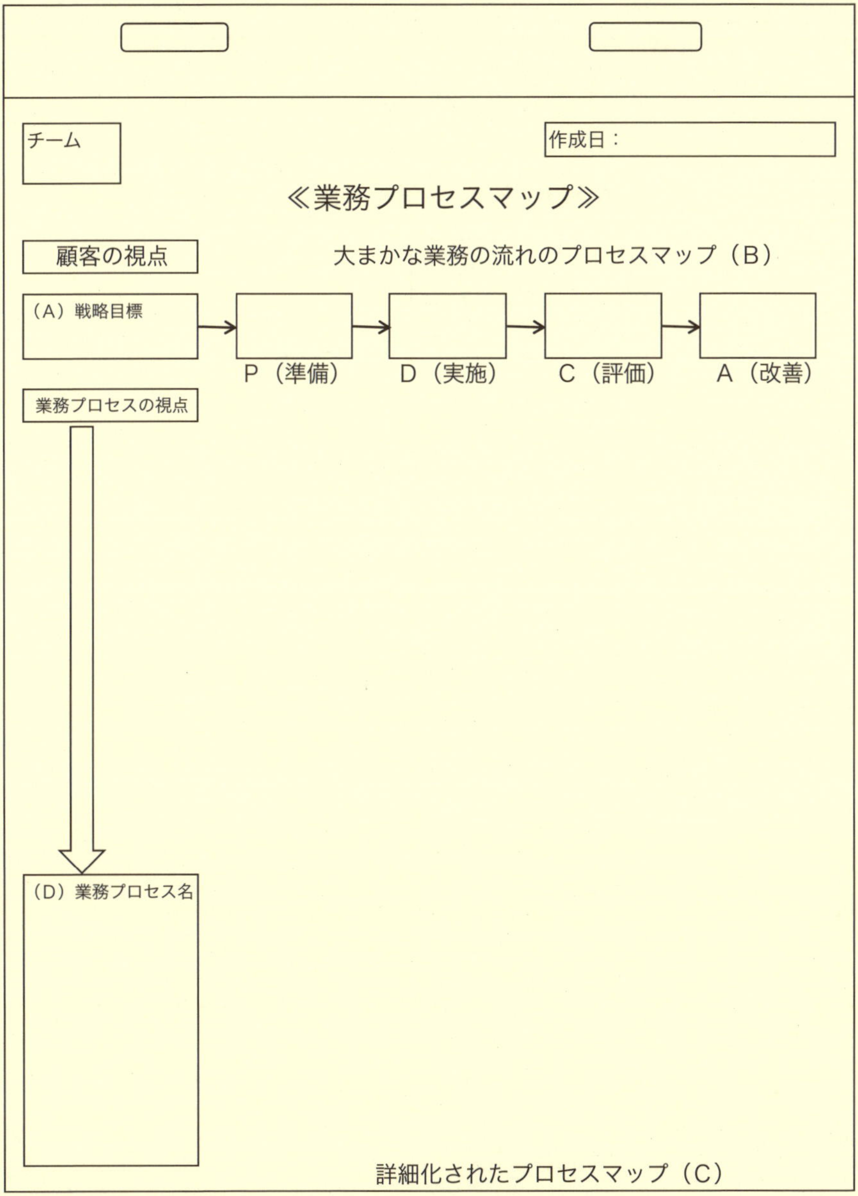
チーム
作成日：
≪業務プロセスマップ≫
顧客の視点
大まかな業務の流れのプロセスマップ（B）
（A）戦略目標
P（準備）
D（実施）
C（評価）
A（改善）
業務プロセスの視点
（D）業務プロセス名
詳細化されたプロセスマップ（C）

※イーゼルパッドに作成

ワークシート 25　ボトルネック洗い出しシート

チーム

作成日：

≪ボトルネック洗い出しシート≫

（A）業務プロセス名

↓

（B）ボトルネック工程

↓

（C）原因

（D）課題

する。

※イーゼルパッドに作成

ワークシート 26　原因ヒントシート

作成日：
チーム：

≪原因ヒントシート≫

（A）業務プロセス名

確認	原因	説　　明
	標準	（A）業務プロセスが 4 つの工程からなる場合の標準的なプロセス・フローを以下とすると 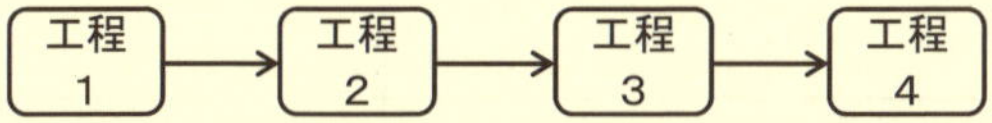工程 1 工程 2 工程 3 工程 4
	ヌケ	業務プロセスのいずれかの工程が、少なくとも 1 つ以上抜けている 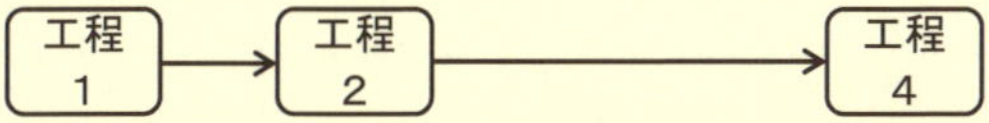工程 1 工程 2 工程 4
	モレ	業務プロセスのいずれかの工程が、少なくとも 1 つ以上本来の対象部署から漏れている 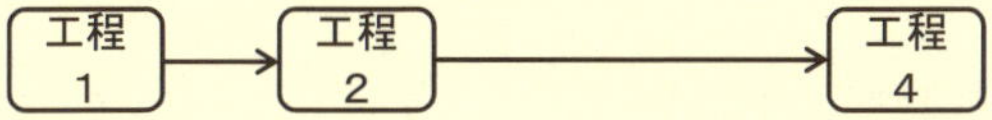工程 1 工程 2 工程 4 [工程 3]だけ B 部署が漏れている
	ダブリ	業務プロセスのいずれかの工程が、少なくとも 1 つ以上重複して非効率を起こしている 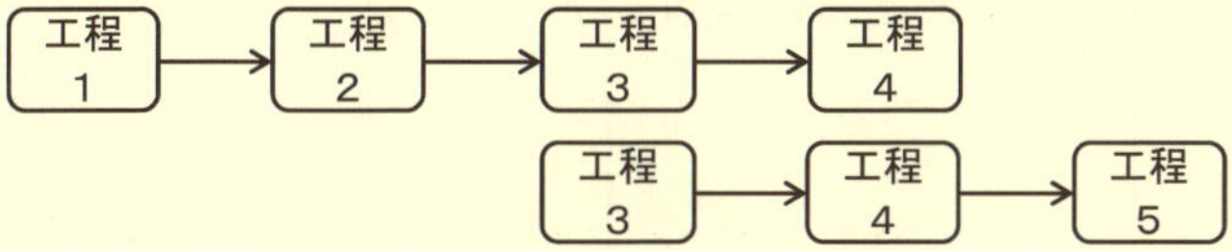工程 1 工程 2 工程 3 工程 4 工程 3 工程 4 工程 5
	徹底度	業務プロセスが一過的であり、再現性がない。あるいは、繰り返し実施されていない 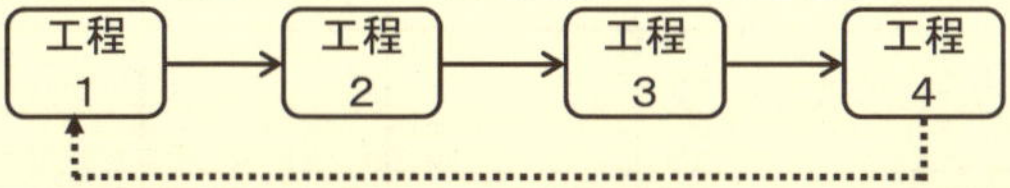工程 1 工程 2 工程 3 工程 4
	達成度	各工程における各目標に対する達成率が、低い 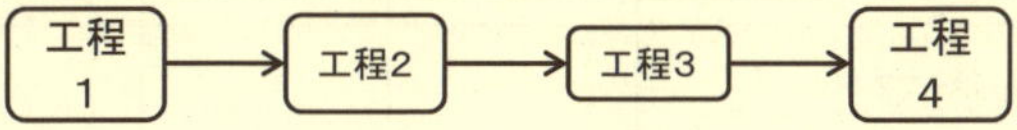工程 1 工程2 工程3 工程 4 工程の目標達成率　９０％　５０％
	スピード	業務プロセスの[工程 1]から[工程 4]までのスループットが、標準よりも短い。あるいは、短縮可能である 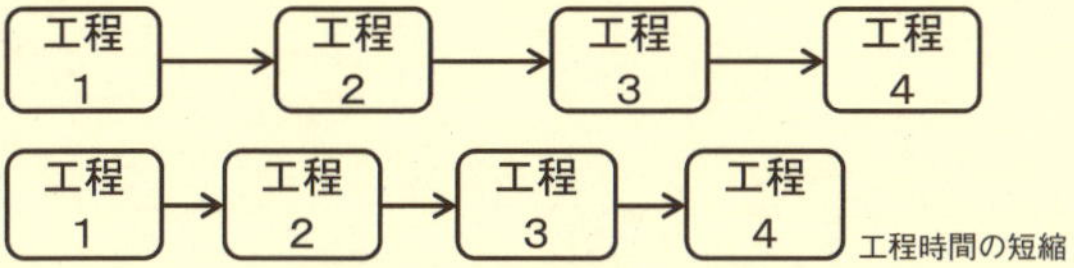工程 1 工程 2 工程 3 工程 4 工程 1 工程 2 工程 3 工程 4 工程時間の短縮

ワークシート 27　可視化マップチェックシート

≪可視化

		Ⅰ	Ⅱ	Ⅲ	Ⅳ
		◎	◎	×	×
	財務の視点	○	○	○	○
	顧客の視点	○			○
	業務プロセスの視点	○	○	○	
	人材と変革の視点	○	○	○	○
	説明	基本型	コスト削減型	顧客不在型	属人型組織
確認（A）	ビジョンマップ				
	戦略マップ				
	戦術マップ				

作成日：
チーム：

マップチェックシート≫

Ⅴ	Ⅵ				Ⅶ
×	×	×	×	×	×
	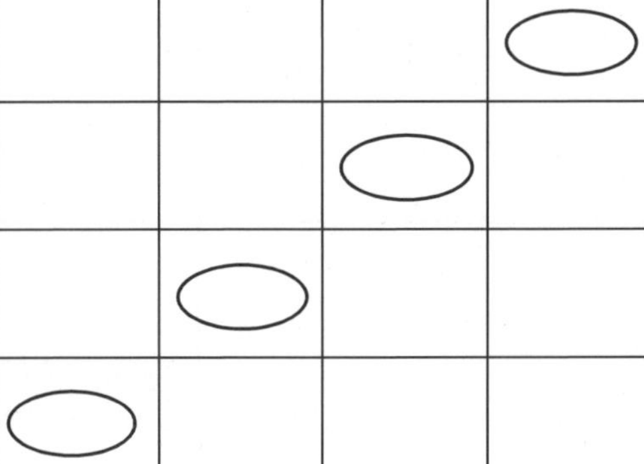				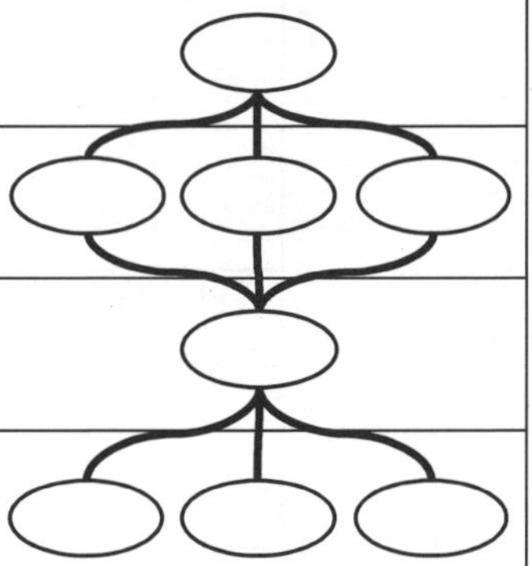
笛吹けど踊らず型	離れ小島型				戦略目標の記述が抽象的

：戦略目標

ワークシート28　CSF（重要成功要因）洗い出しシート

≪ＣＳＦ（重要成功

（Ａ）ＳＦ	（Ｂ）ＳＦ
（Ｈ）ＳＦ	戦略目標
（Ｇ）ＳＦ	（Ｆ）ＳＦ

※各視点の戦略目標を中央に転記して、その戦略目標実現のための手段・方

功要因）洗い出しシート≫

作成日：
チーム：

	（C）ＳＦ
の視点 を実現する方法は…	（D）ＳＦ
	（E）ＳＦ

方法を、少なくとも８つ洗い出します。

ワークシート29　KGI（結果指標）洗い出しシート

≪ＫＧＩ（結果指

（A）ＧＩ	（B）ＧＩ
（H）ＧＩ	戦略目標 ＣＳＦ
（G）ＧＩ	（F）ＧＩ

※各視点の戦略目標とＣＳＦを中央に転記して、そのＣＳＦを実施状況を確認す

指標）洗い出しシート≫

作成日：
チーム：

	（C）ＧＩ
の視点 を実施した証拠は…	（D）ＧＩ
	（E）ＧＩ

するための評価指標を、少なくとも８つ洗い出します。

ワークシート 30　KPI（先行指標）洗い出しシート

≪ＫＰＩ（先行指

（A）ＰＩ	（B）ＰＩ
（H）ＰＩ	戦略目標 ＣＳＦ ＫＧＩ を達
（G）ＰＩ	（F）ＰＩ

※各視点の戦略目標とＣＳＦとＫＧＩを中央に転記して、そのＫＧＩを達成す

指標）洗い出しシート≫

作成日：
チーム：

	（C）ＰＩ
の視点 達成するため日々…	（D）ＰＩ
	（E）ＰＩ

るための日々の活動を、少なくとも８つ洗い出します。

ワークシート 31　スコアカード

≪スコ

対象部署

			CSF
視点	戦術マップ	戦略目標	重要成功要因
財務の視点			
顧客の視点			
業務プロセスの視点			
人材と変革の視点			

作成日：
チーム：

アカード≫

のスコアカード

KGI		KPI	
結果指標	目標値・基準値	先行指標	目標値・基準値

ワークシート 32　アクションプラン検討シート

作成日	
作成者	

≪アクションプラン検討シート≫

	□　財務の視点、　□　顧客の視点、　□　業務プロセスの視点、　□　人材と変革の視点		
戦略目標		CSF	
KGI		目標値・基準値	
KPI		目標値・基準値	

アクションプラン概要

対象者	

アクション・アイテム	フェーズ	月	月	月	月	月	月
(A)							
(B)							
(C)							
(D)							
(E)							
(F)							
(G)							
(H)							
(I)							
(J)							

フェーズは、P（計画）、D(実施）、C(評価）、A（改善）の4分類を記号で表示

図・添付資料
予想されるリスクと対策

フェーズ	責任者	参加者
P（計画）		
D（実施）		
C（確認）		
A（改善）		

経営資源	
費　用	

MEMO

ワークシート33　モニタリング情報設計シート

≪モニタリング

視点	KPI			情報収集担当者	既存と追加の区別	基幹系システム
	先行指標	目標値・基準値	単位			
財務					既存 ・ 追加	
					既存 ・ 追加	
					既存 ・ 追加	
					既存 ・ 追加	
顧客					既存 ・ 追加	
					既存 ・ 追加	
					既存 ・ 追加	
					既存 ・ 追加	
業務プロセス					既存 ・ 追加	
					既存 ・ 追加	
					既存 ・ 追加	
					既存 ・ 追加	
人材と変革					既存 ・ 追加	
					既存 ・ 追加	
					既存 ・ 追加	
					既存 ・ 追加	

視点	KGI			情報収集担当者	既存と追加の区別	基幹系システム
	結果指標	目標値・基準値	単位			
財務					既存 ・ 追加	
					既存 ・ 追加	
					既存 ・ 追加	
					既存 ・ 追加	
顧客					既存 ・ 追加	
					既存 ・ 追加	
					既存 ・ 追加	
					既存 ・ 追加	
業務プロセス					既存 ・ 追加	
					既存 ・ 追加	
					既存 ・ 追加	
					既存 ・ 追加	
人材と変革					既存 ・ 追加	
					既存 ・ 追加	
					既存 ・ 追加	
					既存 ・ 追加	

作成日：
部　署：
作成者：

情報設計シート≫

情報系システム (IT日報など)	その他・手作業など	情報収集周期・タイミング	情報収集方式
		月次・週次・日次（時間）	手作業・CSV連携・自動更新

情報系システム (IT日報など)	その他・手作業など	情報収集周期・タイミング	情報収集方式
		月次・週次・日次（時間）	手作業・CSV連携・自動更新

ワークシート 34　スコアカード・モニタリングシート

年　　　月度

≪　スコアカード・モ

視点	KPI（先行指標）	目標値 基準値	単位	情報 収集 担当者	1日		2日		3日		4日		5日		6日		7日		8日		9日		10日		11日		12日		13日	
					実績値	達成率	実績値	達成率	実績値	達成率	実績値	達成率	実績値	達成率	実績値	達成率	実績値	達成率	実績値	達成率	実績値	達成率	実績値	達成率	実績値	達成率	実績値	達成率	実績値	達成率
財務																														
顧客																														
業務プロセス																														
人材と変革																														

視点	KGI（結果指標）	目標値 基準値	単位	情報 収集 担当者	月		月		月		月		月		月		月		月		月		月		月		月		1
					実績値	達成率	実績値	達成率	実績値	達成率	実績値	達成率	実績値	達成率	実績値	達成率	実績値	達成率	実績値	達成率	実績値	達成率	実績値	達成率	実績値	達成率	実績値	達成率	実績値
財務																													
顧客																													
業務プロセス																													
人材と変革																													

達成率＜８０％　　８０％≦達成率＜１００％　　１００％≦達成率

ニタリングシート ≫

作成日：
部　署：
作成者：

14日		15日		16日		17日		18日		19日		20日		21日		22日		23日		24日		25日		26日		27日		28日		29日		30日		31日	
実績値	達成率	実績値	達成率	実績値	達成率	実績値	達成率	実績値	達成率	実績値	達成率	実績値	達成率	実績値	達成率	実績値	達成率	実績値	達成率	実績値	達成率	実績値	達成率	実績値	達成率	実績値	達成率	実績値	達成率	実績値	達成率	実績値	達成率	実績値	達成率

Q	2Q		3Q		4Q	
達成率	実績値	達成率	実績値	達成率	実績値	達成率

上期		下期	
実績値	達成率	実績値	達成率

通期	
実績値	達成率

評価指標変更履歴

視点	評価指標（KPI・KGI）	目標値	単位	担当者	変更年月日

ワークシート 35　経営コンパスコープ設定シート

≪経営コンパスコ

No.	どの視点か	評価指標の区別	評価指標名	目標値	単位	データ収集期間 〜	対象部署 チーム
		KGI・KPI		基準値			
1		KGI・KPI				〜	
2		KGI・KPI				〜	
3		KGI・KPI				〜	
4		KGI・KPI				〜	
5		KGI・KPI				〜	
6		KGI・KPI				〜	
7		KGI・KPI				〜	
8		KGI・KPI				〜	
9		KGI・KPI				〜	
10		KGI・KPI				〜	
11		KGI・KPI				〜	
12		KGI・KPI				〜	
13		KGI・KPI				〜	
14		KGI・KPI				〜	
15		KGI・KPI				〜	
16		KGI・KPI				〜	
17		KGI・KPI				〜	
18		KGI・KPI				〜	
19		KGI・KPI				〜	
20		KGI・KPI				〜	

財務の視点
顧客の視点
業務プロセスの視点
人材と変革の視点

いずれかを選択

ープ設定シート≫

作成日：
チーム：

グラフ形式	標準・ユーザ設定区分		データ更新方式	リンク先	表示位置（列）	表示位置（行）
9パターンから選択	標準・ユーザ	テンプレート名	3パターンから選択	URL	右・中・左	上・中・下
	標準・ユーザ				右・中・左	上・中・下
	標準・ユーザ				右・中・左	上・中・下
	標準・ユーザ				右・中・左	上・中・下
	標準・ユーザ				右・中・左	上・中・下
	標準・ユーザ				右・中・左	上・中・下
	標準・ユーザ				右・中・左	上・中・下
	標準・ユーザ				右・中・左	上・中・下
	標準・ユーザ				右・中・左	上・中・下
	標準・ユーザ				右・中・左	上・中・下
	標準・ユーザ				右・中・左	上・中・下
	標準・ユーザ				右・中・左	上・中・下
	標準・ユーザ				右・中・左	上・中・下
	標準・ユーザ				右・中・左	上・中・下
	標準・ユーザ				右・中・左	上・中・下
	標準・ユーザ				右・中・左	上・中・下
	標準・ユーザ				右・中・左	上・中・下
	標準・ユーザ				右・中・左	上・中・下
	標準・ユーザ				右・中・左	上・中・下
	標準・ユーザ				右・中・左	上・中・下
	標準・ユーザ				右・中・左	上・中・下

グラフ形式
①横棒A、②横棒B、③横棒C、④縦棒A、
⑤漏斗、⑥メーター、⑦記号、⑧円グラフ、⑨テキスト

Ⅰ.ＳＦＡ連携
Ⅱ.CSV手動連携
Ⅲ.CSV自動連携